图文版

酒店管理与服务实操应用全案

JIUDIAN GUANLI YU FUWU SHICAO YINGYONG QUANAN

孙勇兴 主编

中国工人出版社

图书在版编目（CIP）数据

图文版·酒店管理与服务实操应用全案／孙勇兴主编．—北京：中国工人出版社，2013.9
ISBN 978-7-5008-5604-7

Ⅰ．①酒… Ⅱ．①孙… Ⅲ．①饭店—商业企业管理②饭店—商业服务 Ⅳ．① F719.2
中国版本图书馆 CIP 数据核字（2013）第 225902 号

图文版·酒店管理与服务实操应用全案

出 版 人　李庆堂
责任编辑　张海元
责任校对　赵贵芬
责任印制　栾征宇
出版发行　中国工人出版社
地　　址　北京市东城区鼓楼外大街 45 号　邮编：100120
网　　址　http://www. wp-china. com
电　　话　（010）62350006（总编室）；（010）62005039（营销出版部）
　　　　　（010）62382916（职工教育分社）
发行热线　（010）62005996（分社发行电话）；（010）82075964（分社传真）
经　　销　各地书店
印　　刷　北京睿特印刷厂
开　　本　787 毫米 × 1092 毫米　1/16
印　　张　21.5
字　　数　344 千字
版　　次　2013 年 10 月第 1 版　2013 年 10 月第 1 版第 1 次印刷
定　　价　45.00 元

PREFACE

本书导读

酒店是一个集商务旅游、住宿、亲朋聚会、大型会议的举办等多种功能于一体的消费场所。改革开放三十多年来，尽管我国的酒店业已取得了长足的进步，但也不难发现酒店业所面临着许多挑战和困难：重复建设、供大于求、市场竞争加剧、利润率下降、直接成本上升、人员流动频繁等。

要解决这些问题，同时在竞争中获胜，酒店各级管理人员必须通过不断地学习，提高自己的管理和服务水平，向客人提供更优质的服务。

基于此，我们在多年探索和研究的基础上，结合酒店的特点和实际工作的需要，编写了《图文版 · 酒店管理与服务实操应用全案》一书，为酒店管理人员的学习与工作提供良好的参考。

本书重点内容如下：

◇第一部分“怎样避免酒店管理不规范”，明确指出酒店在前厅管理、客服管理、餐饮管理等方面可能存在的各种不规范行为，并明确提出实行规范化管理应当注意做好的工作、采取的措施、防范的事项等，如要处理好房客留言，应当向客人提供留言条，记录留言内容。

◇第二部分“怎样规范酒店管理组织架构”，明确列举了酒店的组织架构，同时根据该架构，列举了相应的岗位职责，如前厅部经理的岗位职责、行李员的岗位职责等。

◇第三部分“怎样规范酒店管理作业流程”，将酒店管理的各项重点内容以流程的形式清晰地展示出来，方便读者按照流程进行学习并用于实际工作中，如电话预订流程将电话预订分为“接听电话”“聆听需求”“推销房间”等步骤，当需要接听电话时，即可按照这些步骤进行。

◇第四部分“怎样进行酒店专项管理”，将前厅管理、客房管理、营销管理的核心内容分为专项制度管理、专项表格管理两大板块加以讲述，其中专项制度管理部分则列举了酒店管理的各项规范化制度，而专项表格管理部分则列举了酒店管理工作中最常用的一些表格。

本书板块设置精巧，以简洁精确的语言对酒店管理进行了非常生动、全面的讲解。读者在将本书内容运用于实际酒店管理工作中时，要注意按照本书要求采取措施避免各种不规范行为的发生，按规定履行自己的岗位职责，同时按照各种流程开展日常管理工作。当需要用到各种制度和表格时，读者可以根据需要从本书中调取，以便即学即用。

CONTENTS

目录

第一部分　怎样避免酒店管理的不规范

如何尽量避免酒店管理中的不规范现象呢？相信这是众多酒店管理者都困惑的问题。在本部分，将重点介绍酒店的各个部门采取相关措施，以减少各种不规范行为，从而提高酒店的规范化管理水平。

第一章　前厅管理七项注意

前厅部是酒店形象的“窗口”，是给客人留下第一印象的场所。因此，对于前厅部的管理非常重要。前厅部的工作需要其他部门，如餐饮部、营销部的共同合作完成，要了解合作的注意事项。同时，前厅部工作人员也要掌握在为客人提供服务时所需要注意的相关事项。

注意01：前厅部员工在日常工作中应注意哪些事项............ 2
注意02：前厅部在与餐饮部进行合作时应注意哪些事项......... 3
注意03：前厅部与营销部进行合作时有哪些注意事项.......... 3
注意04：门童迎接客人要注意哪些事项..................... 4
注意05：处理访客留言有哪些注意事项..................... 5
注意06：应对拖延付款的客人有哪些注意事项............... 5
注意07：为客人办理行李寄存时应注意哪些事项............. 6

第二章　客房管理八项重视

客房管理工作是酒店管理中的一项核心工作。在客房管理中，应该把握其中的重点，重视重点工作，如客房用品管理、客房设备管理、客房消防安全管理、客房小酒吧管理、客房钥匙管理、客房清洁卫生等。

重视01：管理客房用品应重视做好哪些工作 7
重视02：管理客房设备时应重视做好哪些工作 8
重视03：客房消防安全管理应重视做好哪些工作 8
重视04：管理客房小酒吧应重视做好哪些工作 9
重视05：管理客房钥匙应重视做好哪些工作 10
重视06：进行客房清洁卫生工作应重视做好哪些工作 10
重视07：防止客人偷盗客房用品应重视做好哪些工作 11
重视08：防止员工偷盗客房用品应重视做好哪些工作 12

第三章　餐饮管理九项保证

随着酒店行业的竞争加剧，酒店餐饮部也遇到了前所未有的挑战，酒店餐饮部要想得到可持续发展，就必须具备餐饮的核心竞争力。因此，餐饮部门必须在保证产品质量的同时，为客人提供优质的服务，最终赢得更多的“回头客”。

保证01：餐饮部怎样保证与保安部的有效沟通 13
保证02：餐饮部怎样保证与工程部的有效沟通 14
保证03：楼面怎样保证与厨房的有效沟通 14
保证04：怎样保证楼面提供令客人满意的就餐服务 15
保证05：怎样保证为团体客人提供满意的团体餐 15
保证06：怎样保证楼面卫生 16
保证07：怎样保证食材的供应质量 16
保证08：怎样保证蔬菜加工过程中的卫生 17
保证09：怎样保证熟食加工的卫生 18

第四章　营销管理七项注意

如今，酒店行业的竞争越来越激烈，已经处于“供过于求”的现状。因此，酒店必须加强营销管理，以此赢得更多的客人。不过，在酒店营销管理的具体实施中，需要注意相关事项，以此来避免“费时费力却不讨好”的情况发生。

注意01：推行网络广告营销应注意哪些事项 19
注意02：设计DM（直接邮寄广告）广告应注意哪些事项 19
注意03：重大节假日营销应注意哪些事项 20
注意04：开展父亲节营销应注意做好哪些工作 21

注意05：端午节营销应注意哪些事项........................21
注意06：酒店自建网站进行营销需注意哪些事项..............22
注意07：开展电子邮件营销应注意哪些事项..................22

第五章 康乐服务八项要求

酒店康乐服务种类很多，如健身房、保龄球、高尔夫球、桑拿、游泳等。康乐服务从一定程度上来讲，是体现酒店档次的一个重要标志。酒店必须保证提供良好的康乐服务，以给客人提供最优质周到的服务。

要求01：康乐安全管理工作有哪些要求......................24
要求02：使用服务用语有哪些要求..........................25
要求03：设置保龄球室有哪些要求..........................26
要求04：设置棋牌室有哪些要求............................26
要求05：设置保健室有哪些要求............................27
要求06：开展健身房清洁工作有哪些要求....................28
要求07：开展桑拿中心清洁工作有哪些要求..................29
要求08：开展游泳池清洁工作有哪些要求....................30

第六章 安全管理九项防范

酒店的安全管理工作主要是由保安部负责，保安部要采取各种措施保证酒店的安全。其实，安全工作是可以通过一定的预防措施来予以控制的，如防止保安部内部管理问题的产生、酒店行李的丢失、员工出现人身安全问题、诈骗事件的发生等。

防范01：怎样防范保安部内部管理问题的产生................31
防范02：怎样防范酒店行李丢失............................31
防范03：怎样防范员工出现人身安全问题....................32
防范04：怎样防范诈骗事件的发生..........................33
防范05：怎样防范挤压伤亡事故的发生......................33
防范06：怎样防范外来人员盗窃............................34
防范07：怎样防范可疑人员进入酒店........................34
防范08：怎样防范消防隐患漏检............................35
防范09：怎样防范火灾善后工作失误........................35

第七章　工程管理八项避免

酒店的正常运转离不开良好的工程管理，如果工程管理不善，不仅会影响各项设备设施的正常运转，还容易造成相关事故，给酒店带来巨大损失。在酒店的工程管理工作中，应尽量避免一些情况的发生，如水泵房事故、空调机产生运行故障、配电室安全事故、电气作业事故等。

避免01：怎样避免水泵房事故的发生……37
避免02：怎样避免空调机产生运行故障……38
避免03：怎样避免配电室安全事故的发生……38
避免04：怎样避免电气作业事故……39
避免05：怎样避免锅炉出现运行故障……40
避免06：怎样避免电话设备出现故障……41
避免07：怎样避免广播音响、电视设备出现故障……41
避免08：怎样避免抢修失效……42

第二部分　怎样规范酒店管理组织架构

由于组织结构层级较多，酒店一线服务人员往往不能对客人提出的需求采取及时的举措。因此，规范酒店管理的组织架构，不仅能提高酒店的运营效率，还能大大节省人工成本开支。

第一章　前厅部组织架构与岗位职责

前厅部是酒店中负责招徕并接待客人、销售客房，同时沟通与协调酒店各部门以为客人提供各种综合服务的对客服务部门。酒店要为前厅部建立良好的组织架构，明确各级员工的岗位职责，以保障其各项工作的顺利开展，为客人提供满意的服务。

第一节　前厅部组织架构……44
架构01：大型酒店前厅部组织架构……44
架构02：中小型酒店前厅部组织架构……44
第二节　前厅部岗位职责……46
职责01：前厅部的职责……46

职责02：前厅部经理岗位职责……47
职责03：前厅部副经理岗位职责……47
职责04：大堂经理岗位职责……48
职责05：礼宾部主管岗位职责……49
职责06：车队领班岗位职责……49
职责07：司机岗位职责……50
职责08：行李处领班岗位职责……50
职责09：行李员岗位职责……51
职责10：机场接待员岗位职责……52
职责11：接待处主管岗位职责……53
职责12：迎宾员岗位职责……53
职责13：前台接待员岗位职责……54
职责14：预订处主管岗位职责……54
职责15：预订员岗位职责……55
职责16：商务中心主管岗位职责……55
职责17：商务中心文员岗位职责……56
职责18：电话总机主管岗位职责……56
职责19：话务员岗位职责……57
职责20：收银主管岗位职责……57
职责21：收银员岗位职责……58

第二章　客房部组织架构与岗位职责

客房是宾客在酒店中逗留时间最长的地方，宾客对客房更有“家”的感觉。客房部建立良好的组织架构利于客房服务工作的开展。客房部门各级员工应当了解部门的组织架构以及各自的岗位职责，严格按照职责要求开展工作，以保障服务品质。

第一节　客房部组织架构……59
架构01：大型酒店客房部组织架构……59
架构02：中小型酒店客房部组织架构……60
第二节　客房部岗位职责……60
职责01：客房部的职责……60
职责02：客房部经理岗位职责……61

职责03：公共区域主管岗位职责……62
职责04：保洁领班岗位职责……62
职责05：保洁员岗位职责……62
职责06：保养领班岗位职责……63
职责07：保养员岗位职责……63
职责08：洗衣房主管岗位职责……64
职责09：干洗水洗熨烫工岗位职责……64
职责10：布草保管员岗位职责……65
职责11：工服房服务员岗位职责……65
职责12：客衣收发员兼文员岗位职责……66
职责13：客房楼层主管岗位职责……66
职责14：客房楼层领班岗位职责……67
职责15：客房服务员岗位职责……67
职责16：客房中心文员岗位职责……68
职责17：库房保管员岗位职责……68

第三章　餐饮部组织架构与岗位职责

餐饮部主要负责酒店餐厅、宴会厅、厨房等的管理，向客人提供各种餐饮服务。餐饮部建立良好的组织架构有利于工作的顺利开展。餐饮部门各级员工应当了解部门的组织架构以及各自的岗位职责，严格按照职责要求开展工作，以保障服务品质。

第一节　餐饮部组织架构……70
架构01：大型酒店餐饮部组织架构……70
架构02：中小型酒店餐饮部组织架构……71

第二节　餐饮部岗位职责……71
职责01：餐饮部的职责……71
职责02：餐饮部经理岗位职责……72
职责03：餐饮部副经理岗位职责……73
职责04：宴会部主管岗位职责……73
职责05：宴会部服务员岗位职责……74
职责06：餐厅部主管岗位职责……75
职责07：值台服务员岗位职责……75

职责08：厨师长岗位职责 76
职责09：厨师岗位职责 77
职责10：酒吧主管岗位职责 77
职责11：酒吧调酒员岗位职责 78
职责12：酒吧服务员岗位职责 78
职责13：管事部主管岗位职责 79
职责14：洗碗工岗位职责 80
职责15：清洁员岗位职责 80
职责16：收银员领班岗位职责 80
职责17：收银员岗位职责 81

第四章 营销部组织架构与岗位职责

营销部的运转水平和营销经理的工作质量的好坏，直接关系到酒店的营收水平。营销部门各级员工应当了解部门的组织架构以及各自的岗位职责，严格按照职责要求开展工作，保证营销工作正常顺利进行。

第一节 营销部组织架构 82
架构01：大型酒店营销部组织架构 82
架构02：中小型酒店营销部组织架构 83

第二节 营销部岗位职责 83
职责01：营销部的职责 83
职责02：营销部经理岗位职责 84
职责03：营销部副经理岗位职责 85
职责04：旅行社营销主管岗位职责 85
职责05：旅行社营销代表岗位职责 86
职责06：会议团队营销主管岗位职责 86
职责07：会议团队营销代表岗位职责 87
职责08：宴会营销主管岗位职责 87
职责09：宴会营销代表岗位职责 88
职责10：网络营销代表岗位职责 88
职责11：公关处主管岗位职责 89
职责12：公关文员岗位职责 89

职责13：美工岗位职责……90

第五章 康乐部组织架构与岗位职责

康乐部是为客人提供休闲娱乐的场所，也是酒店增加收入的一个重要部门。同时，酒店所提供的康乐部的服务水准，从某种层面上反映了酒店的档次。因此，康乐部门各级员工应当了解部门的组织架构以及各自的岗位职责，严格按照职责要求开展工作，保证本部门工作的正常顺利进行。

第一节 康乐部组织架构……91
架构01：大型酒店康乐部组织架构……91
架构02：中小型酒店康乐部组织架构……92
第二节 康乐部岗位职责……92
职责01：康乐部的职责……92
职责02：康乐部经理岗位职责……93
职责03：康乐部副经理岗位职责……93
职责04：歌舞厅主管岗位职责……94
职责05：歌舞厅服务员岗位职责……94
职责06：健身房主管岗位职责……95
职责07：健身房服务员岗位职责……95
职责08：桑拿浴室主管岗位职责……96
职责09：桑拿浴室服务员岗位职责……96
职责10：游泳池主管岗位职责……97
职责11：游泳池服务员岗位职责……97
职责12：台球厅主管岗位职责……98
职责13：台球厅服务员岗位职责……98
职责14：网球场主管岗位职责……98
职责15：网球场服务员岗位职责……99
职责16：保龄球室主管岗位职责……99
职责17：保龄球服务员岗位职责……100
职责18：棋牌室主管岗位职责……100
职责19：棋牌室服务员岗位职责……101

第六章 保安部组织架构与岗位职责

任何一个客人都不希望自己处于不安全的环境中，因此，酒店必须加强对安全的管理。这也对保安部的工作提出了更高的要求。保安部门各级员工应当了解部门的组织架构以及各自的岗位职责，严格按照职责要求开展工作，保证本部门工作的正常顺利进行。

第一节 保安部组织架构..102
架构01：大型酒店保安部的组织架构........................102
架构02：中小型酒店保安部的组织架构......................102
第二节 保安部岗位职责..103
职责01：保安部的职责......................................103
职责02：保安部经理岗位职责................................104
职责03：保安部副经理岗位职责..............................104
职责04：监控领班岗位职责..................................105
职责05：监控员岗位职责....................................105
职责06：巡逻领班岗位职责..................................106
职责07：巡逻保安员岗位职责................................106
职责08：夜班安检领班岗位职责..............................107
职责09：夜班安检保安员岗位职责............................108
职责10：前门岗领班岗位职责................................108
职责11：前门岗保安员职责..................................109
职责12：停车场保安员岗位职责..............................109
职责13：员工打卡岗保安员职责..............................110

第七章 工程部组织架构与岗位职责

工程部是酒店中负责日常供水、供电，对设施设备进行保养、维修等的部门。工程部对酒店起着至关重要的作用，一旦工程部的工作出现问题，导致停水、停电或设备不能维修等情况的发生，就会影响客人的住店体验，进而影响酒店的信誉和收入。因此，酒店要为工程部建立良好的组织架构，明确各级员工的岗位职责，以保障其各项工作的顺利开展，为客人提供满意的服务。

第一节　工程部组织架构……111
架构01：大型酒店工程部组织架构……111
架构02：中小型酒店工程部组织架构……112
第二节　工程部岗位职责……113
职责01：工程部的职责……113
职责02：工程部经理岗位职责……114
职责03：设备运行维修部经理岗位职责……114
职责04：空调、冷冻机房领班岗位职责……115
职责05：空调、冷冻机房操作工岗位职责……115
职责06：锅炉房领班岗位职责……116
职责07：锅炉工岗位职责……116
职责08：机修组主管岗位职责……117
职责09：机修工岗位职责……118
职责10：土建装修部经理岗位职责……118
职责11：修缮组领班岗位职责……119
职责12：维修工岗位职责……119
职责13：全能技工组领班岗位职责……119
职责14：全能技工岗位职责……120
职责15：电力运行维修部经理岗位职责……120
职责16：电力维修主管岗位职责……121
职责17：强电维修工岗位职责……122
职责18：弱电维修工岗位职责……122
职责19：电梯维修工岗位职责……122
职责20：调度兼保管岗位职责……123
职责21：综合管理员岗位职责……123

第三部分　怎样规范酒店管理流程

流程是一项工作从开始到结束的全部步骤，规范的酒店管理离不开各种流程，如电话预订工作流程、散客入住接待工作流程、进入客人房间工作流程、点菜服务工作流程等。只有按照这些流程进行，才能使工作有条不紊地进行。

第一章　前厅管理流程

前厅管理流程主要分为六大部分，即预订管理流程、接待管理流程、礼宾管理流程、电话总机管理流程、收银管理流程、商务中心管理流程。前厅的工作人员必须按照规定的流程展开工作，以此保证前厅各项服务的标准化、统一化。

第一节　预订管理流程 …………………………………… 126
流程01：电话预订流程 …………………………………… 126
流程02：接受中介预订流程 ……………………………… 127
流程03：接受CRS预订流程 ……………………………… 128
流程04：预订更改流程 …………………………………… 129
第二节　接待管理流程 …………………………………… 129
流程01：问询服务流程 …………………………………… 129
流程02：散客入住接待流程 ……………………………… 130
流程03：团队入住接待流程 ……………………………… 131
流程04：访客登记流程 …………………………………… 132
流程05：客人留言处理流程 ……………………………… 133
流程06：客人延时退房处理流程 ………………………… 133
流程07：客人投诉的处理流程 …………………………… 134
第三节　礼宾管理流程 …………………………………… 135
流程01：团队入住行李服务流程 ………………………… 135
流程02：散客入住行李服务流程 ………………………… 136
流程03：离店行李服务流程 ……………………………… 136
流程04：接机服务流程 …………………………………… 137
第四节　电话总机管理流程 ……………………………… 138
流程01：散客叫醒服务流程 ……………………………… 138
流程02：团队叫醒服务流程 ……………………………… 138
流程03：电话接听和转接流程 …………………………… 139
第五节　收银管理流程 …………………………………… 140
流程01：为客人兑付旅行支票的流程 …………………… 140
流程02：外币兑换流程 …………………………………… 141

流程03：离店结账流程……142
第六节　商务中心管理流程……143
流程01：打印服务流程……143
流程02：复印服务流程……144
流程03：票务服务流程……145

第二章　客房管理流程

客房是客人在酒店的主要活动场所，优质的客房服务有助于提高客人对酒店的好感，从而为酒店赢得更多的回头客。因此，客房管理应实行规范化的管理流程，以便让客人始终感到服务的专业化水准。

第一节　楼层管理流程……147
流程01：迎客服务流程……147
流程02：送客服务流程……148
流程03：进入客人房间的流程……149
流程04：铺床的流程……149
流程05：客房清洁流程……150
流程06：客人退房的检查流程……152
流程07：DND（请勿打扰）房处理流程……153
第二节　客房服务中心管理流程……154
流程01：客人遗留物品处理流程……154
流程02：托婴服务流程……155
第三节　洗衣与擦鞋服务管理流程……155
流程01：洗衣服务流程……155
流程02：擦鞋服务流程……156

第三章　餐饮管理流程

餐饮管理流程包括楼面事务管理流程、厨房事务管理流程两个部分。餐饮部相关工作人员要按照规范的管理流程来做好楼面和厨房的各项工作。实行规范化的管理流程，可以保证出品、服务的高度一致性。

第一节　楼面事务管理流程……157
流程01：开餐前的准备工作流程……157
流程02：餐巾折花与摆放流程……158
流程03：迎宾领位流程……159
流程04：点菜服务流程……159
流程05：上菜服务流程……160
流程06：结账服务流程……161
流程07：食品打包服务流程……162
流程08：楼面清场工作流程……162
第二节　厨房事务管理流程……163
流程01：厨房出品流程……163
流程02：厨房日常检查流程……164
流程03：客房送餐服务流程……165

第四章　营销管理流程

酒店营销部的相关工作可以按照一定的规范流程进行操作。营销管理流程主要包括营销规划和营销推广两个部分。营销规划属于营销管理的前期工作，营销推广属于营销管理的后期工作。

第一节　营销规划管理流程……166
流程01：广告策划流程……166
流程02：市场调查流程……167
流程03：年度营销预算编制流程……168
第二节　营销推广管理流程……169
流程01：新开拓客户实地拜访流程……169
流程02：广告营销流程……170
流程03：电话营销流程……171
流程04：旅行社营销流程……172
流程05：会议营销流程……173
流程06：宴会营销流程……174

第五章　康乐服务流程

康乐服务是酒店为客人提供的娱乐服务，目的在于使客人在酒店能够享受更优质的生活。康乐服务包含的流程也很多，如健身房服务流程、保龄球室服务流程等。

第一节　康乐服务基本流程……176
流程01：康乐部常规服务流程……176
流程02：健身房服务流程……177
流程03：保龄球室服务流程……178
第二节　康乐服务意外处理流程……179
流程01：客人损毁设备处理流程……179
流程02：客人意外受伤处理流程……180
流程03：意外停电处理流程……180
流程04：客人发生溺水事故处理流程……181

第六章　安全管理流程

酒店安全管理主要指酒店经营所涉及的治安、消防等各方面的安全流程和防范措施。安全管理流程主要包括常规安全管理和消防安全管理两个部分。常规安全管理指的是酒店日常运营中的安全管理事项，消防安全管理则专指消防方面的安全。

第一节　常规安全管理流程……182
流程01：客房安全管理流程……182
流程02：VIP客人接待保卫流程……183
流程03：配合公安政法部门拘捕嫌疑人工作流程……184
流程04：发现可疑爆炸物品处理流程……184
流程05：电梯困人事件的处理流程……185
第二节　消防安全管理流程……186
流程01：泡沫灭火器使用流程……186
流程02：消防安全检查与隐患整改流程……187
流程03：火灾报警流程……188

流程04：火灾处理流程……………………………… 188

第七章　工程管理流程

工程管理主要包含两个方面，即设备设施的管理和节能减排管理。对酒店来说，没有运转良好的设备设施，就无法正常运转，而有效的节能减排能够为企业节省大量费用。

第一节　日常管理流程………………………………… 190

流程01：日常维修流程……………………………… 190

流程02：特别抢修工作流程………………………… 191

流程03：重大事故处理流程………………………… 192

第二节　节能降耗管理流程…………………………… 192

流程01：节能宣传管理流程………………………… 192

流程02：节能降耗计划编制流程…………………… 193

流程03：设备设施节能管理流程…………………… 194

第四部分　怎样进行酒店专项管理

酒店专项管理主要由专项制度管理、专项表格管理两大部分构成。其中，专项制度列举了专用的各项酒店管理制度，专项表格则列举了酒店工作中最常用的一些表格。

第一章　前厅事务专项管理

前厅是酒店的门面，客人对酒店的第一印象往往来自前厅，因此，前厅人员必须认真做好各项工作，给客人留下良好印象，为酒店增加更多收益。前厅事务专项管理，主要包括管理制度、管理表单。

第一节　前厅事务专项制度管理……………………… 196

制度01：前厅部员工仪容礼貌规范………………… 196

制度02：前厅部员工工作要求……………………… 198

制度03：内外管传输及登记管理制度……………… 199

制度04：卫生管理制度……200
制度05：房卡管理制度……202
制度06：前厅客用保险箱的管理制度……203
制度07：前厅部保密工作制度……204
制度08：贵重物品寄存制度……205
制度09：客人投诉处理制度……205
制度10：总机房操作规程……207
制度11：行李员操作规程……209

第二节　前厅事务专项表格管理……211

表格01：散客预订单……211
表格02：团队预订单……212
表格03：预订等候单……213
表格04：预收款收据……213
表格05：住店客人开门通知单……214
表格06：宾客留言单……214
表格07：行李存寄本……215
表格08：访客登记单……215
表格09：叫醒记录本……216
表格10：遗留物品标贴……216

第二章　客房事务专项管理

客房服务员应按照客房服务的各项制度、要求做好客房的管理工作，如铺床、清扫等，确保为客人提供良好的住宿环境。客房事务专项管理主要包括客房事务专项制度管理、客房事务专项表格管理。

第一节　客房事务专项制度管理……217

制度01：客房部迎客服务规范……217
制度02：客房部送客服务规范……218
制度03：客房部清扫卫生标准……219
制度04：客房部布草交接制度……221
制度05：客房服务员人身安全管理制度……222
制度06：客房部防盗管理制度……223

制度07：客房消防管理制度……224
制度08：客房部停电处理制度……225
制度09：客人受伤/死亡处理制度……227

第二节　客房事务专项表格管理……228

表格01：客房动态表……228
表格02：楼层工作检查表……228
表格03：钥匙与对讲机领用登记表……229
表格04：客房例会记录表……229
表格05：布草盘点表……230
表格06：大清洁、计划卫生记录表……230
表格07：客人通知单……231
表格08：遗留物品登记表……231
表格09：楼层服务当班记录……231
表格10：客人遗留物品登记表……232
表格11：客房夜床服务报告单……233
表格12：客房中心交接班本……233

第三章　餐饮事务专项管理

酒店餐饮部的日常管理中，可以实行专项管理，以保证管理的可执行性。餐饮事务专项管理主要包括餐饮事务专项制度管理、餐饮事务专项表格管理。

第一节　餐饮事务专项制度管理……234

制度01：餐饮部例会管理制度……234
制度02：餐饮部治安、消防管理制度……235
制度03：餐饮部服务工作质量管理规定……236
制度04：贵重餐具管理制度……238
制度05：餐厅食品留样制度……238
制度06：餐饮部工作人员健康检查制度……239
制度07：餐饮工作人员个人卫生管理制度……240
制度08：餐（用）具洗涤、消毒管理制度……241
制度09：预防食品中毒管理制度……242
制度10：食品卫生综合检查制度……243

制度11：烹调加工管理制度 …… 243
制度12：食品添加剂管理制度 …… 244
制度13：废弃食用油脂管理制度 …… 246
制度14：醉酒客人处理规定 …… 246

第二节　餐饮事务专项表格管理 …… 247

表格01：团队订餐单 …… 248
表格02：餐费表 …… 248
表格03：食品留样登记表 …… 248
表格04：餐具器皿盘存表 …… 249
表格05：菜单成本分析表 …… 249
表格06：厨房间物品转账单 …… 250
表格07：厨房领料单 …… 250
表格08：饮料领料单 …… 251
表格09：餐厅账单 …… 251
表格10：宴会预订单（工作人员用） …… 252

第四章　营销事务专项管理

酒店营销部的日常管理中，可以实行专项管理，以保证管理的可执行性。营销事务专项管理主要包括营销事务专项制度管理、营销事务专项表格管理。

第一节　营销事务专项制度管理 …… 253

制度01：营销部办公室环境管理制度 …… 253
制度02：营销部资料管理制度 …… 254
制度03：营销工作汇报制度 …… 255
制度04：美工室管理制度 …… 256
制度05：营销部员工守则 …… 257
制度06：营销接待规定 …… 257
制度07：酒店食物中毒危机公关管理制度 …… 259
制度08：酒店微博管理制度 …… 260

第三节　营销事务专项表格管理 …… 262

表格01：公关活动情况统计报表 …… 262

表格02：散客价与团队房价表 263
表格03：每周销售公关拜访计划表 263
表格04：每日销售报告表 264
表格05：销售情况统计月报表 264
表格06：旅行社团队预订卡 265
表格07：重要客人预报表 265
表格08：每日预期离店客人名单 266
表格09：VIP接待通知单 266

第五章　康乐事务专项管理

酒店康乐部的日常管理中，可以实行专项管理，以保证管理的可执行性。康乐事务专项管理主要包括康乐事务专项制度管理、康乐事务专项表格管理。

第一节　康乐事务专项制度管理 267
制度01：康乐部员工岗位服务准则 267
制度02：环境卫生检查细则 268
制度03：营业后整理工作规范 269
制度04：服务质量管理制度 270
制度05：安全管理制度 271
制度06：康乐部客用更衣柜管理制度 273
制度07：康乐部球类运动陪练制度 273
制度08：健身房管理制度 274
制度09：游泳池管理制度 275
制度10：台球室管理制度 276
制度11：棋牌室管理制度 277
第二节　康乐事务专项表格管理 278
表格01：康乐部预订表 278
表格02：康乐部贵宾娱乐记录表 279
表格03：VIP免费康乐预订委托单 279
表格04：康乐部营业日报表 280
表格05：康乐部团队包场预订委托单 281
表格06：康乐部客用更衣柜长期租用登记表 281

表格07：客人租用物品记录表……282
表格08：康乐部报修记录表……282
表格09：康乐部租用麻将押金单……283
表格10：康乐部教练、陪练服务通知单……283

第六章　安全事务专项管理

酒店安全部的日常管理中，可以实行专项管理，以保证管理的可执行性。安全事务专项管理主要包括安全事务专项制度管理、安全事务专项表格管理。

第一节　安全事务专项制度管理……284
制度01：保安员守则……284
制度02：会客登记制度……285
制度03：值班巡查制度……286
制度04：内部案件处理规程……287
制度05：车辆安全管理制度……288
制度06：诈骗犯罪问题的处理规程……289
制度07：打架斗殴、流氓滋扰的防范及处理规程……290
制度08：爆炸及可疑爆炸物品的紧急处理规程……291
制度09：客人突然死亡事故的处理规程……293
制度10：发生断电和其他自然灾害（地震）的应急预案……294
制度11：绑架人质案件应急处理规程……294
制度12：重大接待安全保卫管理规定……295
制度13：酒店消防管理制度……297
制度14：三级消防检查制度……297
制度15：义务消防队的组织管理制度……299
第二节　安全事务专项表格管理……299
表格01：保安员当值安排表……300
表格02：安保交接记录表……300
表格03：来访登记表……301
表格04：员工携物出入酒店登记表……301
表格05：备用钥匙使用单……301
表格06：酒店各部门门锁钥匙一览表……302

表格07：门锁钥匙增配单 302
表格08：危险物品管理登记表 303
表格09：长住客人登记表 303
表格10：客人财物被窃情况表 304
表格11：紧急联系电话一览表 304
表格12：重点安全防火部位登记表 304
表格13：消防教育培训记录 305
表格14：临时动火作业申请表 305

第七章　工程事务专项管理

在酒店工程部的日常管理中，可以实行专项管理，以保证管理的可执行性。工程事务专项管理主要包括工程事务专项制度管理、工程事务专项表格管理。

第一节　工程事务专项制度管理 306

制度01：工程部奖惩条例 306
制度02：设备使用管理制度 308
制度03：工程部维修服务规范 309
制度04：设备保养制度 310
制度05：设备改、移装管理制度 311
制度06：设备报废管理制度 311
制度07：能源管理制度 312

第二节　工程事务专项表格管理 313

表格01：设备区巡视检查记录表 313
表格02：设备档案卡 314
表格03：客房维修保养记录表 314
表格04：锅炉巡查记录表 315
表格05：电梯巡查记录表 315
表格06：酒店工程维修记录表 316
表格07：酒店工程物料消耗统计表 316
表格08：酒店工程单位请修单登记表 317

参考书目 318

第一部分

怎样避免酒店管理的不规范

如何尽量避免酒店管理中的不规范现象呢？相信这是众多酒店管理者都困惑的问题。在本部分，将重点介绍酒店的各个部门采取相关措施，以减少各种不规范行为，从而提高酒店的规范化管理水平。

第一章　前厅管理七项注意

前厅部是酒店形象的“窗口”，是给客人留下第一印象的场所。因此，对于前厅部的管理非常重要。前厅部的工作需要其他部门，如餐饮部、营销部的共同合作完成，要了解合作的注意事项。同时，前厅部工作人员也要掌握在为客人提供服务时所需要注意的相关事项。

注意01：前厅部员工在日常工作中应注意哪些事项

前厅部的员工代表着酒店的形象，在工作中有一些具体的事项需要注意，如下图所示。

事项一	注意使用礼貌用语，如“请”、“您”、“对不起”、“先生”、“女士”等。
事项二	时刻提醒自己要面带微笑，微笑是一种联络情感的最自然、最直接的方式，同时也可最有效地将一切误会与不快驱散，建立起愉快和谐的氛围。
事项三	要善于在工作中控制自己的情绪。一旦遇到专横无理的客人，要耐心说服劝导，决不能随着客人的情绪走，要绝对避免与客人发生争吵乃至冲突。
事项四	学会拒绝的技巧。在前厅工作，经常会碰到这样的情况：客人提出了不符合酒店有关规定，或者是难以帮助其实现的要求，前厅部员工要向客人耐心地说明有关情况，委婉地表明自己不能违反酒店规定，请客人谅解。

前厅部员工在日常工作中应注意的事项

注意02：前厅部在与餐饮部进行合作时应注意哪些事项

餐饮部负责为客人提供饮食，然而客人就餐信息往往是通过前厅部来中转的。因此，前厅部必须加强与餐饮部的合作。在合作过程中，需要注意的具体事项如下图所示。

事项一	前厅部预订处获得“团队预订单”后，应立即填写“餐饮预订通知单”送餐饮部。如有变更，预订处应立即通知餐饮部。
事项二	团队客人到达后，前厅部接待处向领队询问第二天早餐时间。在把就餐地点告诉领队的同时，迅速通知餐饮部准备饮食。
事项三	若预订客人为VIP（贵宾），前厅部要通知餐饮部安排好客人的用餐。前厅部必须弄清客人的饮食习惯、爱好，准确通报给餐饮部，以便餐饮部能够准确地准备饮食。
事项四	前厅部每天应向餐饮部通报免费就餐、免费饮料的客人姓名、房号、优惠日期、时间、指定餐厅、签发人，并填写相应单据。

前厅部在与餐饮部进行合作时应注意的事项

注意03：前厅部与营销部进行合作时有哪些注意事项

营销部是为酒店带来更多客人、增加营业收入的部门，前厅部与营销部进行合作时的注意事项如下图所示。

事项一	营销经理签字给予特殊客人房价折扣或免收房费的委托书，前厅部预订处收到后要根据要求予以安排执行。
事项二	前厅部预订处须在每月末向营销部递交一份下个月的住房情况表。
事项三	前厅部预订处应在每月的第一天向营销部递交一份上个月的住房情况表。
事项四	当订房情况出现超饱和时，前厅部预订处须将信息及时传递至营销部，由营销部和预订处共同负责向本市其他酒店推荐团体客人或散客。

事项五	前厅部预订处接受的散客预订，如未同本酒店签过合同的，应填写销售合同交给营销部。
事项六	前厅部预订处接到的有关订房的电传须及时递交营销部。
事项七	前厅部预订处在开展订房业务过程中，若遇到问题，可随时向营销部询问。

前厅部与营销部进行合作时的注意事项

注意04：门童迎接客人要注意哪些事项

门童在酒店门口迎接客人，对客人“第一印象”和“最后印象”的形成起着重要作用。门童在迎接客人时要注意以下事项。

事项一	客人抵店时，门童应向客人点头致意，说：“欢迎光临!”若客人乘车抵店，则把车辆引导到客人容易下车的地方，车停稳后，替客人打开车门，热情地向客人致意并问候。
事项二	准确、及时地为客人拉开酒店正门，若客人的行李较多，要帮助客人提拿行李，在进入大厅前交给行李员。
事项三	住店客人进出酒店时，热情招呼致意，对重要客人和常客则直呼姓名及职务，以示尊重。
事项四	如遇雨天，为客人打伞。客人随身携带的雨伞，应该告知放在伞架上。同时，酒店免费向客人提供雨伞，方便客人。
事项五	团队（会议）客人到店前，做好迎接的准备工作。团体大客车到店时，维持好交通秩序，迎接客人下车：对一般客人要点头致意并问好；对行动不便的客人要扶助他们下车；对随身行李较多的客人要帮助提拿行李。
事项六	客人下车完毕，示意司机把车开走，或停在酒店指定的地方。

门童迎接客人要注意的事项

注意05：处理访客留言有哪些注意事项

当有人拜访住店客人而客人又不在时可以请其留言，前厅部员工处理访客留言应注意以下事项。

事项一	主动询问是否要留言，如："先生，很抱歉，×小姐目前不在房内，请问您是否要留言？"
事项二	提供留言条，请访客填写。
事项三	把留言条放入酒店信封，并放入受访客人房号的钥匙柜中。
事项四	打开该房间内的信号显示灯，告知客人前台有留言。

处理访客留言的注意事项

注意06：应对拖延付款的客人有哪些注意事项

客人拖延付款会影响酒店收入，应对这类客人时应注意以下事项。

事项一	注意观察客人的反常迹象。酒店各部门需要通力合作，弄清楚客人的基本情况和反常迹象，及时向上级报告。
事项二	注意适当催促和主动中止相结合。对于那些拖延付款的客人，酒店可正式催促其付款，酒店认为客人确实失去付款能力，应及早请他结账，中止他的住宿，以便把损失减少到最小的程度。
事项三	限制预订的住宿期。无论是预订房间的客人，还是临时来住店的客人，对于他们的预订期应尽量短一点，尤其是对那些没有事先预订的客人。
事项四	注意赊销期限。由于客房的销售有它本身的特点，所以对实行"先住后付款"制度的酒店来说，赊销的期限应尽量缩短。

应对拖延付款的客人的注意事项

注意07：为客人办理行李寄存时应注意哪些事项

酒店有义务为客人提供行李寄存服务，在为客人办理行李寄存时应注意以下事项。

事项一	行李员应明确告诉客人酒店不寄存易燃、易爆、易碎、易腐烂物品及违禁品等，同时提醒客人贵重物品及现金不宜寄存在行李房，请客人自己保管或存放在总台贵重物品寄存处。
事项二	特别要注意纸袋包装物品是否封好、捆包严密，发现有松散或封口不严的，应征求客人同意后重新捆包。
事项三	检查行李外观，发现有破损时应向客人当面说明，并记录下来。
事项四	客人提出寄存物品由他人代领时，请客人写清代领人姓名、单位、住址、联系电话，并请客人通知代领人必须持行李寄存卡（提取联）和身份证件来提取物品。
事项五	客人不慎丢失行李寄存卡，行李员应逐项核对客人姓名、房号、行李件数、行李特征，并请客人出示有效身份证件，复印后与行李寄存卡（寄存联）订在一起，以备查验。

为客人办理行李寄存时应注意的事项

第二章　客房管理八项重视

客房管理工作是酒店管理中的一项核心工作。在客房管理中，应该把握其中的重点，重视重点工作，如客房用品管理、客房设备管理、客房消防安全管理、客房小酒吧管理、客房钥匙管理、客房清洁卫生等。

重视01：管理客房用品应重视做好哪些工作

客房用品是酒店客房的用品。客房用品主要有客房床上用品、客房一次性用品、客房电器、其他杂件四大类。客房用品的消耗量较大，因此必须加强对其的管理，尽量减少浪费。在对客房用品管理时，应重视做好以下工作。

工作一	正确存放，因为客房用品有许多是印刷品及纸盒包装的，还有洗发液、沐浴液等瓶装液体。因此其存放环境要干燥、整洁，配有存放柜。摆放时要整齐，避免受重压。
工作二	楼层领班要通过楼层服务员每日清扫房间的数量来控制其物品消耗，并分析比较每个服务员每间客房的平均耗用量。
工作三	要加强现场检查和督导，减少客房用品的浪费和损耗。如有些服务员图省事，将客房棉织品当抹布使用，或者将客人未使用过的消耗品当垃圾一扫而光。发现这些现象，领班要批评教育，必要时给予一定的经济处罚。
工作四	必须给员工创造不使用客房用品的必要条件，如在工作间、更衣室及员工浴室配备员工用的挂衣架、纸巾、香皂等，以免员工拿用客房用品。
工作五	酒店应制定相应的制度，如员工上班不能带包到工作岗位，上下班必须走员工通道，主动向值班人员展示自己的包等。

工作六 → 做好统计分析。客房用品的消耗量应每天汇总，每月统计，分析比较，找出浪费的原因，并解决。

管理客房用品应重视做好的工作

重视02：管理客房设备时应重视做好哪些工作

客房是客人在酒店入住期间的主要生活场所，因此需要配备相应的设备，使客房尽可能具备满足客人需求的多种功能，真正成为客人的"家外之家"。客房设备种类较多，要按一定的分类法进行分类编号，建立账卡和设备档案卡。另外，要建立设备日常管理制度，以便加强管理。具体措施见下图所示。

建立设备账卡：建账卡就是将客房楼层各类设备详细地登记在设备账本上。要求分类细致，通常设备有多少种，账本就应有多少种。在建账过程中要做到"账物相符"和"账账相符"。

建立客房设备历史档案：为了全面掌握客房设备的使用情况，加强对客房设备的管理，所有客房设备都应该建立历史档案，内容包括房号、类型、配置设备、装修或启用日期、维修保养记录等。

建立设备日常管理制度：建立设备日常管理制度，如设备保养制度、记录制度、报损、赔偿制度等。客房部楼层员工应有良好的职业道德及责任心，自觉爱护设备，掌握楼层各类设备的用途、性能、使用及保养方法。

管理客房设备时应重视做好的工作

重视03：客房消防安全管理应重视做好哪些工作

客房部不仅要以干净舒适的客房以及服务人员热情好客的态度、娴熟的服务技巧来满足客人的各种需求，使其乘兴而来，满意而归，更要重视客人的一个最基本的需求——安全。酒店必须高度重视消防管理，具体措施见下图所示。

措施一 → 客房部值班人员要坚守岗位，不串岗，不睡觉，勤巡逻，注意观察（对饮酒过量的客人要特别注意）。

措施二	查房时，注意客人使用的电器（如吹风筒等）是否关闭开关，是否切断电源。
措施三	劝说客人不要将易燃物品带入客房，告之酒店可代为妥善保管。
措施四	认真检查设备设施的运转状况，若发现问题，应及时报告或处理。
措施五	火灾形成后，小火灾要自己扑救，大火灾要及时报警。须保持沉着冷静，一方面积极救火，另一方面要及时通知楼层客人，并组织带领客人从安全通道逃生。

客房消防安全管理应重视做好的工作

重视04：管理客房小酒吧应重视做好哪些工作

酒店一般在客房内设有小酒吧，吧台上放有各种饮料，由客人自由取用。这样做既方便客人，又增加酒店收入。酒店管理小酒吧应重视做好以下工作。

工作一	散客结账时由前厅部通知到楼层，楼层服务员应立即进房查核小酒吧，并在房内拨电话，将该房客人饮用的饮料、小吃品种及数量通知前厅部收银处。
工作二	服务员根据“客人进店（离店）通知单”，在团队客人离店前半小时，将该团队所有客房内的小酒吧核查一遍，开好饮料账单，由领班送至前厅部收银处。
工作三	住店客人房内的小酒吧，由服务员每天上午换茶具和晚间做夜床时逐一查核。如有饮用，立即补充，并将饮料的品种和数量记录在工作单上，开好账单，领班据此填“饮料消耗表”。
工作四	早班领班在上午和下班之前、晚班领班在下班前，分别将楼层服务员开的饮料账单送到客房服务中心。
工作五	每周日，由领班对楼层饮料柜进行盘点，制出一周饮料消耗表，交由楼层主管核对。物资保管人员于次日根据具体消耗数量将饮料发到各楼层。

管理客房小酒吧应重视做好的工作

重视05：管理客房钥匙应重视做好哪些工作

客房钥匙是客房安全管理的重要环节，对其管理绝不能马虎大意。为保证客房安全，必须严格做好钥匙管理。具体工作如下图所示。

工作一	当客人办理入住手续后，可发给客人该房间的钥匙，供客人出入时使用。
工作二	客人外出应把钥匙交与前厅部问讯处保管。客人回店领取钥匙时，要查对证件；必要时，可与服务台核对。
工作三	客人退房时，要提醒客人归还钥匙；若忘记交还的，要派人追回。
工作四	客房服务员在清扫客人房间时，必须随身携带钥匙，不能把钥匙随意丢在工作车上或插在房门锁上，也不得交他人保管。
工作五	在巡视时，若发现客人房门插有钥匙，要敲门提醒客人收好；若房中无人，可将钥匙拔下，交领班处理，并做好记录。
工作六	禁止为陌生人开启客人的房间；确因工作需要必须开门，应按酒店相关规定办理好手续，并做好记录。
工作七	严禁将客房钥匙带出酒店。

管理客房钥匙应重视做好的工作

重视06：进行客房清洁卫生工作应重视做好哪些工作

只有做好了清洁工作，才能为客人提供一个良好的住宿场所，客房清洁卫生工作应重视做好以下工作。

工作一	客房服务员在进行客房清洁卫生工作时，必须认真仔细，打扫干净每一个角落。
工作二	当客人在房间时，要做清洁工作必须征得客人的同意。

工作三	当客人不在房间时，进行清洁工作应将房门彻底打开，并挂上“正在清洁”的标志牌。
工作四	清洁完毕后，应当再检查一遍，确认所有清洁工作全部完成后才能离开，离开时应在工作簿上做好记录，以便主管查询。

进行客房清洁卫生工作应重视做好的工作

重视07：防止客人偷盗客房用品应重视做好哪些工作

客人偷盗客房中的用品容易给酒店造成较大损失，客房服务员应重视做好以下工作。

工作一	客房服务员要提高警觉，掌握客人出入情况，做好来访登记工作，注意观察进出客人携带物品情况。
工作二	房态报表、交接班簿应对外保密。
工作三	服务员整理房间时，将工作车停在打开的客房门口，调整好工作车的位置，使工作车上的物品面对客房，防止被人顺手牵羊。
工作四	加强对储藏室的管理，不可让客人自己进入储藏室拿取备用品或布巾用品。
工作五	客房中价值较高的物品如挂画、灯饰等，应该采用较大尺寸，以使客人无法将其装入行李箱中。
工作六	客人入住时，要提醒客人将贵重钱物放总台保存。
工作七	对晚间没有回房住宿的客人，应及时做好记录并汇报。
工作八	客人退房后，要清查房间物品，如有遗失，立即与总台联系。

防止客人偷盗客房用品应重视做好的工作

重视08：防止员工偷盗客房用品应重视做好哪些工作

员工偷盗也是造成客房用品损失的一个重要原因，防止员工偷盗应重视做好以下工作。

工作一	对本店员工要加强职业道德教育，提高员工的素质，增强员工遵纪守法的自觉性。
工作二	实行一定的奖惩手段堵住漏洞，不给作案者可乘之机。
工作三	一旦发现有偷窃行为，要严肃处理，毫不留情。
工作四	严禁在工作时间会客、串岗或擅自离岗。
工作五	严格履行领用和保管物品的手续。
工作六	不能主动将客人的情况告诉不明身份的访客。
工作七	设立员工专用通道，防止员工或施工人员携带酒店财物离店。

防止员工偷盗客房用品应重视做好的工作

第三章　餐饮管理九项保证

随着酒店行业的竞争加剧，酒店餐饮部也遇到了前所未有的挑战，酒店餐饮部要想得到可持续发展，就必须具备餐饮的核心竞争力。因此，餐饮部门必须在保证产品质量的同时，为客人提供优质的服务，最终赢得更多的“回头客”。

保证01：餐饮部怎样保证与保安部的有效沟通

保安部负责酒店的安全管理，当然也负责餐饮部的安全管理工作。因此，餐饮部必须保证与保安部的有效沟通，具体而言，应做好以下工作。

工作一	如有重要宴请或大型宴会和会议要事，先与保安部沟通，并请其协助维持治安秩序，做好重要客人的安全保卫工作。
工作二	餐饮部前、后台如发现可疑人或物品，在立即做好监控工作的同时，应及时报告保安部。
工作三	各营业点如发生酗酒闹事等影响治安秩序的事件时，要立即报告保安部。
工作四	使用酒店各种设备设施过程中，如发生异味、异声、漏电、短路、裂管等不安全因素要立即报工程部检修，同时报保安部。
工作五	主动与保安部联系，做好易燃易爆用品的管理和消防设备、消防器材的检查维护。
工作六	组织和教育员工自觉参加保安部开展的“四防”宣传教育及保安业务知识。
工作七	主动接受保安部对安全保卫工作的指导和检查，对保安部提出的工作建议和意见应及时进行整改，并将整改情况复告保安部。

餐饮部保证与保安部进行有效沟通的措施

保证02：餐饮部怎样保证与工程部的有效沟通

餐饮部有很多设备设施，一旦发生损坏就需要联系工程部进行修理，为保证与工程部的有效沟通，餐饮部应做好以下工作。

工作一	本部门的设备管理和操作人员应自觉接受工程部进行的安全生产教育及专业技术和管理知识的培训，提高业务技能。
工作二	接受工程部定期对本部门设备设施管理制度的检查。
工作三	在本部门自查设备设施安全生产时发现隐患，立即通知工程部及时排除。
工作四	主动配合工程部对本部门厨房设备、炊事机械、冷藏柜、水、煤气、空调、除油、除烟等设施定期进行检测和计划维修，确保运转正常。
工作五	配合工程部做好餐厅、厨房等设备设施的更新改造，并与工程部密切合作，搞好餐厅、咖啡厅设备设施的日常维护保养，确保各种设备设施处于正常使用状态。
工作六	有大型和重大接待任务应提前通知工程部，便于工程部对宴请场地进行全面整修。

餐饮部保证与工程部进行有效沟通的工作

保证03：楼面怎样保证与厨房的有效沟通

厨房的菜做得好不好，是否合乎客人的口味，将会直接影响楼面的服务工作。因此，楼面要经常与厨房沟通、交流，加强两个部门之间的联系，才能将服务工作全面地推进。具体沟通措施有以下几个方面。

记住推荐菜	楼面的服务人员必须记住酒店推荐菜肴的名称、原料、味道、典故和适合的客人群体，这样才能将菜品信息及时地传递给客人，顺利地开展服务工作。经常与厨师们进行交流，掌握菜品的制作原理、风味类型，可以加深对菜品的了解。

记住沽清菜：由于季节、温度、长途运输等原因，餐厅的一部分菜肴会出现季节性的短缺。如果就餐的客人点了某种沽清菜，但是服务员并不知道，往往容易引起客人的不满。因而，楼面服务人员要经常和厨师们沟通交流，记住沽清菜。

加强联系：客人到餐厅用餐，由于年龄结构、口味偏好、饮食习惯等各不相同，对待同一种菜品的态度也不相同。当厨房烹制某类菜肴时，有的客人会觉得偏咸，有的客人可能会觉得偏淡。当这些情况发生时，就需要楼面与厨房部密切配合，共同应对。

楼面保证与厨房有效沟通的措施

保证04：怎样保证楼面提供令客人满意的就餐服务

良好的餐饮服务会给酒店带来巨大的经济效益，为客人提供满意的就餐服务，楼面管理人员应做好以下工作。

建立餐饮服务的标准规程：制定服务规程时，首先确定服务的程序，再确定每个环节统一的动作、语言、时间、用具，包括对意外事件、临时要求的化解方式、方法等。管理人员的任务是执行和控制规程，特别要抓好各套规程之间的薄弱环节。

应抓好员工的培训工作：通过系统的培训，可以提高员工的服务质量，为客人提供更好的服务。

收集质量信息：餐厅管理人员应该知道餐饮服务的效果如何，即客人是否满意，从而采取改进服务、提高质量的措施。

保证楼面提供令客人满意的就餐服务的措施

保证05：怎样保证为团体客人提供满意的团体餐

酒店经常会有团体客人入住，如旅行团队、会议团队等，因此餐饮部要负责为团体客人提供团体餐。团体客人往往能为酒店带来大量收入，因此必须为其提供满意的团体餐，具体措施如下图所示。

措施一	开餐前，领班或经理应了解清楚所负责接待的团体名称、国籍、身份、生活习惯、人数、伙食标准、接待规格、特别要求及开餐时间等，才能充分做好接待前的一切准备工作。
措施二	厅内陈设和台型布置要整齐美观，根据接待对象的不同，加以适当调剂。如会议包餐，可布置得朴素典雅些；旅行团体，则可布置得豪华热烈些。
措施三	菜点的备用，特别是冬季，粥饭、面包不宜过早备放，以免食品过冷；出菜也要适时，保证饭热菜香。
措施四	安排菜点时，要做到每餐不同、各有特色，特别要安排地方风味的菜点，调剂好花样。服务人员要了解和掌握每餐的菜单，熟悉菜肴的风味特色，随时向客人作介绍。

保证为团体客人提供满意的团体餐的措施

保证06：怎样保证楼面卫生

餐饮场所是客人出入消费比较频繁的地方，其卫生、安全非常重要。为保证楼面卫生，酒店应做好以下工作。

工作一	服务人员的着装卫生，即要求服务人员必须穿着干净、整洁。
工作二	餐厅的环境卫生，一般按区域安排清洁任务，责任到人，由主管检查落实。
工作三	在营业结束后，主管应对餐厅的封闭情况、保安人员的到位情况、消防设施的摆放情况等主要环节作最后的核实，以确保卫生工作万无一失。

保证楼面卫生应做好的工作

保证07：怎样保证食材的供应质量

食材是餐饮经营所需的各种原料，如肉、蛋、蔬菜等，酒店可以通过以下措施来保证食材的供应质量。

制定食品原料采购标准：制定标准时应仔细分析菜单、菜谱。既要考虑各种菜式制作的实际需要，也要考虑市场实际供求情况。

选择合格的采购供应商：酒店应多选择几家供应商，从中挑选出最合适的供应商。

对采购进行稽查：采购稽查是确保采购质量的一项重要措施，通过稽查可以了解具体采购费用等。

保证食材供应质量的措施

保证08：怎样保证蔬菜加工过程中的卫生

各类蔬菜是酒店常用的菜品原料，为保证蔬菜加工过程中的卫生，加工人员应做好以下工作。

工作一：必须遵循“先清洗，后加工，再清洗”的原则，即在粗加工结束后，先将原料送到专用的“蔬菜清洗池”中清洗干净，然后才能进行细加工。

工作二：蔬菜清洗时，将黄叶、泥沙、杂草等清除干净，在粗加工过程中要将腐烂变质、有虫眼以及其他不必要的部分处理掉，但应注意节约用料和用水。

工作三：加工时，只能加工一种原料；对于暂时不必加工的原料应将其清理出操作台，重新放回货架，并整理整齐。

工作四：加工的过程中注意力应集中，不得闲聊、开小差，如果不小心割伤、摔伤应按规定程序处理。

工作五：加工过程中，应避免将残留物掉在地面上，注意保持地面干净；每加工完一个品种，加工人员应及时将操作台和地面上的残留物清扫干净，并倒入垃圾袋中。

保证蔬菜加工过程中的卫生的工作

保证09：怎样保证熟食加工的卫生

熟食也是酒店的常用食品，为保证熟食加工的卫生，应做好以下工作。

工作一	加工熟食时，应将加工切除的部分及包装袋等丢弃在垃圾袋中，不得随处丢弃。
工作二	每加工完一种熟食，应先用刀具刮干净墩头，再用专用的抹布将墩头表面擦干净后才能加工另一品种的熟食。
工作三	在加工熟食期间，专用的抹布或暂时不用的刀具不得随处放置，应放置在消毒后的操作台上或墩头边。
工作四	加工人员因故离开熟食间或手接触了其他未经消毒的用具时，应重新用消毒水对手进行消毒。加工人员应使用一次性手套拌凉菜，不得直接用手拌凉菜。
工作五	在进行加工的过程中，加工人员必须将口罩戴好（口鼻完全遮住），并集中注意力，不得随意闲聊。
工作六	熟食间和保鲜柜的门把手要用消毒水浸泡了的小毛巾包裹，以作手接触时随时消毒之用。
工作七	加工期间，应将门窗关好，以防止苍蝇等进入熟食间，同时应禁止闲杂人员入内，以保证熟食不被污染。

保证熟食加工的卫生的工作

第四章　营销管理七项注意

如今，酒店行业的竞争越来越激烈，已经处于“供过于求”的现状。因此，酒店必须加强营销管理，以此赢得更多的客人。不过，在酒店营销管理的具体实施中，需要注意相关事项，以此来避免“费时费力却不讨好”的情况发生。

注意01：推行网络广告营销应注意哪些事项

网络广告营销是配合酒店整体营销战略，发挥网络互动性、及时性、多媒体、跨时空等特征优势，策划吸引客人参与选择适当网络媒体进行网络广告投放的营销方式。网络广告营销是一种新型的营销方式，推行网络广告营销应注意以下事项。

事项一	有一个属于自己企业的专有网站，提供企业简介，企业文化，店面VI（视觉识别系统）的展示，加盟条件，加盟费用，联系方式等信息。
事项二	在广告的投放上选择餐饮的专业网站，尤其是符合企业自身定位的餐饮网站，比如说做湘菜的企业，就肯定不能找一个做西餐的网站投放广告。这样就会非常准确地直接命中目标客户。
事项三	考虑免费加入如百度、谷歌等搜索引擎，让客人通过搜索引擎找到信息。

推行网络广告营销应注意的事项

注意02：设计DM（直接邮寄广告）广告应注意哪些事项

酒店营销部在设计制作DM时，假若事先围绕它的优点考虑更多一点，将对提高DM的广告效果大有帮助。营销部在设计广告时应注意以下事项。

事项一	设计人员要透彻了解商品，熟知消费者的心理习惯和规律，知己知彼，方能百战不殆。
事项二	设计要新颖有创意，印刷要精致美观，吸引更多的眼球。
事项三	DM设计形式无法则，可视具体情况灵活掌握，自由发挥，出奇制胜。
事项四	充分考虑其折叠方式，尺寸大小，实际重量，便于邮寄。
事项五	可在折叠方法上玩些小花样，比如借鉴中国传统折纸艺术，让人耳目一新，但切记要使接受邮寄者方便拆阅。
事项六	配图时，多选择与所传递信息有强烈关联的图案，刺激记忆。

设计DM广告应注意的事项

注意03：重大节假日营销应注意哪些事项

对于酒店而言，最有利于开展营销推广的重大节假日，主要包括春节、情人节、端午节、中秋节、国庆节等。对于不同的节假日，需要寻找到其目标客户群体，以此制订合适的方案。营销部在开展重大节假日营销时应注意以下事项。

事项一	注意了解每个重大节假日的内涵、特点，尤其要了解该节假日与饮食之间的关系。
事项二	注意在节假日到来之前就应当采取各项措施，在餐饮店内、店外制造出浓浓的节假日气氛，而不只是在节假日当天才草草地布置一下。
事项三	注意做好节假日的人员安排，因为节假日的顾客往往比平时要多，如果人员安排不当，很可能会导致无法应付。

开展重大节假日营销应注意的事项

注意04：开展父亲节营销应注意做好哪些工作

父亲节是一年中特别感谢父亲的节日，约始于二十世纪初，每个国家的父亲节日期都不尽相同，也有各种的庆祝方式，大部分都与赠送礼物、家族聚餐或活动有关。在我国，每年6月的第三个星期天是父亲节，营销部在进行父亲节营销时应注意做好以下工作。

工作一	利用当天中午和晚上做全家福自助餐或全家福桌菜来进行销售。
工作二	推出父亲节套餐，针对不同的父亲特点制定“健康宴”。
工作三	为吸引客人在父亲节到来之前到餐厅消费，可以采用“消费满一定金额即赠送餐饮礼券”的促销方式。这样便可增加客人来店次数。
工作四	在布置或选择就餐环境的时候，要着重显示父亲节的文化背景及内涵，这样可以大大提高节日效果。

开展父亲节营销应注意做的工作

注意05：端午节营销应注意哪些事项

端午节是中华民族的传统节日，为每年农历五月初五，又称端阳节、午日节、五月节等。端午节有吃粽子，赛龙舟，挂菖蒲、蒿草、艾叶，薰苍术、白芷，喝雄黄酒的习俗。营销部在开展端午节营销时应注意以下事项。

突出传统文化	要采取各种措施，重点突出端午节的传统文化，如举办端午节趣味知识比赛等。
保证食品安全	端午节期间黄鳝、黄鱼、黄瓜、蛋黄（咸鸭蛋）及黄酒等“五黄”食品需求量会显著增加。为避免因食用时令食品发生的食品安全问题，应该在采购、加工、烹调、出售等各个环节控制好卫生问题。
注重低碳美食	加大膳食平衡、低碳环保理念的宣传。加强素食研发创新，积极开展鼓励素食消费的有关活动；通过图片、影像等资料介绍平衡膳食、低碳生活的知识，强化饮食健康和环境保护意识。

营销部在开展端午节营销时应注意的事项

注意06：酒店自建网站进行营销需注意哪些事项

如今，许多酒店为扩大自己的互联网直销份额，都纷纷建设起具备独立域名的直销网站。大部分酒店只是为了建站而建站，耗资数千到数万元请外包公司建设其自有的网站，但很少去更新和维护。因此，酒店自建网站进行营销时，需要注意以下事项。

事项一	清楚地显示酒店网站有什么信息。
事项二	提供方便和易理解的浏览方式，甚至要为那些不愿或不能下载图像的用户考虑。
事项三	只在有必要的地方加上图形和其他东西，因为并不是每个浏览者都能利用图形的。
事项四	不要误导客户，不要贬低竞争对手。
事项五	酒店的企业形象吻合酒店的市场定位，由于网页、网站主页和其他互联网信息经常被复制在全世界的图书、杂志、报纸和教科书中，所以营销人员应确定酒店网站上的企业形象对酒店是合适的。
事项六	设计开放式的主页，应该让尽可能多的网页浏览工具能浏览到酒店的主页。

酒店自建网站进行营销需注意的事项

注意07：开展电子邮件营销应注意哪些事项

电子邮件营销是在用户事先许可的前提下，通过电子邮件的方式向目标用户传递价值信息的一种网络营销手段。酒店在开展电子邮件营销时应注意以下事项。

事项一	及时回复：收到客人电子邮件的时候，要养成及时回复的习惯，即使是“谢谢，来信已经收到”也会起到良好的沟通效果。
事项二	避免无目标投递：采用群发的形式向大量陌生电子邮件地址投递广告，不但收效甚微，而且会被报告为垃圾邮件，损害公司形象。

事项三	尊重顾客：不要向同一个电子邮件地址发送多封同样内容的信件，当对方直接或者间接地拒绝接受电子邮件的时候，绝对不可以再向对方发送广告信件，要尊重对方，否则就是滥发邮件。
事项四	内容要言简意赅：客人时间宝贵，在看电子邮件的时候多是走马观花，所以信件要言简意赅，引起客人的兴趣，长篇累牍会使客人放弃阅读。在发送前一定要仔细检查电子邮件内容，保证语句通顺，没有错别字。此外，只要邮件内容能在正文里面显示，就不采用附件形式。
事项五	附上联系方式：信件一定要有发言人的签名，并附上电话号码，以免收件人需要找人协助时，不知如何联络。
事项六	尊重隐私权：征得顾客首肯前，不得转发或出售发信人名单与顾客背景。
事项七	坦承错误：若未能立即回复顾客的询问或寄错信件，要主动坦承错误，向顾客致歉。不能以没有收到电子邮件为借口，这样做会弄巧成拙，不但无法吸引顾客上门，反而把顾客拒之门外。

开展电子邮件营销应注意的事项

第五章　康乐服务八项要求

酒店康乐服务种类很多，如健身房、保龄球、高尔夫球、桑拿、游泳等。康乐服务从一定程度上来讲，是体现酒店档次的一个重要标志。酒店必须保证提供良好的康乐服务，以给客人提供最优质周到的服务。

要求01：康乐安全管理工作有哪些要求

酒店在为客人提供康乐服务的同时，也要保证客人的安全。因此，康乐安全管理工作就显得尤为重要，具体而言，康乐安全管理努力工作的要求如下图所示。

加强对管理和服务人员的安全培训	通过系统培训，使全体工作人员认识到安全服务的重要性和安全服务给酒店、给客人、给服务员带来的益处，同时也使全体工作人员认识并熟悉安全管理制度，并提高处理安全事故的能力。
加强对客人的疏导	康乐部有时因为客流量较大，有时会出现拥挤现象，容易发生安全事故，如挤伤、踩伤等。另外，人多拥挤也给小偷作案提供了方便。这时，康乐服务人员就应该特别注意加强疏导服务，维持好现场的秩序，以防止发生伤害或失窃事故。
加强对客人的解说服务	在某些存在危险性的康乐活动开始前，特别是一些大型游乐项目，应该对参与客人进行安全知识讲解和安全事项说明，并具体指导客人正确使用设备设施，确保客人能够掌握正确的动作要领。
加强与酒店保安部的合作	康乐部为客人提供服务的过程中需要保安部的协作与配合，在预防和处理安全事故或消防事故时应接受保安部的指导与帮助，以便共同为客人提供安全的服务。
建立完善的安全制度	康乐部经理应该特别重视安全管理，把安全工作放到重要议事日程中，注意培养全员安全意识，并且应建立和完善各项安保制度，包括安全管理制度、全天候值班制度等。

康乐安全管理工作的要求

要求02：使用服务用语有哪些要求

俗话说：“良言一句三冬暖，恶语伤人六月寒。”康乐部服务人员在为客人提供服务时，必须严格注意自己的用语，其具体要求如下图所示。

要求一	客人到来，行至离自己一米远时，应注视客人，并上前一步向客人微笑点头致意，用清楚洪亮的声音向客人表示欢迎：“先生/小姐您好，欢迎光临。”
要求二	客人走到门口时，应伸出手臂，作出请的姿势。客人进门后，跟在客人后面半步，向客人询问并介绍×××娱乐项目的情况。（如客人是常客，在打招呼时，将其姓带上，这样更使客人感到亲切。）
要求三	客人决定要娱乐时，应首先询问客人是否是会员（先生/小姐，请出示一下您的会员卡）。应双手接过客人拿出的会员卡，然后双手将会员登记笔递给客人，说：“谢谢。”请客人签名时，说：“先生/小姐，请在这里签名。”然后引领客人到所需娱乐项目设施处。
要求四	主动询问客人需要喝什么（请问先生/小姐，需要喝点儿什么吗？我们这里有……）。用托盘将所要的酒水及相应的杯子送到客人桌子上，并为客人斟满，提醒客人说：“先生/小姐，这是您的饮料，请慢用。”
要求五	在服务中，如球类、健身的客人，适时地给客人提供毛巾；如棋牌室的客人每隔十五分钟给客人续添一次茶，并及时给客人清理桌面、茶几，更换烟缸，保持台面清洁。烟缸内烟头不超过3个。撤换烟缸必须用托盘，将干净的烟缸盖住旧烟缸，一并撤下，然后再将干净的烟缸摆上。
要求六	等客人娱乐结束后，询问客人：“请问是现金结账还是签单。”如果是会员则请其签名，如是住店客人：“请问您有本店的优惠卡吗？”然后将账单双手递给客人说：“这是您的账单，一共是×××元，请您过目，然后请在此处签名。”“这是找您的零钱（或这是您的房卡/会员卡），请收好，谢谢。”
要求七	送客时，点头微笑并说：“先生/小姐，再见，欢迎下次光临。”

使用服务用语的要求

要求03：设置保龄球室有哪些要求

构成一个保龄球室的基本要素包括场地、球道、保龄球、球瓶、开局电脑、球道大显、球架、炮台、球道小电脑以及保龄球后机设备等。酒店设置保龄球室应达到以下要求。

要求一	球场宽敞、球道自动回球设施，记分显示，球路显示等设施齐全，符合标准。
要求二	球道及四周木质地板高档，设有客人休息区，配桌、椅、鞋架或鞋柜。
要求三	场内或球场附近有酒吧，能为客人提供酒水等服务。
要求四	各种设施完好无损，维护保养及时。
要求五	球场布局合理，整体协调美观。
要求六	场内自然采光和灯光照度不低于80lx，通风良好，空气清新。
要求七	将营业时间、宾客须知和价目表等中英文对照的告示牌挂放于显著位置，一目了然。

设置保龄球室的要求

要求04：设置棋牌室有哪些要求

设立棋牌室的成本比其他任何形式的娱乐活动的成本都要低，且棋牌室使用空间的大小和装饰的效果没有任何硬性要求。酒店可以根据自身情况灵活设置棋牌室，并可完全体现酒店特色和风格。酒店设置棋牌室应达到以下要求。

要求一	设象棋、围棋、扑克、麻将等活动项目，配有专用的台桌、椅子等家具和游艺器具。
要求二	各种家具、器具完好无损。

要求三	室内环境舒适、宁静。
要求四	照明通风良好，光线柔和，空气清新。
要求五	室内天花板、墙面光洁，地面整洁，无灰尘、污渍，室内各种饰物干净美观。
要求六	桌椅等各种家具清洁光亮。
要求七	各种游艺器具表面光洁，无污迹和缺损。
要求八	将营业时间、宾客须知和价目表等中英文对照的告示牌挂放于显著位置，一目了然。

酒店设置棋牌室应达到的要求

要求05：设置保健室有哪些要求

酒店的人员较多，客人或员工都有可能因意外事故而受伤，因此，设置保健室可以在第一时间为其提供急救。酒店保健室主要负责与酒店各部门有关人员及医院联系，做好协调工作。酒店设置保健室应达到以下要求。

要求一	设有10种以上的医用器材，分位摆放于合理位置。
要求二	室内设有适量的坐椅、床位，供给客人检查。
要求三	各种医用器材始终保持完好。
要求四	有透风装置，室内空气清新，并有常绿植物调节气候。
要求五	室内天花板、灯具光洁明亮，墙面镜面无污迹，地面无灰尘和垃圾。

要求六	各种器械做好定期洗刷消毒工作。
要求七	配合防疫部门和环保部门，监测好保健室的卫生防疫工作和环境卫生工作。
要求八	门口标志明显，营业时间、宾客须知及价目表等标牌有中英文对照且挂放位置得当，一目了然。

设置保健室的要求

要求06：开展健身房清洁工作有哪些要求

健身房的干净整洁不是普通的抹布清洁可以维持的，人来人往的健身房也是酒店清洁的难点之一——一旦健身器材上的汗迹或瑜伽垫上的污垢等细小污渍没有清除干净，客人就会对酒店的印象大打折扣甚至再也不会选择入住。因此，酒店必须做好健身房的清洁工作，其具体要求如下图所示。

服务台及接待室	服务台台面擦拭干净，服务台内物品摆放整齐，地面用拖布擦拭，墙面除尘。沙发、茶几清理、擦拭干净。
更衣室	地毯吸尘，更衣柜用抹布擦拭，然后喷洒清新消毒剂，更衣坐凳每天用消毒药液擦拭消毒，拖鞋每天用药液浸泡消毒。
健身室	地毯吸尘，墙面除尘，器械用抹布擦拭；器械与身体频繁接触的部分如手柄、卧推台面等，每天用消毒药液擦拭。
淋浴室	每天冲洗并消毒，淋浴器手柄擦拭干净。
卫生间	每天冲洗地面、墙面、马桶，然后用消毒药液擦拭消毒，镜面、马桶盖、水箱手柄、洗手池手柄等都要用干抹布擦净。
休息室	地面吸尘，墙壁除尘，沙发吸尘，电视柜、电视机、茶几擦拭，烟灰缸清洗，垃圾桶内的垃圾随时清除。

开展健身房清洁工作的要求

要求07：开展桑拿中心清洁工作有哪些要求

桑拿中心，简言之，是一种拥有桑拿浴的洗浴场所。20世纪80年代，桑拿浴传入中国。在酒店内部，主要是以小型桑拿浴室的形式为人们提供这种时尚的沐浴方式。开展桑拿中心清洁工作的具体要求如下。

前厅及服务台	地面每天吸尘，墙面每周除尘，服务台内外每天擦拭，皮面沙发擦拭，布面沙发吸尘，茶几擦拭，摆放的绿色植物喷水。
更衣室	地面用拖布擦拭，更衣柜每天营业前消毒一次，营业中每使用一次就整理一次；更衣凳每天消毒一次；客用拖鞋每天刷洗并消毒；梳妆台和梳妆镜每天擦拭，梳妆用品摆放整齐。
淋浴室	冲洗墙面和地面，擦拭淋浴隔断，整理、擦拭洗浴用品台，擦拭喷头开关，清理下水道箅子。
桑拿室	室内通风换气顺畅，木制桑拿台每天营业前擦拭消毒，擦拭墙面，清理地面。
水按摩池	每天营业前对循环过滤的砂缸和碳缸进行返洗，放掉池水，刷洗池底和池壁，清理排水口和进水口，然后放入新水并开始加热，同时向水中投放消毒药液。
卫生间	刷洗墙面、地面、马桶、洗手池，然后给洗手池和马桶消毒；擦拭镜子及水龙头和水箱开关。
按摩室	墙面除尘，地面吸尘；整理按摩床，将用过的浴巾、毛巾、按摩布放入布件车中待洗；擦拭茶几，擦拭踩背的把杆。
休息室	墙面除尘，地面吸尘；沙发清理干净并摆放整齐，换新的垫巾；擦拭茶几和电视机，擦拭电视遥控器。

开展桑拿中心清洁工作的要求

要求08：开展游泳池清洁工作有哪些要求

游泳池水清洁是一个非常重要的问题，如果解决不好，游泳池便可能成为传播疾病的场所。开展游泳池清洁工作的具体要求如下图所示。

要求一	清洁游泳池及水底吸尘。
要求二	对池水进行水质化验，并根据化验结果适量投药达到净化标准，标准pH值是6.5～8.5，含氧0.6毫克/升左右，室内游泳池水温控制在28℃左右。
要求三	冲洗、刷净泳池脚水池，放满水并适量加药，使其达到卫生标准。
要求四	清洁水池周围的环境和设施，冲洗地面，清擦门窗，整理绿植，并用高效消毒剂（片）溶液消毒和揩抹客用的躺椅、桌子和茶几等设施和用具。
要求五	清洁更衣室和淋浴室，清擦地面和四壁，揩净更衣箱、洁具、喷淋器、镜面、手盆、台面和椅子，并进行常规消毒，补齐手纸、皂液等各种客用必需品。
要求六	营业期间做好循环放水工作，视水质情况定期换水，经常检验池水清洁度，除去水中浮物和沉淀物，及时冲洗地面，更换和消毒脚水池。

开展游泳池清洁工作的要求

第六章　安全管理九项防范

酒店的安全管理工作主要是由保安部负责，保安部要采取各种措施保证酒店的安全。其实，安全工作是可以通过一定的预防措施来予以控制的，如防止保安部内部管理问题的产生、酒店行李的丢失、员工出现人身安全问题、诈骗事件的发生等。

防范01：怎样防范保安部内部管理问题的产生

作为酒店内部的安全管理部门，保安部除了有责任和义务保证酒店的安全外，还应协助酒店经营者管理内部事务，严格落实各岗位员工安全工作职责，具体措施如下图所示。

措施一	负责对员工通道和员工上下班进出口的检查，纠察违纪现象。
措施二	对携带酒店物品外出的人员要按规定进行检查，防止偷盗行为的发生。
措施三	根据酒店制定的内部保安制度，合理安排安保人员，正确划定巡查线路。
措施四	维护酒店内的工作秩序，制止酒店员工的违章违纪行为，如在酒店内嬉戏打闹、损坏公物等。
措施五	对公共场所要加强管理，注意有无擅离岗位、衣履不整或不佩戴胸牌的员工；对于无端串岗的员工或下班后仍在酒店逗留的员工要格外注意。

防范保安部内部管理问题产生的措施

防范02：怎样防范酒店行李丢失

酒店有义务为客人运送行李及保管行李，并确保行李安全无损。因此在保管时应严格防范行李丢失，具体措施如下图所示。

措施一：对尚在大堂办理登记入住手续客人的行李，尤其是等待送入客房的团体客人的行李，行李员及在大堂巡视的保安部人员须在一旁密切注意，以防不测。

措施二：对于寄存行李也应确保其安全。可在前厅后部设一行李房，行李房供客人保管及寄存行李之用；寄存和发放行李应遵循规定的程序进行。

措施三：贵重物品存在保险箱。按照我国的有关法律规定，酒店必须设置旅客财物安全保管箱，并有一套登记、领取和交接制度。使用安全保管箱时，只能允许一位客人入内，使客人能放心地把贵重物品存入安全保管箱。

防范酒店行李丢失的措施

防范03：怎样防范员工出现人身安全问题

员工是酒店最大的财富，只有确保了员工的人身安全，才能使其提供良好的服务，具体措施如下图所示。

措施一：酒店应在考虑各个岗位的工作要求、服务对象、服务程序的前提下，制定出安全工作的相关标准。

措施二：对员工进行安全工作、安全操作的技术培训，让员工都能养成良好的安全工作习惯，并使员工掌握必要的安全操作的知识及技能。

措施三：对员工所使用的工具与设备要进行定期检查并维修。工程设备部门更应该严格按照安全标准，认真检查及进行维修作业，确保各个岗位员工使用设备的安全。

措施四：员工之间的相互协作安全。在工作中应强调员工之间的相互配合，在各个不同的工种之间和上下程序之间，都应互相考虑到对方的安全。

防范员工出现人身安全问题的措施

防范04：怎样防范诈骗事件的发生

酒店面临的诈骗事件很多，如空买空卖，非法渔利；更有的伪造证件、信用卡、支票等，公开行骗。上当受骗的单位或个人遭受极大的损失。酒店各级工作人员在实际工作中应当注意以下几点。

- 要点一 → 服务人员应当注意那些口若悬河、夸夸其谈的宾客，发现可疑情况及时汇报。
- 要点二 → 在服务过程中要注意那些故意搭讪、故作神秘的宾客，尤其注意电梯口、大堂等。
- 要点三 → 当对方使用信用卡、支票一定要核实清楚消费者资信，对不具备支票、信用卡结算的单位一定要坚持用现金结账或抵押。
- 要点四 → 对于外币兑换、收银台等位置，严格执行兑换制度，发现情况及时汇报，不给犯罪分子以可乘之机。
- 要点五 → 前台人员应当注意那些长时间在前台窥视其他宾客住店登记情况以及询问其他宾客情况或会议情况的人，发现后及时上报。
- 要点六 → 提醒携带贵重物品或大量现金的宾客，注意自身的保护。

防范诈骗事件发生的措施

防范05：怎样防范挤压伤亡事故的发生

挤压伤亡事故主要发生在饭店公共活动场所或主要通道楼口、道口，大多因为大型活动散场以及出现紧急情况需要疏散的时候，因紧急通道被堵，缺乏应急疏导措施时，出现人群拥挤、踩踏，导致人员伤亡。酒店应采取以下防范措施。

- 措施一 → 出入公共场所的所有通道必须保持畅通，不得堆放货物或停放车辆。
- 措施二 → 公共场所和安全通道的门一律对外开启，安装指示灯，不得锁死或顶死。

措施三	内部的消防通道不得改作他用，饭店外围的出入口不得非法进行改建，设置障碍物等。
措施四	大型活动现场设置保安人员，维护现场秩序。遇有火情，组织现场人员从不同出入口进行疏散。

防范挤压伤亡事故发生的措施

防范06：怎样防范外来人员盗窃

酒店进出人员较多，为保证酒店财产安全，应对外来人员进行相应的控制，防止盗窃事件的发生。具体措施如下图所示。

措施一	酒店不应在没有安全措施的情况下，将有价值的物品随意放置在公众场所。
措施二	加强对外来人口的控制，在楼层走道及公共场所应有保安员巡视，防止外来不法分子窜入作案。
措施三	酒店各门卫对出大门的酒店物品设备应加以盘问；酒店的设备、用具、物品等须送出店外修理的，必须具有所属部门的经理签名，并经安全值班人员登记后，才能放行。
措施四	外来的办事人员、送货人员、修理人员等只能使用员工通道，并须经过安全值班人员允许并登记后才能放行进入。这些人员在完成任务后，也须经员工通道处离开酒店。

防范外来人员盗窃的措施

防范07：怎样防范可疑人员进入酒店

酒店必须加强对可疑人员的管理，防止其进入酒店盗窃或破坏，具体措施如下图所示。

措施一	在酒店大门入口处，增加保安人员，可以设便衣，加强对入口的管理。

措施二 → 增加日常巡逻保安人员，对可疑的住店客人加强监视。

措施三 → 发现可疑人员，要及时跟踪，掌握可疑人员的行踪。

措施四 → 必要时，可以对可疑人员进行盘问。盘问时应保持礼貌，避免引起对方反感。

防范可疑人员进入酒店的措施

防范08：怎样防范消防隐患漏检

酒店可以通过建立四级安全检查制来防范消防隐患的产生，四级检查制的内容如下图所示。

措施一 → 各部门领班，每日检查班组防火工作执行情况。

措施二 → 各部门主管，检查班组防火工作落实情况。

措施三 → 部门经理，检查部门防火工作执行情况。

措施四 → 酒店总经理抽检，即对一些重点部门，隐患较多的部位进行检查。

防范消防隐患漏检的措施

防范09：怎样防范火灾善后工作失误

火灾后仍有许多工作要做，为了防范善后工作失误，各部门应当做好以下措施。

措施一 → 全线疏散后，各部门要清点自己的人员，检查是否全部撤出危险区域；前厅部要清点客人人数，防止遗漏。

措施二	总经理办公室视情况负责与自来水公司、煤气公司、医院等单位联系。
措施三	餐饮部视情况准备食品饮料，安排好疏散客人的临时生活。
措施四	工程部在火灾扑灭后，应及时关闭自动喷淋阀门，更换损坏的喷头或其他消防设备，并使所有的消防设施恢复正常。
措施五	保安部负责保护现场，并重新配备轻便灭火器。

防范火灾善后工作失误的措施

第七章　工程管理八项避免

酒店的正常运转离不开良好的工程管理，如果工程管理不善，不仅会影响各项设备设施的正常运转，还容易造成相关事故，给酒店带来巨大损失。在酒店的工程管理工作中，应尽量避免一些情况的发生，如水泵房事故、空调机产生运行故障、配电室安全事故、电气作业事故等。

避免01：怎样避免水泵房事故的发生

水泵房是酒店供水的主要部位，为避免水泵房发生事故，工程部人员应采取以下措施。

措施一	工程部值班人员应对水泵进行巡视，检查水泵、管道接头和阀门有无渗漏水。
措施二	经常检查水泵控制柜的指示灯指示、观察停泵时水泵压力表指示。在正常情况下，生活水泵、消防水泵、喷洒泵、潜水泵的选择开关应置于自动位置。
措施三	生活水泵规定每星期至少轮换使用一次，消防泵每月自动操作试机一次，确保消防泵在事故状态下能正常启动。
措施四	无污迹、无灰尘、无垃圾。水泵房每星期由分管责任人打扫一次，确保水泵房地面和设备外表的清洁。
措施五	水池观察孔应加盖并上锁，透气管应用纱布包扎，以防杂物掉入水池中。
措施六	按照水泵保养要求定期对其进行维修保养。
措施七	保证水泵房的通风、照明以及应急灯在停电状态下的正常使用。

措施八	严禁非值班人员进入水泵房，外单位人员须经工程部批准才能进入，且由值班人员陪同，并做好来访记录。
措施九	值班人员在工作期间不得做与工作无关的事，更不得饮酒，如被发现要严肃处理。

避免水泵房事故发生的措施

避免02：怎样避免空调机产生运行故障

为了避免空调机产生运行故障，工程部应采取以下措施。

措施一	空调机未经许可，禁止非工作人员拆卸。
措施二	空调机运行时，值班人员随时巡查，检查各项运行参数、状态是否正常，如有异常，应及时调整处理，并做好记录。
措施三	安装清洗过滤网和过滤器，保证送风管道和水管道的畅通。
措施四	保持主机、辅机和排水沟清洁，并做好设备的消毒、灭鼠工作。
措施五	定期对主机、辅机进行全面检查保养，确保机组的良好运行。

避免空调机产生运行故障的措施

避免03：怎样避免配电室安全事故的发生

配电室是酒店电力供应的核心部位，为避免配电室发生安全事故，工程部可以采取以下措施。

措施一	值班人员必须参加有关部门的定期培训、考试，合格后方可值班。
措施二	必须了解高低压电器设备的性能及运行情况，懂得安全操作规程，做到心中有数，严禁盲目操作。

措施三	高压开关的拉闸、合闸、变压器的停送电、验电、挂接地线等必须按《电工安全操作规程》执行。
措施四	高压倒闸操作必须填写操作单（事故操作），操作必须由二人进行。
措施五	停电检修时，应填写工作单，并按“工作许可证”监护制度执行；停电后经过验电，挂接地线后方可工作，工作结束后按《工作终结制度》执行，严禁无约送电。
措施六	在电缆、电容器上工作必须放电。
措施七	电器设备发生事故时，应及时到现场排除故障，发生人员触电等重大事故应立即切断有关电源，进行抢救，并及时向主管领导汇报。

避免配电室安全事故发生的措施

避免04：怎样避免电气作业事故

工程部电气操作人员为避免电气作业事故可以采取以下措施。

措施一	电气操作人员应思想集中，电器线路在未经测电笔确定无电前，应一律视为“有电”，不可用手触摸，不可绝对相信绝缘体，应认为带电操作。
措施二	工作前应详细检查自己所用工具是否安全可靠，穿戴好必需的防护用品，以防工作时发生意外。
措施三	维修线路要采取必要的措施，在开关手把上或线路上悬挂“有人工作、禁止合闸”的警告牌，防止他人中途送电。
措施四	使用测电笔时要注意测试电压范围，禁止超出范围使用，电工人员一般使用的电笔，只许在500伏以下电压使用。
措施五	工作中所有拆除的电线要处理好，带电线头包好，以防发生触电。

措施六	所用导线及保险丝，其容量大小必须合乎规定标准，选择开关时必须大于所控制设备的总容量。
措施七	关电检查时，必须确保电梯轿厢无人，关电前要立警示牌。
措施八	工作完毕后，必须拆除临时地线，并检查是否有工具等物漏忘。
措施九	检查完工后，送电前必须认真检查，并和有关人员联系好，方能送电。
措施十	发生火警时，应立即切断电源，用四氯化碳粉质灭火器或黄沙扑救。
措施十一	工作结束后，必须将全部工作人员撤离工作地段，拆除警告牌，所有材料、工具、仪表等随之撤离，原有防护装置随时安装好。
措施十二	操作地段清理后，操作人员要亲自检查，如要送电试验一定要和有关人员联系好，以免发生意外。

避免电气作业事故的措施

避免05：怎样避免锅炉出现运行故障

锅炉是酒店常用的大型设施，为避免其出现运行故障，工程部人员应采取以下措施。

措施一	每天检查天然气、蒸汽管路及水管；遇有漏水漏气应尽早修理，杜绝跑、冒、滴、漏。
措施二	清楚记录维修工作流程（例行维修、故障维修、预防性维修及紧急维修）。
措施三	定期执行预防性维修工作，借此改进锅炉运作的效率，避免设备出现故障，以致发生火警。
措施四	按照上级主管职能部门要求，校正各种锅炉中监测及测量工具及仪表。有关记录及校验报告由工程部经理保管。

措施五	进行修理及检修时应做好安全保护，预防事故发生。
措施六	员工在锅炉存放区域，不准吸烟，以免酿成火灾。

避免锅炉出现运行故障的措施

避免06：怎样避免电话设备出现故障

电话是酒店不可或缺的通讯设备，为避免其出现运行故障，酒店应采取以下措施。

措施一	经常进行检查，保证电话设备的运行正常，通信顺畅，发现问题及时处理。
措施二	各级人员使用电话设备时，必须轻拿轻放，防止摔坏。
措施三	工程人员完成日常装机任务的同时，负责与机房设备相关的外围设备、线路的正常运行，出现故障，及时通报，并协助维修人员处理。
措施四	严禁无关人员进入电话机房重地。

避免电话设备出现故障的措施

避免07：怎样避免广播音响、电视设备出现故障

广播音响、电视是酒店必备设备，为避免其出现故障，酒店应采取以下措施。

措施一	全面熟悉掌握广播音响、电视设备的工作原理、性能和操作程序。
措施二	严格按照操作程序进行操作，执行机房巡检制度，认真填写“巡视检查记录”。
措施三	定期对广播音响、电视设备进行维修保养。

措施四 → 保证机房良好的运行环境，保持设备无灰尘，地面整洁。

措施五 → 严禁与工作无关人员进入机房重地。

避免广播音响、电视设备出现故障的措施

避免08：怎样避免抢修失效

当酒店的一些重要设备出现故障时，工程部人员需要对其进行抢修，以便在最短的时间内使设备恢复正常运转，避免对酒店造成更大损失。为避免抢修失效，工程部应采取以下措施。

措施一 → 设立专门的值班员，一旦接到抢修请求，立刻前往事故设备处开展抢修工作。值班员应白班和夜班各设一名。

措施二 → 建立抢修责任制度，一旦未能及时抢修，导致抢修失效，将直接追究抢修人员的责任。

措施三 → 加强抢修训练，工程部在平时就要多举行抢修演练，通过演练提高维修人员的抢修水平。

避免抢修失效的措施

第二部分

怎样规范酒店管理组织架构

由于组织结构层级较多，酒店一线服务人员往往不能对客人提出的需求采取及时的举措。因此，规范酒店管理的组织架构，不仅能提高酒店的运营效率，还能大大节省人工成本开支。

第一章 前厅部组织架构与岗位职责

前厅部是酒店中负责招徕并接待客人、销售客房，同时沟通与协调酒店各部门以为客人提供各种综合服务的对客服务部门。酒店要为前厅部建立良好的组织架构，明确各级员工的岗位职责，以保障其各项工作的顺利开展，为客人提供满意的服务。

第一节 前厅部组织架构

不同规模酒店前厅部的组织架构有所不同。大型酒店因为规模较大，前厅部的组织架构较为复杂，而中小型酒店的组织架构则较为简单。酒店应当根据自己的规模、客流量等实际情况设置前厅部的组织架构，要避免人手不足或人浮于事等情况的发生。

架构01：大型酒店前厅部组织架构

大型酒店每日入店、离店客人都很多，前厅部作为酒店的对客接待部门，日常事务非常多，因此，在设计组织架构时，往往在前厅部经理之下设置副经理，协助其处理前厅部日常事务。

大型酒店前厅部的主管也较多，包括礼宾部主管、接待处主管、预订处主管、商务中心主管等，每个主管都要领导多名员工开展日常工作。同时，大型酒店因为业务范围往往很广，需要设置专门的车队来满足客人的日常用车需求，并为其设置专门的领班，负责处理车队的日常事务。大型酒店前厅部的组织架构如下页图所示。

架构02：中小型酒店前厅部组织架构

相对于大型酒店来说，中小型酒店的规模往往较小，前厅部的组织架构也较为简单，层级较少，每位主管下辖的员工数目也比大型酒店前厅部少得多，往往在礼宾部主管下设几位行李员，负责为客人搬运行李，而不设专门的车队，需要用车时一般采取临时租车的方式接送客人。中小型酒店前厅部组织架构如下页图所示。

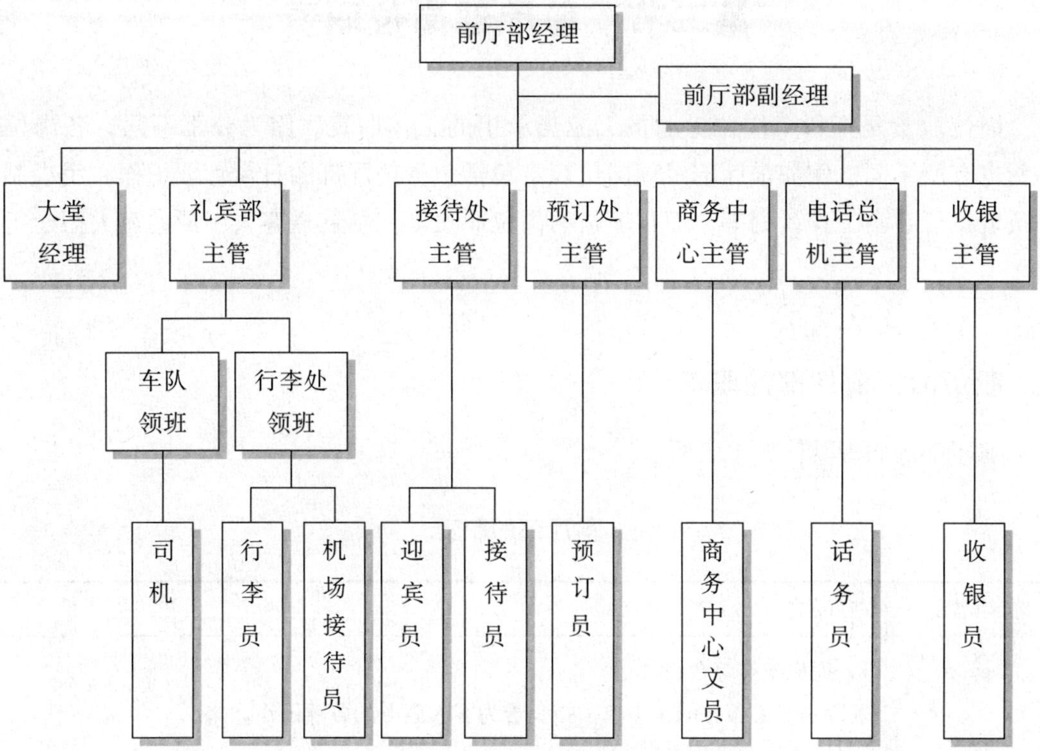

大型酒店前厅部组织架构

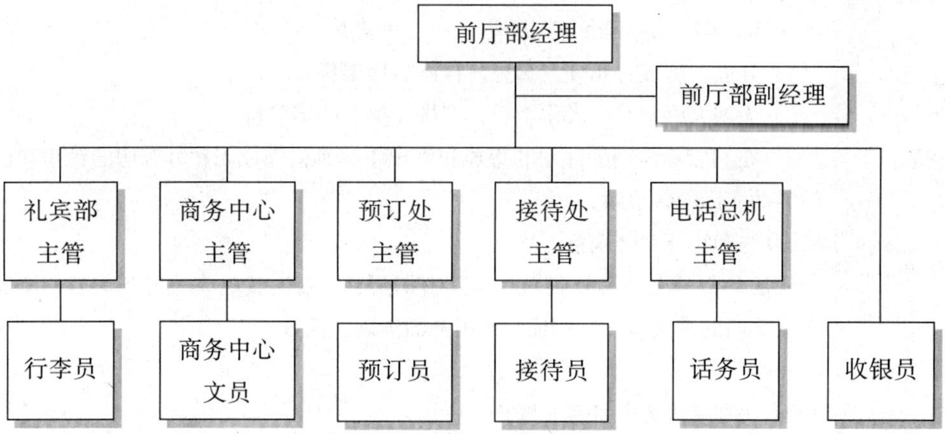

中小型酒店前厅部组织架构

第二节　前厅部岗位职责

岗位职责是指每个岗位上的员工应当承担的工作职责。因为分工不同，各岗位的职责也有所不同，例如前厅部经理岗位职责包括负责前厅部的日常管理工作、组织制订并负责执行日常工作计划等，而行李员的岗位职责则包括迎送客人、帮助客人搬运行李等。

职责01：前厅部的职责

前厅部的职责具体如下表所示。

前厅部的职责

部门名称	前厅部
部门职责	1．提供各类综合服务 前厅是对客服务的集中点，担负着为客人服务的各项工作，如： （1）门厅迎送服务。 （2）问询服务。 （3）投诉处理。 （4）为客人提供行李搬运、出租车服务、邮电服务等。 2．销售客房 前厅部的首要工作任务就是销售客房，负责： （1）开展客房预订业务，掌握并控制客房销售状况。 （2）为客人办理登记入住手续，安排住房并确定房价。 （3）在酒店总体销售计划的指导和管理下，具体完成未预订客房的销售和已预订散客的实际销售手续。 3．联络和协调对客服务 与酒店各部门之间有效联系，与其密切配合，及时传输有关客务信息，协调涉及多个部门的客人事务，保证对客服务的准确、高效。 4．管理客账 （1）为住店客人分别建立账户。 （2）根据各营业部门转来的客账资料，及时记录客人在住店期间的各项费用，且进行每日核计、累加。 （3）在客人离店前为客人顺畅地办理结账事宜。 5．处理相关信息资料

（续表）

部门职责	（1）收集各类信息，包括外部市场和内部管理等各类信息；大到旅游业发展状况、世界经济信息，小至开房率，客人的住店、离店、预订情况等。 （2）对信息进行加工、整理，传送到相应的经营、管理部门。

职责02：前厅部经理岗位职责

前厅部经理岗位职责如下表所示。

前厅部经理岗位职责

岗位名称	前厅部经理
岗位职责	（1）对总经理负责，主持前厅部的全面工作。 （2）对各分部主管下达工作任务并指导、落实、检查、协调。 （3）负责培训所有前厅部接待人员，达到本酒店要求的接待服务效率、标准和接待礼仪及服务程序标准。 （4）负责本部门的人力调度，确保前厅部各岗位的运行顺利，按照奖惩条例对各岗位员工进行定期评估。 （5）检查前厅部各岗位人员的仪容、仪表、仪态、工作程序、工作效率，保证对客热情有礼，服务周到。 （6）负责做好客房出售率预测，确保房间出售情况、订房情况、到店和离店情况以及房账收入和其他一些由管理部门要求的统计情况的准确性。 （7）控制前厅部劳务费用，保证前厅部合理的人员配备及每人合理的劳动强度。 （8）控制前厅部营业费用，制定预算，量化消耗，合理使用物料用品。 （9）经常检查各项设备设施，保证处于正常工作状态。 （10）负责受理客人对客房和其他服务区域的投诉，同时要跟踪检查落实对客人投诉的补救措施，最终赢得客人的满意和谅解。 （11）负责前厅部的安全和消防工作。 （12）确保前厅部与酒店各部门、社会团体对酒店业务有关企业、公司、商社、机构的良好公共关系，以便保证酒店有一个宽松的经营环境。 （13）组织参与VIP客人的接待入住、迎送工作。 （14）主持召开部门会议、业务会议、例会等，提出工作疑难、工作计划、工作建议等。 （15）完成总经理交办的其他工作任务。

职责03：前厅部副经理岗位职责

前厅部副经理岗位职责如下表所示。

前厅部副经理岗位职责

岗位名称	前厅部副经理
岗位职责	（1）协助前厅部经理，保证前厅工作的顺利进行。 （2）督导前台各部门主管工作，深入了解员工的服务态度及工作质量，及时同前厅部经理商议，解决各种问题。 （3）检查和指导大堂经理的日常工作。 （4）直接参与每天的日常接待工作。 （5）制订本部门的物资设备供应计划。 （6）掌握当天客情及预订情况。 （7）参加主管例会，了解员工的思想情况。 （8）负责工会的各项活动。 （9）检查、负责本部的安全、防火工作。 （10）完成上级交办的其他任务。

职责04：大堂经理岗位职责

大堂经理岗位职责如下表所示。

大堂经理岗位职责

岗位名称	大堂经理
岗位职责	（1）对各区域的日常工作进行抽查，确保正常营业秩序，为客人提供高质量的服务。 （2）在酒店大堂问候客人，协助前台做好客人接待及结账工作。 （3）帮助客人解决疑难问题，对于大堂范围之外的要求，给予最大限度的帮助。 （4）及时圆满地解决客人投诉；对于严重事件的投诉，要及时呈报前厅部经理并与其他部门领导联系，共同帮助客人解决问题。 （5）及时将客人的信息反馈至酒店管理层。 （6）掌握时机向客人推销酒店的一切可以销售的产品。 （7）配合保安部门检查酒店安全工作。 （8）跟进酒店VIP客人接待与服务全过程。 （9）及时完成前厅部经理所分配的工作。 （10）受酒店管理层授权，在紧急事件的处理上直接指挥酒店各部门员工共同工作。

职责05：礼宾部主管岗位职责

礼宾部主管岗位职责如下表所示。

礼宾部主管岗位职责

岗位名称	礼宾部主管
岗位职责	（1）负责礼宾部的全面工作。 （2）制订本部门的月度工作计划、物资计划、培训计划、班期安排。 （3）组织培训，召开交班会，并进行业务学习。 （4）在柜台接听电话，回答客人询问，安排人力做好各项派送工作和行李的运送工作。 （5）管理好本组的行李房、各种物资和员工上缴的小费。 （6）督促迎宾员做好专线车的出车情况记录。 （7）定期分派员工搞好本组地段内的清洁卫生和行李车卫生。 （8）管理好国旗和本酒店的店旗，根据具体情况及时派员工更换。 （9）指导监督和考核本组员工遵守纪律、执行工作程序的情况。 （10）对实习生进行业务培训。

职责06：车队领班岗位职责

车队领班岗位职责如下表所示。

车队领班岗位职责

岗位名称	车队领班
岗位职责	（1）制定车队的工作程序和出车、安全驾驶、车辆维护保养等规定，经批准后施行。 （2）主管制订车队培训计划，报批后协助培训部实施、考核。 （3）定期检查车辆维护保养状况。 （4）主管制订酒店车辆维修计划，组织车辆的小修。 （5）每天对车辆进行一次安全、车容和卫生检查，对不合要求的车辆应采取措施使之达到要求。 （6）协助政府交通部门调查车辆肇事原因，并对司机提出处理建议，经批准后具体办理。 （7）准确、及时传达上级指示，并贯彻执行。 （8）掌握车队的工作情况和有关数据。

（续表）

岗位职责	（9）巡视、监督、检查车队各项工作。 （10）及时对下级工作中的争议做出裁决。 （11）受理直接下级上报的合理化建议，按程序处理。 （12）定期听取直接下级述职，并做出工作评定。 （13）填写直接下级的过失单和奖励单，根据权限按照程序执行。

职责07：司机岗位职责

司机岗位职责如下表所示。

司机岗位职责

岗位名称	司机
岗位职责	（1）司机负责日常办公出车及车辆的日常维护、保养工作，保持车辆整洁和车况良好。 （2）司机要树立良好的职业道德，礼貌待人，保持电话畅通，服从管理与调度，严格遵守《交通法规》和公司的规章制度。 （3）司机凭主管领导审批的《派车单》出车，并认真填写相关内容，未经安排私自出车，产生一切费用及后果由司机自负。 （4）车辆在维修过程中要严格按《车辆报修单》所报项目维修，不得擅自增加维修项目，如在维修过程中发现有其他项目需要进行维修，须请示主管领导同意后方可维修，车辆维修换件后，必须将更换的旧配件收回。 （5）车辆修复后，司机应对所维修项目认真检查试车，同时核实维修单上所维修项目的金额，确认无误后，方可在维修单上签字确认。 （6）司机须妥善保管好车辆的相关资料及证件，按时办理车辆保险等各项手续。 （7）每次收车后，司机应认真填写行车记录，由车队领班在《派车单》上签字确认。 （8）司机如不按规定对车辆定期保养，车辆在使用过程中造成了机械事故，及部件的损坏，经济损失由驾驶人员自行负担。 （9）司机在驾驶车辆过程中，如严重违反交通规则造成保险以外经济损失，由驾驶人员自行负责。

职责08：行李处领班岗位职责

行李处领班岗位职责如下表所示。

行李处领班岗位职责

岗位名称	行李处领班
岗位职责	（1）在礼宾部主管的指导和管理下，检查、督导并带领行李员为客人提供最优质的服务。 （2）直接对礼宾部主管负责，贯彻执行礼宾部主管的指令，参加部门例会，认真执行部门会议的指示。 （3）完成上级下达的所有指令，制订本部工作计划。 （4）检查所属员工的仪容仪表、工作表现等情况，定期进行评估、监督、指导，协助行李员和门童完成其工作任务。 （5）合理安排当值员工带房、送报纸、留言、传真、用餐等各项工作。 （6）确保抵店、离店客人及时得到优质良好的行李服务和接机服务。特别注重贵宾和常客的服务。 （7）对抵店、离店客人分别表示欢迎和欢送，必要时为客人提供搬运行李等各种服务。 （8）向接待处查询当日预到、预离客人名单，向前台收银处查询客人结账情况，以便安排。 （9）为预到团体做好必要的准备工作。 （10）督促行李员认真做好行李的搬运、寄存/领取的服务与记录工作。 （11）为客人提供各种力所能及的帮助。 （14）重视客人的投诉，并把这些投诉转达给相关部门，以便迅速解决。 （15）每天检查行李部设施，确保其处于良好的工作状态。 （16）做好行李部设备的保管、清洁和保养工作。 （17）认真检查、填写交接班本，记下已完成的工作内容及有待下一班继续完成的工作，写上日期、时间和姓名。 （18）执行和完成主管分派的相关工作。

职责09：行李员岗位职责

行李员岗位职责如下表所示。

行李员岗位职责

岗位名称	行李员
岗位职责	（1）迎送客人。 （2）派送各类报表、通知、留言、电传、特快专递、留物、信件和房间钥匙。 （3）分送各类报纸到有关部门和房间。

（续表）

岗位职责	（4）运送抵离酒店客人的行李或有关物品。 （5）引导客人到房间并介绍房内的设施和使用方法。 （6）为客人提供合法、合理的本组业务范围内的其他服务。 （7）完成委托代办的任务。 （8）办理外借物品的手续。 （9）为客人办理存、取行李。 （10）负责本组范围内各处的卫生。 （11）根据具体情况，更换店旗和国旗。 （12）必要时看管行李专梯。 （13）协助本部和其他部门运送有关物品。

职责10：机场接待员岗位职责

机场接待员岗位职责如下表所示。

机场接待员岗位职责

岗位名称	机场接待员
岗位职责	（1）每日上班前查阅预订报告，了解每天接送客人情况预测表，掌握每位客人的特殊要求。 （2）向车队发接送通知单，准时抵达机场、火车站、码头等地欢迎、接待酒店客人。 （3）尽快为客人安排回酒店的交通工具。 （4）提供VIP客人信息。 （5）负责处理客人的行李问题。 （6）回答客人询问，根据接待工作的原则，灵活处理客人提出的各种服务要求，尽量提供酒店及旅游等方面的信息。 （7）在机场宣传、介绍酒店产品及服务，争取未预订散客入住酒店，在淡季积极争取客源。 （8）负责为住店客人提供满意的接送问题，保质保量地完成上级下达的工作任务。 （9）注意与车队司机协调配合好，顺利完成迎接任务，及时与前台和机场联系，获取航班抵离情况，避免误接或未接到的现象产生。 （10）做好与其他酒店机场代表的关系及协调酒店有关部门联系机场业务。

职责11：接待处主管岗位职责

接待处主管岗位职责如下表所示。

接待处主管岗位职责

岗位名称	接待处主管
岗位职责	（1）执行部门经理的工作指令，做好日常接待工作，督导前台全体员工为客人提供迅速、准确、礼貌的优质服务。 （2）创造和谐的工作气氛，搞好与有关部门和班组的协调和联系工作，督促前台各项工作并达到酒店的要求。 （3）制订计划并组织实施对班组员工的培训和考核。 （4）负责班组员工的出勤考核、工作评估和对领班工作表现的考核，了解并掌握员工思想状况，做好思想工作。 （5）建立、健全和更新各种问询资料。 （6）掌握客房预订状况和当日客情，合理控制超额预订，最大限度地销售客房。审阅每日客房预订单，检查房价折扣权限，及时向部门经理报告重要团体和客人的订房情况，督促检查VIP通知单的发送情况并负责VIP接待工作的落实。 （7）向客房部经理就前台工作提出合理化建议；解决工作中出现的问题；处理前台工作中的差错和事故；处理客人有关投诉，遇到问题及时向客房部经理汇报。 （8）负责前台财产、设备的使用管理和保养工作，以及各类资料的收集、存档及管理工作。 （9）及时申领物品，保证前台有足够的办公用品。 （10）负责检查每日的报表是否有误，并及时纠正。 （11）检查、督促前台卫生工作。 （12）建立良好的客务关系，努力增加客房销售。 （13）编制前台员工排班表。 （14）密切配合有关部门和班组的工作。

职责12：迎宾员岗位职责

迎宾员岗位职责如下表所示。

迎宾员岗位职责

岗位名称	迎宾员
岗位职责	（1）为到店客人提供迎客服务，开启车门。 （2）安排离店客人有次序地乘坐出租车或专线车，并为客人开关车门。

（续表）

岗位职责	（3）为有所需求的客人指示方向及解答疑问。 （4）协助维持门口的秩序。 （5）负责大门一带的信息反馈及情况汇报工作。 （6）做好专线车出车情况记录。 （7）协助行李员装卸行李。 （8）随时留意店旗的升挂情况。 （9）了解门外停靠车辆要接送客人的情况，特别是特种车牌的小轿车。

职责13：前台接待员岗位职责

前台接待员岗位职责如下表所示。

前台接待员岗位职责

岗位名称	前台接待员
岗位职责	（1）接待客人，为其办理入住登记手续并合理安排好房间。 （2）掌握准确的客房动态，必要时协助主管与客房部核对房间。 （3）与各部门密切联系，做好资料、信息的沟通。 （4）熟练掌握业务知识及操作技能，负责有关住房、房价、宾馆服务设施的查询和推销工作。 （5）做好各类报表的打印及统计工作。 （6）检查当天团体预订分房后输入电脑的房号，以及入住客人的姓名。 （7）协助客房部做好客人资料的档案工作。

职责14：预订处主管岗位职责

预订处主管岗位职责如下表所示。

预订处主管岗位职责

岗位名称	预订处主管
岗位职责	（1）协助前厅经理统计预期住房率，及时通知酒店各有关部门和中介公司有关订房情况（包括可售与不可售日期），核准所有的订房要求，及时发出房间分布表，整理客人的记录。 （2）负责订房中介的控制及日常管理。

（续表）

岗位职责	（3）通过电脑系统监控酒店的售房情况，掌握各类房间的可售情况。 （4）检查所有的订房要求，掌握并亲自处理特殊的预订。掌握特别团体的动态，如出现不寻常情况，影响住房率，应及时向前厅经理汇报。 （5）每月报告累积房间销售情况。 （6）掌握订房的状况和对比其他竞争酒店的预订走势。 （7）协助推动酒店的促销计划，与营业部商业客户/旅行社联络,保持良好关系。 （8）确保各类房间统计表得以不断调整及保持准确。 （9）定期对员工进行业务培训,对员工工作表现进行评估。 （10）参加客房部例会以及其他会议。

职责15：预订员岗位职责

预订员岗位职责如下表所示。

预订员岗位职责

岗位名称	预订员
岗位职责	（1）接听电话预订，录入系统。 （2）完成相关报表制作，日报表、周销售报表、每月客源分析、散客业绩统计等。 （3）负责各种团队留房的管理，及时与销售联系沟通控制团队状态。 （4）负责预定部各种资料的整理、保存及单据的分发。 （5）熟练掌握预订系统的日常操作。 （6）协助预订处主管搜集竞争酒店的相关信息。

职责16：商务中心主管岗位职责

商务中心主管岗位职责如下表所示。

商务中心主管岗位职责

岗位名称	商务中心主管
岗位职责	（1）负责商务中心的一切业务工作，组织员工为客人提供良好的服务工作。 （2）直接向前厅部经理负责，保证商务中心的工作能按酒店有关要求正常地进行。

（续表）

岗位职责	（3）加强与各部门沟通联系，协调工作。 （4）检查督促员工按规定的工作程序处理好客人的每一份电传和发印稿件等。 （5）认真做好员工出勤考核工作，负责本中心员工的培训工作。 （6）定期组织设备的保养和维修，使设备处于良好状态。 （7）统计当日营业报表。

职责17：商务中心文员岗位职责

商务中心文员岗位职责如下表所示。

商务中心文员岗位职责

岗位名称	商务中心文员
岗位职责	（1）及时收发电报和传真，并做好登记。 （2）为客人提供长途电话、电传、打字、复印等服务工作。 （3）计算电话、传真等业务项目的合理收费，并保存一份支出单以便定期统计。 （4）对客人有问必答，尽量满足客人的要求，耐心解释客人的提问。 （5）掌握所使用仪器设备的性能、保养和维修，保证设备的安全运行。

职责18：电话总机主管岗位职责

电话总机主管岗位职责如下表所示。

电话总机主管岗位职责

岗位名称	电话总机主管
岗位职责	（1）负责电话总机房的全面管理工作，负责监督和指导总机房的运营管理。 （2）负责组织制定电话总机房的规章制度和员工值班表。 （3）负责培训话务员关于电话转接、叫醒、长话、留言、查询等服务项目。 （4）检查每个话务员是否在电话铃一响便接听，是否能保持用清晰友好的声调转接电话。 （5）视情况需要，亲自处理VIP客人及酒店负责人的电话，提供最好的服务。 （6）负责组织提高话务员专业技能的培训。 （7）严格检查话务员是否遵守处事纪律和保密制度。 （8）定期同工程部联系检查设备设施运行情况，及时保养和维修设备。 （9）对酒店发生的失火、盗窃、急病等重大事件，要迅速通知有关部门妥善处理。

职责19：话务员岗位职责

话务员岗位职责如下表所示。

话务员岗位职责

岗位名称	话务员
岗位职责	（1）接听电话。 （2）把进店电话接转到客房和相关部门。 （3）受理出店电话。 （4）负责接收电信局送来的话费账单。 （5）为客人接收、分发留言。 （6）记录所有叫醒服务的要求，提供电话叫醒服务。 （7）向客人提供对客服务信息。 （8）回答店内举办各种活动的有关问询。 （9）为客人和员工提供寻呼服务。 （10）负责店内背景音乐的播放。 （11）一旦收到报警电话，应立即采取相应的行动。

职责20：收银主管岗位职责

收银主管岗位职责如下表所示。

收银主管岗位职责

岗位名称	收银主管
岗位职责	（1）现场指导当班的工作，及时处理、解决工作中发现的问题，帮助下属员工处理疑难问题、协助处理客人的账目解释工作；保证收银结账工作顺利进行。 （2）临时顶替因病、事假缺席员工的工作。 （3）负责检查各收银员的办公环境及卫生情况，负责检查所属员工的仪容仪表、服务态度和工服、工号牌的穿戴情况。 （4）定期、不定时地抽查收银员、兑换员的备用金，并书面报告主管。 （5）定期检查保险箱寄存情况。 （6）协助收银员做好交接班工作。 （7）进行日常业务培训。 （8）定期整理协议单位、VIP的协议书、长包房协议，并随时抽查收银员的掌握情况，作为业务评估的标准之一。 （9）承办上级交办的其他工作。

职责21：收银员岗位职责

收银员岗位职责如下表所示。

收银员岗位职责

岗位名称	收银员
岗位职责	（1）对照预期离店客人报表，整理好离店客人的资料，确保账单相符。 （2）签收核对餐厅挂账单。 （3）整理核对国际直拨电话（IDD）及国内长途直拨电话（DDD）账单。 （4）签收其他营业部门的营业单据并予以入账，及时收取非住店客人的消费账款。 （5）准确、迅速地为客人办理退房离店的结账事宜。 （6）按照规定做好客用保险箱服务工作，管好备用金。 （7）对照当天入住客人报表，查验当天入住客人的预收定金等情况，并予以过账；查验支付人信用卡签字、有效日期、单据种类等。 （8）将已过账的营业账单，按日期顺序整理后放入房客账套里。 （9）负责填制有关报表，整理营业单据，并编制营业收入日报表；将款项、交款单及营业收入日报表当天交给财务部。

第二章　客房部组织架构与岗位职责

客房是宾客在酒店中逗留时间最长的地方，宾客对客房更有“家”的感觉。客房部建立良好的组织架构利于客房服务工作的开展。客房部门各级员工应当了解部门的组织架构以及各自的岗位职责，严格按照职责要求开展工作，以保障服务品质。

第一节　客房部组织架构

不同规模酒店客房部的组织架构有所不同。大型酒店客房部门组织架构往往较为复杂，层级较多，如在洗衣房主管之下设置了干洗水洗熨烫工、布草保管员等。而中小型酒店由于规模较小，其客房部门组织架构往往较为简单。

架构01：大型酒店客房部组织架构

大型酒店客房部层级较多，具体如下图所示。

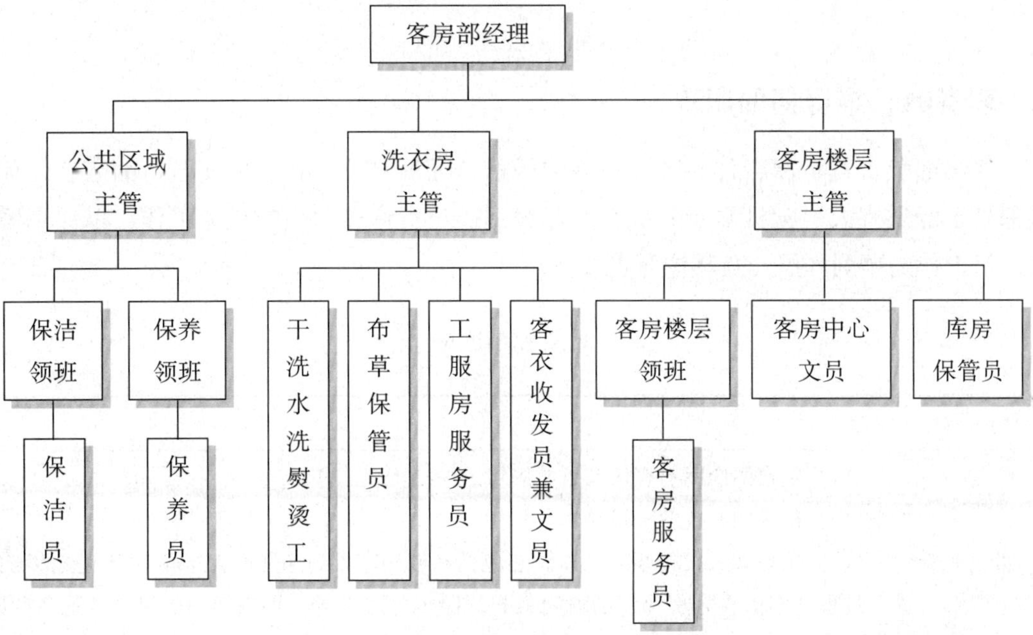

大型酒店客房部组织架构

架构02：中小型酒店客房部组织架构

中小型酒店层级较少，具体如下图所示。

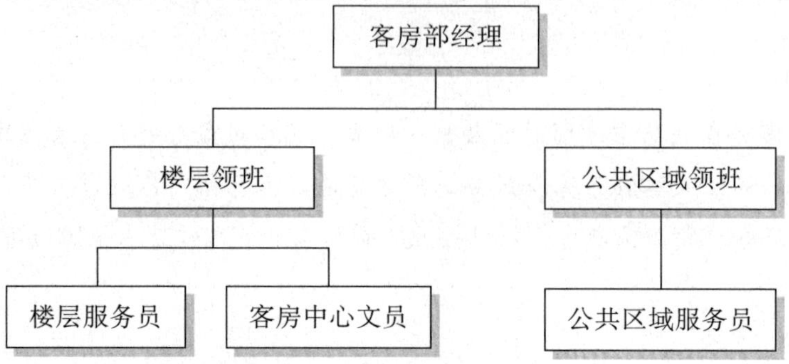

中小型酒店客房部组织架构

第二节　客房部岗位职责

岗位职责是指每个岗位上的员工应当承担的工作职责。因为分工不同，各岗位的职责也有所不同，例如客房部经理岗位职责包括负责客房部的日常管理工作、组织制订并执行日常工作计划等，而客房服务员的岗位职责则包括客房和责任区内日常清洁、退客房的检查报账等。

职责01：客房部的职责

客房部负责整个酒店公共区域的清洁保养与环境管理工作，以使整个酒店在任何时候都处于舒适宜人、幽雅常新的状态。客房部还负责许多对内的服务工作，以保障酒店各部门工作的顺利开展。其具体职责如下。

客房部的职责

部门名称	客房部
部门职责	（1）负责酒店所有客房及公共区域的清洁卫生工作。 （2）供应和配置各种用品。 （3）做好客人接待服务工作。它包括从迎接客人到送别客人这样一个完整的服务过程。客人在客房停留的时间最长，除了休息以外，还需要酒店提供其他各种服务，如洗衣服务、叫醒服务、擦鞋服务等等。

（续表）

部门职责	（4）维护、保养客房和公共区域设备设施的任务，使之常用常新，处于良好的使用状态，并与工程设备部门密切合作，保持设备设施的完好率。 （5）根据预测的客房出售率制定预算，并制定有关的管理制度，落实责任。在满足客人使用、保证服务质量的前提下，控制物品消耗，减少浪费，努力降低成本，减少支出。 （6）负责为客人洗衣服务和酒店员工制服和布草（布件）用品的洗涤及保管。

职责02：客房部经理岗位职责

客房部经理岗位职责如下表所示。

客房部经理岗位职责

岗位名称	客房部经理
岗位职责	（1）贯彻执行酒店总经理或主管副总经理的经营管理指令，向总经理或主管副总经理负责并报告工作。 （2）根据酒店确定的经营方针和目标，负责编制客房部预算，制订各项业务计划，并有效组织实施与监控，实现预期目标。 （3）以市场为导向，研究并掌握市场的变化和发展情况，适时调整经营策略，努力创收，坚持以部门为成本中心的方针，严格控制成本，降低消耗，以最小的成本获取最大的经济效益。 （4）主持部门工作例会，听取汇报，督促工作进度，解决工作中的问题。 （5）负责客房部的安全管理工作，遵照“谁主管，谁负责”的安全责任制，督促本部门各管区落实各项安全管理制度，切实做好安全防范工作。 （6）负责客房部的日常质量管理，检查督促各管区严格按照工作规范和质量要求进行工作，实行规范作业，每日巡视本部门各管区一次以上，抽查各类客房10间以上。 （7）负责本部门员工的服务宗旨教育和岗位业务培训，督促各管区有计划地抓好培训工作和开展“学先进，找差距”活动，提高全员业务素质。 （8）负责做好本部门与酒店其他部门的沟通联系，有序、协调地搞好工作。 （9）建立良好的客户关系，广泛听取和搜集客人意见，处理投诉，不断改进工作。 （10）审阅各管区每天的业务报表，密切注意客情，掌握重要接待任务情况，及时检查和督促各管区认真做好接待服务及迎送工作。 （12）考核各管区经理、主管的工作业绩，激励员工的积极性，不断提高管理效能。 （13）做好政治思想工作，关心员工生活，抓好部门精神文明建设。

职责03：公共区域主管岗位职责

公共区域主管岗位职责如下表所示。

公共区域主管岗位职责

岗位名称	公共区域主管
岗位职责	（1）执行客房部经理指令，并向其负责和报告工作。 （2）负责酒店公共区域的清洁及绿化工作的质量管理，组织员工严格按照工作规范和质量标准，做好酒店公共区域的清洁和绿化工作。 （3）加强费用开支控制，负责管区财产和物料用品的管理和领用，督导员工正确使用各种设备并节约物料用品。做好维护保养和保管工作，发现设备故障及时报修或提出更新意见。 （4）坚持服务现场的管理，负责对班组工作的考核、员工考勤和业务培训。 （5）加强与各部门沟通联系，协调工作。 （6）关心员工生活，了解员工思想状况，做好思想教育工作，抓好班组文明建设。

职责04：保洁领班岗位职责

保洁领班岗位职责如下表所示。

保洁领班岗位职责

岗位名称	保洁领班
岗位职责	（1）执行主管的工作指令，并报告工作。 （2）带领和督导班组员工，按照工作规范和质量标准，做好公共区域的清洁卫生，地毯、沙发的清洗工作，绿化布置和养护清洁工作。 （3）负责清洁机械、绿化工具的保管、保养和物料作品的领用、发放。 （4）了解公共区域各种设备设施和家具的使用情况，及时报修和报告主管。 （5）负责本班组员工的工作安排和考勤，以及对新员工的培训工作。 （6）负责交接班工作，做好交接记录。 （7）关心员工生活和思想状况，抓好文明班组建设。

职责05：保洁员岗位职责

保洁员岗位职责如下表所示。

保洁员岗位职责

岗位名称	保洁员
岗位职责	（1）服从领班的工作安排，按照工作规范和质量标准，做好责任区内的清洁卫生工作，并掌握花木的养护、培育和修剪技术。 （2）检查责任区内各种设备设施和家具的完好情况，及时报告和报修。 （3）做好清洁机械和清洁用品的保养和保管工作。 （4）严格按照绿化工作规范和质量标准，做好花木的布置、养护和清洁工作。

职责06：保养领班岗位职责

保养领班岗位职责如下表所示。

保养领班岗位职责

岗位名称	保养领班
岗位职责	（1）执行主管的工作指令，并向其汇报工作。 （2）带领和督导班组员工，按照工作规范程序和质量标准做好公共区域内硬件设施设备日常的清洗保养工作。 （3）负责公共区域的清洗设备及保养工具的保管、维护保养，及物料用品领用发放。 （4）了解公共区域内各种硬件设施设备及家具的使用情况，掌握其性能，及时按要求进行保养。 （5）负责本班组员工的工作安排和考勤，以及对新员工的培训工作。 （6）负责与各部门的沟通协作。 （7）负责交接班工作，做好交接及工作记录。 （8）关心员工生活和思想状况，抓好先进班组建设。

职责07：保养员岗位职责

保养员岗位职责如下表所示。

保养员岗位职责

岗位名称	保养员
岗位职责	（1）服从领班的工作安排，按照工作规范和质量标准，做好各项保养维护工作。

（续表）

岗位职责	（2）检查责任区内各种设施设备的完好情况，及时报告和报修。 （3）做好清洁机械和清洁用品的保养和保管工作。 （4）按照保养规范和质量标准做好各项设施设备的维护保养工作。

职责08：洗衣房主管岗位职责

洗衣房主管岗位职责如下表所示。

洗衣房主管岗位职责

岗位名称	洗衣房主管
岗位职责	（1）执行客房部经理的工作指令，并向其负责和报告工作。 （2）督导员工做好各类布草和工作服的质量检查和收调保管工作，防止短缺和不符合质量要求的布草和工作服流入使用部门。 （3）加强成本费用控制，掌握各类布草和工作服的使用、损耗情况，及时提出更新、报废和添置计划，防止调换使用脱档。 （4）督导洗涤组员工严格按照洗涤、熨烫工作规范操作，做好各类布草、客衣及工作服的洗涤熨烫工作，确保质量标准。 （5）负责洗衣房财产和设备的使用管理，督导员工做好日常的维护保养和清洁卫生工作，做到账物相符。 （6）坚持服务现场的管理，负责对各班组日常工作考核、员工考勤和业务培训。 （7）负责员工的工作安排和对新员工的培训工作。 （8）沟通与各使用部门的联系，并协调工作。 （9）搞好消防保卫工作，确保员工人身和酒店财产安全。 （10）了解和掌握员工思想状况，做好思想工作，搞好各管区精神文明建设。 （11）负责处理客人各类投诉、需求和咨询情况。

职责09：干洗水洗熨烫工岗位职责

干洗水洗熨烫工岗位职责如下表所示。

干洗水洗熨烫工岗位职责

岗位名称	干洗水洗熨烫工
岗位职责	（1）服从洗衣房主管的工作安排。

（续表）

岗位职责	（2）按照洗熨工作规范的质量标准，保质保量地完成各种布草、工作服及客衣的洗涤、熨烫工作。 （3）做好各类机器设备的日常检查和维护保养工作，节约使用各种物料用品。 （4）做好工作场所的清洁卫生和安全工作。

职责10：布草保管员岗位职责

布草保管员岗位职责如下表所示。

布草保管员岗位职责

岗位名称	布草保管员
岗位职责	（1）服从洗衣房主管的工作安排，做好布草的质量检查、贮存保管和收调工作。 （2）认真检查和验收洗净的布草的洗熨质量、收调和检验废旧的布草，对不符合质量要求的布草提出处理意见和建议。 （3）贮存保管的布草账物相符，收领、发放布草手续完备，登记清楚。 （4）负责收调的各类布草分类清点和计数登记工作，手续完备，准确无误。 （5）保持布草房的整洁，做好清洁卫生和财产设备的保养工作。

职责11：工服房服务员岗位职责

工服房服务员岗位职责如下表所示。

工服房服务员岗位职责

岗位名称	工服房服务员
岗位职责	（1）服从洗衣房主管的工作指令，做好工作服的质量检查、贮存保管，收发和缝补工作，以及改制各类报废的布草。 （2）认真检查和验收洗净的工作服，检查废旧的工作服，对不符合质量要求的工作服提出处理意见。 （3）认真做好收领、发放工作服的分类、清点和计数登记工作，手续完备，准确无误。 （4）贮存保管的工作服账物相符。 （5）保持工服房的整洁，做好清洁卫生和财产设备的保养工作。

职责12：客衣收发员兼文员岗位职责

客衣收发员兼文员岗位职责如下表所示。

客衣收发员兼文员岗位职责

岗位名称	客衣收发员兼文员
岗位职责	（1）服从洗衣房主管的工作安排，准确及时收取和送回客衣。 （2）认真收验客衣，核对件数、房号及洗涤要求，检查客衣中是否有遗留物品，并做好记录及签收。 （3）负责客衣洗熨后的质量检验，并把符合质量要求的客衣按程序送到房间，认真做好登记。 （4）负责送洗衣账单到前台收银处。 （5）做好客衣洗涤记录、客人洗衣账目的入账和生产记录的整理和统计。 （6）负责洗衣房财产设备管理，建立明细账，定期清点检查，协助洗衣房主管控制成本费用。 （7）接听电话，传达信息，做好记录，保持办公室干净和整洁。 （8）做好每月生产汇报和员工出勤记录，领取办公用具。 （9）保存各种记录，安排零用现金的报销。 （10）认真做好其他交办工作。

职责13：客房楼层主管岗位职责

客房楼层主管岗位职责如下表所示。

客房楼层主管岗位职责

岗位名称	客房楼层主管
岗位职责	（1）执行客房部经理的工作指令，向其负责和报告工作。 （2）掌握当日客房情况，监督楼层与前台的联系和协调，确保房间正常及时出售。 （3）合理安排人力，组织和指挥员工严格按照工作规范和质量要求做好客人迎送和服务，并做好客房和环境的清洁卫生工作。 （4）认真做好各岗位业务培训，保证优质规范服务。 （5）负责每天巡视楼层，检查管区内客房情况，监督检查领班、服务员的工作情况，发现问题及时指导和纠正。 （6）负责落实部门安全管理制度，确保安全。 （7）负责处理客人的遗留物品。

（续表）

岗位职责	（8）负责处理客人特殊要求及投诉。 （9）负责按照服务工作规范的质量标准要求，做好客房服务中心的各项工作，认真查阅每天的各种业务报表和工作记录。 （10）坚持现场督导和管理，保证客房服务中心24小时电话有人接听，监控值班台的服务质量，发现问题及时指导和纠正。 （11）做好与其他部门的协调工作。 （12）了解员工思想状况，做好思想工作。

职责14：客房楼层领班岗位职责

客房楼层领班岗位职责如下表所示。

客房楼层领班岗位职责

岗位名称	客房楼层领班
岗位职责	（1）执行客房楼层主管的工作指令并报告工作。 （2）负责自己管区内的每日工作的安排，保证岗位有人有服务。 （3）负责检查本班组员工的仪容仪表及工作表现。 （4）负责检查本楼层客房、公共区域卫生及安全情况。 （5）负责督导和带领员工按客房服务规范和质量标准要求做好服务工作。 （6）做好对新员工的培训工作，使之尽快适应工作要求。 （7）负责本楼层的设备设施和维修保养工作。 （8）加强成本费用控制，做好物料用品的管理领用和发放。 （9）负责本楼层房间酒水的消费统计、领取、发放与配置。 （10）做好交接班记录。 （11）关心员工生活和思想状况，抓好班组精神文明建设。

职责15：客房服务员岗位职责

客房服务员岗位职责如下表所示。

客房服务员岗位职责

岗位名称	客房服务员
岗位职责	（1）服从领班的工作安排。 （2）按照客房清洁流程和质量标准，做好客房和责任区内日常清洁工作。

（续表）

岗位职责	（3）保持楼层责任区域内通道和工作间的干净整洁。 （4）负责退客房的检查和报账工作。 （5）协助领班做好VIP房和有特殊要求房的布置工作。 （6）协助洗衣房做好客衣的分送工作。 （7）按照规格要求布置客房，检查房内各类家具和设备的完好情况，及时报告和报修。 （8）遇到突发事故，及时上报。 （9）做好当班工作记录和交接班工作。

职责16：客房中心文员岗位职责

客房中心文员岗位职责如下表所示。

客房中心文员岗位职责

岗位名称	客房中心文员
岗位职责	（1）服从客房楼层主管的工作安排。 （2）负责掌握房态，每天定时编发房态表，并告知相关部门。 （3）负责接听客人电话和掌握客情信息，根据需要及时通知服务员和有关部门提供服务，并做好记录。 （4）做好信息收集和资料积累工作，准确回答客人问询，主动做好对客服务工作。 （5）负责客房所有钥匙的管理和收发工作。 （6）负责捡拾物品和遗留物品的登记、存放和处理工作。 （7）负责部门考勤和餐卡统计工作，领发员工工资、奖金、补贴。 （8）负责每日楼层人员的统筹安排及休班排定工作。 （9）负责对客药品的出售服务工作。 （10）负责对讲机、值台电话的管理工作。 （11）掌握VIP客人抵离情况，并按客房布置要求通知楼层做好各类礼品和物品的配备工作。 （12）做好工作室的日常清洁工作，保持干净整洁。

职责17：库房保管员岗位职责

库房保管员岗位职责如下表所示。

库房保管员岗位职责

岗位名称	库房保管员
岗位职责	（1）服从客房楼层主管的工作安排。 （2）负责本部门财产物料的管理工作。 （3）掌握本部门固定财产的分类及使用情况，并按分级管理的要求做好各类财产的清点、登账、立卡和更新、添置、转移、出借等登记工作，编制三级账，做到有账有物，账物相符。 （4）熟悉各种客用品和客房小酒吧酒水的名称规格和质量标准，做好领用、发放、登记、保管和耗用报账工作，按时汇总分析盘点，并报客房主管审阅。 （5）掌握VIP客人抵离情况，按客房布置要求，及时做好各类礼品和物品的发放、登记和耗用回收工作。 （6）熟悉本部门工作用具和办公用品的使用情况，做好领用、发放和登记、保管工作，按时统计汇总分析，防止浪费，并做到账物相符。 （7）保持备用物料用品货架、橱柜的整洁、安全，防止霉变、虫害。 （8）负责领用物品的搬运工作。

第三章　餐饮部组织架构与岗位职责

餐饮部主要负责酒店餐厅、宴会厅、厨房等的管理，向客人提供各种餐饮服务。餐饮部建立良好的组织架构有利于工作的顺利开展。餐饮部门各级员工应当了解部门的组织架构以及各自的岗位职责，严格按照职责要求开展工作，以保障服务品质。

第一节　餐饮部组织架构

不同规模酒店餐饮部的组织架构有所不同。大型酒店餐饮部门组织架构往往较为复杂，层级较多，如在酒吧主管之下设置了酒吧调酒员、酒吧服务员。而中小型酒店由于规模较小，其餐饮部门组织架构往往较为简单。

架构01：大型酒店餐饮部组织架构

大型酒店餐饮部规模较大，功能较多，架构也较复杂，具体如下图所示。

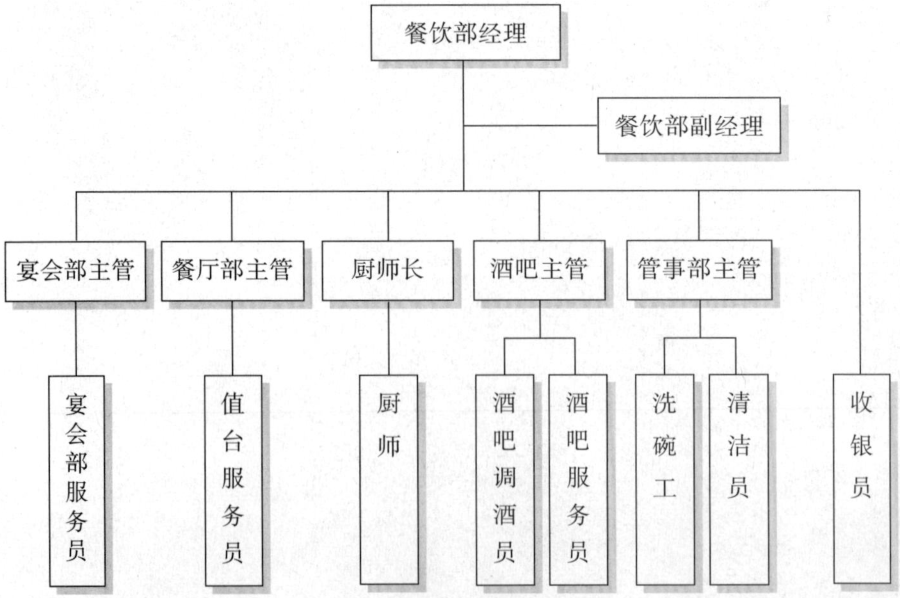

大型酒店餐饮部组织架构

架构02：中小型酒店餐饮部组织架构

中小型酒店的餐饮部组织架构比较简单，具体如下图所示。

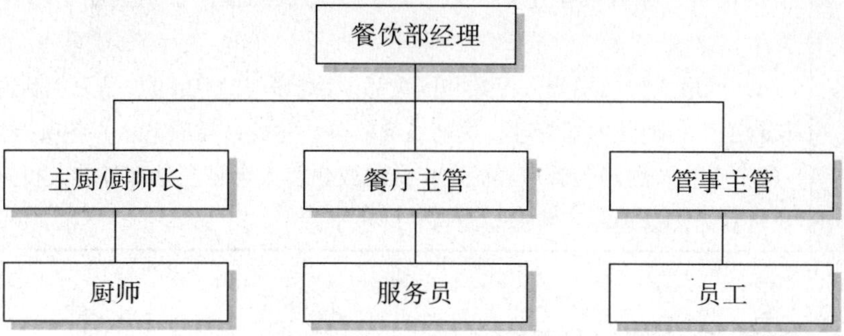

中小型酒店餐饮部组织架构

第二节　餐饮部岗位职责

岗位职责是指每个岗位上的员工应当承担的工作职责。因为分工不同，各岗位的职责也有所不同，例如餐饮部经理岗位职责包括负责餐饮部的日常管理工作、组织制订并负责执行日常工作计划等，而收银员的岗位职责则包括客人用餐收银、保存账单等。

职责01：餐饮部的职责

餐饮部是为客人提供饮食的关键部门，其职责具体如下表所示。

餐饮部的职责

部门名称	餐饮部
部门职责	（1）负责所属各餐厅、宴会厅、厨房及酒吧等的经营管理，以散餐、自助餐、团体用餐、宴会、酒会、客房用餐和大、小型会议餐等形式，向客人提供各种餐饮服务。 （2）负责为客人制作各种色、香、味、形俱佳的优质菜肴、面点，为客人提供种类丰富的酒水饮料，以满足客人餐饮方面的各种需求；并且不断研制新型菜谱，提高烹饪技艺，形成多种类、多风味、多花色、常吃常新的餐饮风格和特色。 （3）负责其工作人员标准化、程序化、规范化服务技能和技巧的培训，向客人提供礼貌、热情、主动、周到的服务，形成亲切、娴熟、适合餐厅风格、具有艺术魅力的服务风格和特色。

（续表）

部门职责	（4）经常举办各种美食节或餐饮、娱乐活动，以招揽客源，扩大销售。 （5）做好所属区域的设备设施的维修保养和清洁卫生工作，使其安全、完好、使用正常；搞好安全生产，做好防火、防盗工作，杜绝食品中毒等各种事故的发生。 （6）严格执行《中华人民共和国食品卫生法》和酒店的食品卫生制度，确保客人饮食卫生；加强内部管理，提高经济效益，完成总经理下达的各项指标。 （7）吸收新的经营管理经验，广泛地收集客人意见，处理好客人投诉，改善服务质量和内部管理，不断提高经营管理水平。

职责02：餐饮部经理岗位职责

餐饮部经理岗位职责如下表所示。

餐饮部经理岗位职责

岗位名称	餐饮部经理
岗位职责	（1）在酒店总经理的领导下，全面负责酒店餐饮的一切经营管理，了解餐饮市场的现状及发展趋势，了解对客人的服务状况以及餐饮产品的创新情况，改进服务及操作程序，确保产品质量标准和卫生要求。 （2）合理控制成本及毛利率，提高客人满意度，增加经济效益。 （3）制订酒店餐饮部年度、月度经营管理计划，并确保相关人员都能对此有充分的了解。 （4）审阅餐厅经理和行政总厨递交的工作计划和工作报告。 （5）监察餐厅、厨房有关服务、产品、设施等的运作。 （6）制定和评估餐厅经理、行政总厨的年度绩效考核，审批部门基层管理人员的年度绩效考核与检查的标准及方法。 （7）了解市场信息及竞争对手状况，做好市场定位，及时协同总经理作出决策。 （8）参加酒店会议，主持部门会议，落实酒店会议相关内容，了解部门工作情况，布置部门工作。 （9）督导防火、防盗安全工作和食品卫生工作，控制食品和饮品的标准、规格、要求，保证产品质量。 （10）策划餐饮部各项重要活动如食品节、节假日活动等。 （11）了解餐饮市场发展状况，掌握酒店的菜肴状况，制订适合目前酒店市场的菜肴创新计划，并督导行政总厨落实执行。 （14）督导管理人员做好服务的创新，保证较高的服务水准，每日巡视餐厅、厨房及后台各区域，掌握服务及管理动态。

（续表）

岗位职责	（15）每日查看经营日报表，了解部门及各区域经营情况，掌握经营趋势，发现问题及时作出调整。 （16）拜访酒店餐饮的重要客户，与客人保持良好的沟通，掌握客人的消费心理，对整个就餐环境及设备设施进行整体协调部署。 （17）控制原料成本，减少浪费，制订合理的定价策略，以便于有效控制毛利率。

职责03：餐饮部副经理岗位职责

餐饮部副经理岗位职责如下表所示。

餐饮部副经理岗位职责

岗位名称	餐饮部副经理
岗位职责	（1）执行餐饮部经理的工作指令，向其负责和报告工作。 （2）协助餐厅经理完成餐厅的经营指标，督导员工推销食品及饮料。 （3）协助餐饮部经理做好人事工作，调动员工积极性，对出现的问题及时予以解决。 （4）每日开餐前，安排各项工作任务及员工岗位。 （5）营业时间内，全面控制餐厅的服务工作，对特殊和重要客人及宴会给予特殊关照。 （6）每日停止营业后，全面检查餐厅，并填写营业报告。 （7）与厨师长及其他部门进行沟通合作。 （8）解决客人投诉，处理客人提出的各种问题。 （9）确保餐厅用具、餐具的质量及使用，适当给予补充。 （10）每日检查餐厅各项设备的工作情况，如出现问题，及时通知工程部予以解决。 （11）协助餐饮部经理做好培训工作，确保员工的业务素质良好。

职责04：宴会部主管岗位职责

宴会部主管岗位职责如下表所示。

宴会部主管岗位职责

岗位名称	宴会部主管
岗位职责	（1）负责本部的全面工作，完成酒店下达的任务。 （2）抓好饮食推销、促销工作，制订宴会促销计划。 （3）熟悉和了解各种菜式品种、各种原料的成本率、进价、售价、毛利，了解各红案、白案厨师的烹调技术，做好菜单制订工作，同时还要对酒水知识有一定的了解。 （4）要注意老客户的口味特点，经常变换品种，使其感到餐厅的食品丰富、百吃不厌。 （5）进行调查研究、客源分析，掌握消费者心理，适当进行广告宣传，组织客源，保住老客户，结识新客户，广交宾朋，不断扩大经营范围，开发宴会酒席。 （6）在餐饮部门和酒店内部处理好与相关部门的关系，热情友好、谦虚谨慎。在与各部门进行协调沟通时要注意方法，以赢得各部门对宴会部工作的配合、帮助与支持。 （7）制定各种有关表格、文件，与各部门做好沟通协调工作。 （8）了解货源情况和食品原材料价格，了解各种食品特别是海参、鱼翅、燕窝等各种海鲜野味名贵品种的库存和池养情况。 （9）抓好员工培训工作，熟悉和掌握员工的思想状况、工作表现和业务水平。 （10）做好工作计划和工作总结。

职责05：宴会部服务员岗位职责

宴会部服务员岗位职责如下表所示。

宴会部服务员岗位职责

岗位名称	宴会部服务员
岗位职责	（1）为每个宴会作一切准备。 （2）准备工作范围内的用品和摆设。 （3）在提供宴会服务前整理好用具和摆设好座位。 （4）接待宴会的客人。 （5）根据订单从厨房端出食物。 （6）准备宴会用的汁酱。 （7）将预多而剩下的食物交回厨房处理，同时把脏的用具送去管事部。 （8）根据宴会订单核实大型宴会客人的人数。 （9）做好宴会后的清理工作。

（续表）

岗位职责	（10）清洁储物室及宴会场地。 （11）完成上级安排的各项工作。

职责06：餐厅部主管岗位职责

餐厅部主管岗位职责如下表所示。

餐厅部主管岗位职责

岗位名称	餐厅部主管
岗位职责	（1）检查服务员出勤情况，合理安排劳动力；检查服务员仪表是否整洁，发现问题立即纠正。 （2）检查餐前工作是否就绪，如有短缺和不足应立即调节、补充。 （3）督导服务员在接待过程中积极、热情、主动，彬彬有礼，微笑服务，引导客人入座；检查指导服务员站立姿势、位置是否得当，在上菜、结账方面是否妥当，客人要求送餐进房是否按时送到。 （4）检查和督导服务员收台工作是否符合要求，分管地段是否清洁，餐具是否卫生，餐厅摆设是否整齐美观，检查和考评服务员受客人表扬或违纪情况。 （5）对服务员当天工作表现、思想作风表现进行考评登记，建议经理给予表扬或批评。 （6）处理突发事件及投诉，事后及时向领导汇报，提高酒店声誉。

职责07：值台服务员岗位职责

值台服务员岗位职责如下表所示。

值台服务员岗位职责

岗位名称	值台服务员
岗位职责	（1）仪容整洁，准时上班，服从指挥。 （2）营业前检查开餐前的佐料、餐具、家具是否齐备，摆设是否符合规范，有不足或错乱及时补充或改正。 （3）接待中使用礼貌用语，即“××先生/小姐/太太您好”、“您需要什么酒水（茶水）”、“您喜欢什么菜式”、“今天有××新品种”，不能办的事情要说“对不起”，客人交款后要说“谢谢”、“再见”、“欢迎下次光临”等。

（续表）

岗位职责	（4）客人不分贵贱，不卑不亢，微笑迎客；拉椅让座，送上第一杯酒水或热茶。 （5）在餐厅不能大声喧哗，不得聚集一起闲谈，站立姿势应符合要求。 （6）应经常站在客人台边适时询问客人是否还需要什么，并及时供应。 （7）主动热情地向客人介绍菜式品种，下单及时、准确。 （8）保持区域卫生清洁，发现不干净的地方应马上妥善处理。

职责08：厨师长岗位职责

厨师长岗位职责如下表所示。

厨师长岗位职责

岗位名称	厨师长
岗位职责	（1）根据酒店的特点和要求，制订散餐和宴会菜单。 （2）全权处理各厨房的日常业务工作并做好事前工作安排。制定厨房的操作规程及岗位职责，确保厨房工作正常进行。 （3）巡视检查厨房工作情况，合理调动、安排各小组组长、厨师、厨工的人员配置；合理安排人力及技术力量，统筹各个工作环节。 （4）现场检查、督导厨房的各种准备工作。检查厨房设备运转情况和厨具、用具的使用情况，制订年度订购计划。 （5）根据不同季节和重大节日组织特色食品节、推出时令菜式，增加花色品种，以促进销售。 （6）每日检查厨房卫生，把好食品卫生关，贯彻执行食品卫生法规和厨房卫生制度。 （7）定期实施厨师技术培训，组织厨师学习新技术和先进经验。定期或不定期对厨师技术进行考核，制定值班表，根据厨师工作表现的好坏，正确行使表扬和批评、奖励或处罚职权，并评估厨师，对厨师的晋升、调动提出意见，报批实施。 （8）负责保证并不断提高食品质量和餐饮特色，指挥大型和重要宴会的烹调工作；制订菜单，对菜品质量进行现场把关，重要宴会亲手操作。 （9）合理调配人员，科学安排操作程序，保证出菜节奏，为服务工作提供良好的基础。 （10）负责控制食品和有关劳动力成本，准确掌握原料库存量，了解市场供应情况和价格。根据原料供应和客人的不同口味要求，制订菜单和规格、审核厨房的采购单；负责每月厨房盘点工作，经常检查和控制库存食品的质量和数量，防止变质、短缺，合理安排使用食品原料。高档原料的进货和领用必须经厨师长审核或开单才能领发，把好成本核算关。

（续表）

岗位职责	（11）负责指导主厨的日常工作，根据客人口味要求，不断改进菜品质量，并协助总厨设计、改进菜单，使之更有吸引力；不断收集、研制新的菜点品种，并保持地方特色风味。 （12）经常与各部门联系协调，并听取客人意见，不断改进工作。

职责09：厨师岗位职责

厨师岗位职责如下表所示。

厨师岗位职责

岗位名称	厨师
岗位职责	（1）协助厨师长制订菜单，懂得成本核算和菜肴的销售价格。 （2）能够熟练地烹制厨房要求的季节、月、周、日特色菜。 （3）检查督导组内其他人员的仪容、仪表及工作服卫生整洁；协助厨师长培训厨师，指导新厨师按厨房的程序工作。 （4）开餐前检查所有烹饪原料是否准备妥当，检查炉头各岗位的准备工作。 （5）负责散餐、宴会及团体餐的出菜顺序、烹调工作，与烧烤、切配、打荷、汤锅及与面点厨师搞好协作。 （6）掌握各种原料的名称、产地、出菜使用率、用法和制作方法，分派下属领取当日厨房所需要的原料。 （7）向厨师长汇报厨房工作并提出建议，如厨房人员和厨房食品卫生质量问题，当天厨房所不能提供的菜品，食品原料的采购问题，客人对食品投诉及要求，季节、月、周、日、特色创新菜式以及第二天原料申购。 （8）工作完毕后，应负责检查厨具、用具是否整齐清洁，保证一切烹饪原料安全存储、场所卫生干净，各种能源开关，如水、电、气、油等是否安全关闭。

职责10：酒吧主管岗位职责

酒吧主管岗位职责如下表所示。

酒吧主管岗位职责

岗位名称	酒吧主管
岗位职责	（1）根据酒吧的特点和要求，制定酒吧的销售品种及销售价格。 （2）确定各种酒水的服务方式和酒吧的工作规程。

（续表）

岗位职责	（3）负责各种形式、规格的宴会、酒会，特别是重要宴会酒水服务的策划和安排。 （4）控制酒水的货源、品牌及规格，控制酒水的进货、领取、保管和销售。 （5）控制酒水的分量和数量，检查出品的质量，减少消耗，降低成本。 （6）确定鸡尾酒的配方及调制方法。 （7）合理安排人力，检查各项任务的落实情况，对重要宴会、酒会要到场指挥和督促。 （8）检查和督促员工严格履行职责，提高工作效率，按质、按时完成工作任务。 （9）培训本部的领班、员工，提高其管理意识、服务技能和调酒技术。 （10）定期举办、策划酒水促销活动。 （11）与其他部门通力合作，互相协调。 （12）掌握酒吧的设备、用具和财产状况，定期清点及维修保养。 （13）做好每日营业报表，不断改善酒吧经营，向餐饮部经理或饮食总监报告工作。 （14）负责所属范围内的消防工作及治安工作。 （15）检查酒吧的卫生是否清洁、用具是否齐全、摆设是否妥当。

职责11：酒吧调酒员岗位职责

酒吧调酒员岗位职责如下表所示。

酒吧调酒员岗位职责

岗位名称	酒吧调酒员
岗位职责	（1）按程序和规范为客人提供酒水服务。 （2）按正确的配方调制酒水，以保证酒水的质量。 （3）负责不断改进、创新鸡尾酒的配方，不断提高客人对酒水产品的满意度，从而增加酒吧的销售收入。 （4）负责吧台的酒水申领，并做好已开瓶酒水的保管工作。 （5）负责填写吧台的每日营业报表，并向领班汇报。 （6）负责吧台设施及用品的保养、维护工作。 （7）负责吧台周围环境的卫生清洁工作。

职责12：酒吧服务员岗位职责

酒吧服务员岗位职责如下表所示。

酒吧服务员岗位职责

岗位名称	酒吧服务员
岗位职责	（1）严格按照工作流程及规范向客人提供酒水服务。 （2）主动向客人介绍酒水的特点及价格等。 （3）在服务过程中，积极完成高档酒及调酒师推荐的销售工作。 （4）保持酒吧的整体环境整洁，保证酒具及各类用具无破损。 （5）收集客人的投诉和意见，并解答客人的疑问。 （6）填写物品申领单，保证酒吧的物品齐全，不影响酒吧正常营业。 （7）负责对酒吧的设施设备进行保养、维护。 （8）遇到醉酒人员闹事等突发事件时及时报告主管。 （9）做好废瓶、废罐的回收工作，以减少浪费。

职责13：管事部主管岗位职责

管事部主管岗位职责如下表所示。

管事部主管岗位职责

岗位名称	管事部主管
岗位职责	（1）负责执行餐饮部经理所指派的一切工作，并拟订内部日常工作计划和工作总结。 （2）了解内部所有设备及机器的用途。 （3）负责督导和考核下属管理人员工作，组织部门内的培训工作。 （4）对内部物料使用成本进行控制，负责报销各部门使用物品。 （5）分派每日工作，并监督员工按工作程序完成本职工作，每天到各工作岗位进行检查，了解各项工作的落实情况。 （6）统计每年采购计划，报餐饮部经理审批。 （7）每月审核餐饮部餐具损耗费用占营业收入比例的报表，并呈交餐饮部经理作为控制成本的参考数据。 （8）统计、记录各餐厅及厨房的餐具，控制好各点的留存量，安排补充及申购。 （9）定期审核餐饮部各部门的固定资产、低值易耗品的统计报表，每半年同财务部统计小组进行复核。 （10）根据营销活动计划，为各种宴会或特别活动准备餐具、用具。 （11）负责餐饮部食品卫生管理工作。 （12）负责本部门的防火安全工作，贯彻执行卫生制度。

职责14：洗碗工岗位职责

洗碗工岗位职责如下表所示。

洗碗工岗位职责

岗位名称	洗碗工
岗位职责	（1）负责洗涤、清洁、保养各类餐具和洗碗间的安全卫生。 （2）洗碗时正确操作，分类清洗餐具，并把洗净餐具分类叠放、入橱柜，专人管理，防止污染。 （3）保证一切食具干净，无污渍、无油渍，洁白光亮。 （4）掌握银餐具等高档餐具的清洁方法，根据要求搞好清洁。认真进行消毒，未经消毒的餐具不得上台。 （5）当值期间，负责洗碗间内的环境卫生，地面、橱柜等须符合卫生标准。 （6）下班前要有专人负责是否已把水、电、煤气的开关关好，以确保安全。 （7）对洗碗场地的残渣剩饭要妥善处理，用容器盛装加盖。

职责15：清洁员岗位职责

清洁员岗位职责如下表所示。

清洁员岗位职责

岗位名称	清洁员
岗位职责	（1）着装整洁、朴素大方，守时、礼貌、服从指挥。 （2）负责餐厅开餐时地面清理工作，保持地板干净，无油渍。 （3）当值期间，负责所属区域内的环境卫生，开水房、墙壁、家具、地面等须符合卫生标准。 （4）了解清洁剂性质及适用对象，正确使用清洁剂。 （5）下班前，整理并收拾好所有用具和清洁剂。

职责16：收银员领班岗位职责

收银员领班岗位职

岗位名称	收银员领班
岗位职责	（1）服从餐饮部经理的安排，督导收银员按酒店收款政策和收款程序与标准，做好餐厅、前台收款工作。

（续表）

岗位职责	（2）安排收银员的班次与工作，检查员工的考勤，检查员工的仪表仪容和日常工作的准备情况。 （3）督导收银员的工作，严格执行财务制度，执行收款程序与标准。 （4）负责前台收款结算与前台服务、餐厅收款结算与餐厅服务工作的协调，处理结算中出现的疑难问题。 （5）配合应收会计解决挂账工作中的问题，负责应收款账单复核工作。 （6）负责审查由成本控制退回的店内员工工作餐签单和宴请签单中发现的问题，对不应计入成本费用的签单转入应收款及时追收。 （7）对跑账或缺少账单等问题，要查清原因，追究责任，并为信贷部门提供补充凭证，尽快追回账款。 （8）按规定要求，协助电脑房随时更改餐饮菜单牌价。 （9）负责前台及餐厅收款机、税务发票机、刷卡机、电脑打印机的维护与保养。 （10）有效管理和控制周转金，做到每笔业务出入库签字手续齐全。每日负责收发前台、餐厅备用金，负责锁在保险柜内；经常检查收银员的备用金状况，并将结果上报，对短款情况及时处理，不准以长补短。 （11）每日审核折扣账单、宴请账单、挂账账单，并查明原因；账单总金额是否与报表相符；是否有前厅、餐厅主管签字。 （12）正确执行信用卡、支票付款审核流程。正确执行餐厅挂房账、前台转账流程。 （13）对前台早餐券发放进行监督；管理客房押金，与押金单、入住登记表进行核对；随时了解客人延房情况，并及时加收客人押金。 （14）编制并执行培训计划，定期考核收银员，向上级提出对员工的奖惩建议。

职责17：收银员岗位职责

收银员岗位职责如下表所示。

收银员岗位职责

岗位名称	收银员
岗位职责	（1）提前到岗，做好营业前收银的一切准备工作。 （2）遵守财务制度，按时上缴收款，按规定时间做好上报报表。 （3）签转账单及时，送餐结账及时，应签转而未签转的要及时追补手续。 （4）熟悉收款业务，掌握结账的方法和程序（如菜点、酒水、饮料的价格和现金、支票、信用卡、签单、转账的方法）。 （5）保存所有账单，并交规定的核查人员以备核查。 （6）个人仪容整洁和搞好规定地段的卫生。

第四章　营销部组织架构与岗位职责

营销部的运转水平和营销经理的工作质量的好坏，直接关系到酒店的营收水平。营销部门各级员工应当了解部门的组织架构以及各自的岗位职责，严格按照职责要求开展工作，保证营销工作正常顺利进行。

第一节　营销部组织架构

不同规模酒店营销部的组织架构有所不同。大型酒店营销部门组织架构往往较为复杂，层级较多，如设立了旅行社营销主管、会议团队营销主管、宴会部营销主管，每个主管之下设置了营销代表。而中小型酒店由于规模较小，其营销部门组织架构往往较为简单，营销部主管之下就只有营销代表。

架构01：大型酒店营销部组织架构

大型酒店的营销部组织架构较为复杂，具体如下图所示。

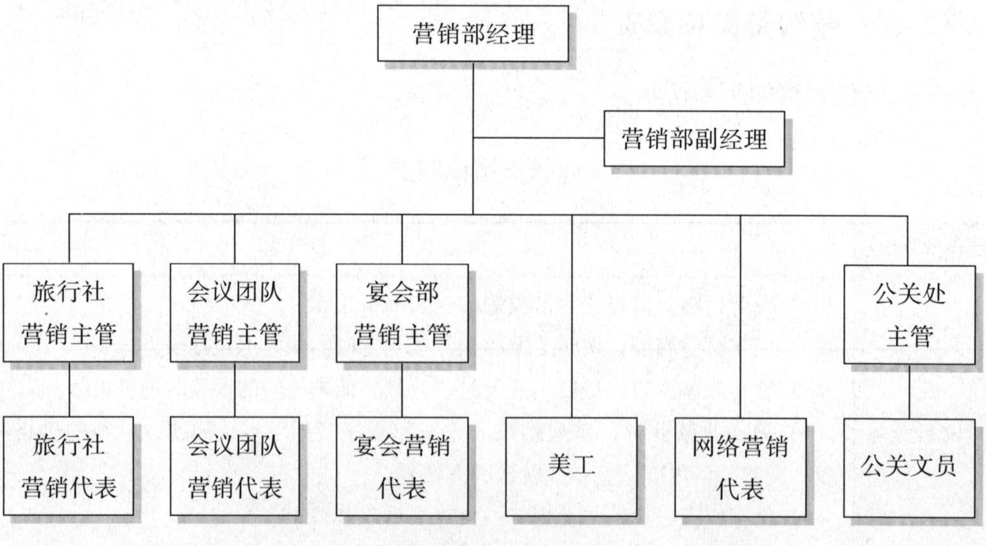

大型酒店营销部组织架构

架构02：中小型酒店营销部组织架构

中小型酒店营销部组织架构往往比较简单，具体如下图所示。

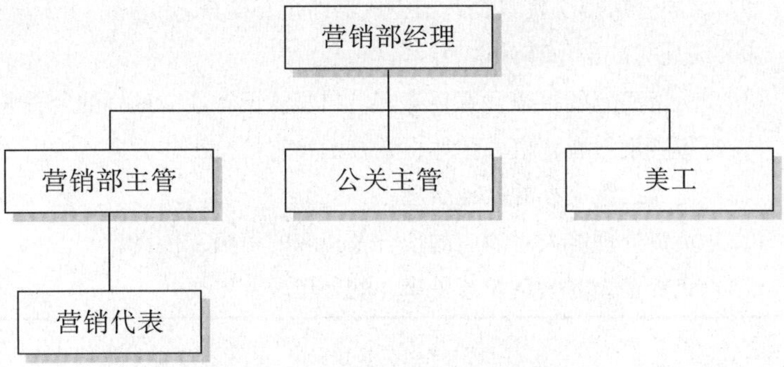

中小型酒店营销部组织架构

第二节 营销部岗位职责

岗位职责是指每个岗位上的员工应当承担的工作职责。因为分工不同，各岗位的职责也有所不同，例如营销部经理岗位职责包括负责营销部的日常管理工作、组织制订并负责执行日常工作计划等，而美工的岗位职责则包括设计制作告示牌、广告牌、横幅等。

职责01：营销部的职责

营销部的职能主要包括积极性职能与消极性职能两方面。

营销部的职责

部门名称	营销部
部门职责	（1）统筹酒店有关客房、餐饮宴席、会议业务等客人的接待事宜。 （2）协调各部门的对服务事宜。 （3）配合业务推广部门拜会、协调政府机构、人民团体接待贵宾等相关事宜。 （4）代表酒店参加公益活动或其他社团活动，建立酒店良好的形象与外部关系。 （5）设计《意见调查表》，以统计分析消费者的反应，作为经营管理的参考。 （6）负责酒店的文字宣传，包括报道、宣传、广告的剪报，负责广告促销活动，如媒体选择、文字拟稿审核、广告刊登；协调美工制作宣传品以及宣传品（DM）的寄发等工作。

（续表）

部门职责	（7）协助安排VIP接待仪式，并致赠鲜花、水果、卡片、纪念品等事项，通知相关部门办理。 （8）会同客房部于贵宾抵达前完成房间布置检查。 （9）编列《广告预算计划表》。 （10）负责酒店的报道、宣传事宜，与媒体记者建立良好的公关关系。 （11）负责消费者、机关团体、学校的参观接待工作。 （12）完成上级交办的其他事项。 （13）负责处理客人对酒店的信誉及抱怨的信函、传真。 （14）负责客人的紧急及意外事件的处理。

职责02：营销部经理岗位职责

营销部经理岗位职责如下表所示。

营销部经理岗位职责

岗位名称	营销部经理
岗位职责	（1）根据酒店近期和远期经营目标，综合市场情况，负责提出并参与制订酒店对外销售以及招揽客源的计划。 （2）研究和掌握国内外旅游市场动态和客户的潜在需求，汇集整理对外销售策略，定期向总经理提交书面报告。 （3）保持同上级旅游管理部门、大型旅行社、大集团大公司、政府部门的密切联系，并同各个客户建立长期、稳定、良好的合作关系。 （4）负责酒店的宣传推广工作，积极参与酒店产品的更新、改造和组合开发工作，提高酒店的声誉和影响力。 （5）指导酒店对内、对外的各种广告活动，制订酒店短期和长期的宣传推广计划，报总经理审批后执行。 （6）与各部门建立良好的协作关系，广泛听取客户意见，处理重大投诉，以确保销售计划的实施和落实。 （7）选择并培训不同年龄和不同层次的酒店销售队伍，指导销售人员不断学习、更新专业知识，提高销售技巧，以适应市场的变化。 （8）定期对下属人员进行绩效评估，按照公司的奖惩制度进行奖惩，不断提高营销部人员的思想素质、专业技能、组织活动能力、开拓进取精神，培养销售人员高度的责任感。 （9）审阅每天的业务报表，了解当天酒店客房出售率、营运状况、接待情况，组织协调各部门，按照规定要求接待好VIP客人。

（续表）

岗位职责	（10）每天向总经理提交销售活动和公关活动的计划，经总经理审批后，组织有关人员，准备宣传资料，制订行动方案。 （11）月底做好当月酒店营运状况分析与下月营销部工作计划，交总经理审批，及时汇总当月客户投诉情况，以书面形式交予总经理审阅。

职责03：营销部副经理岗位职责

营销副经理岗位职责如下表所示。

营销副经理岗位职责

岗位名称	营销副经理
岗位职责	（1）协助销售经理研究市场情况，制订酒店销售策略及市场客源分配政策。 （2）根据市场需求，分析报告及统计资料确认潜在客户及其需求，并作出具体销售计划。 （3）定期访问竞争酒店，了解竞争对手的状况，作出SWOT分析报告呈交销售经理。 （4）与客户保持联络，通过定期销售拜访巩固与现有客户的关系，及时发现客户的潜在需求。 （5）负责与客户的谈判工作，根据酒店价格政策确定价格合约。 （6）负责搜集、整理市场信息，与旅游代理机构、酒店订房机构保持良好关系。 （7）负责建立并不断完善客户档案。 （8）负责邀请重要客户参加酒店鸡尾酒会，收集整理客人反馈意见并及时提供改进意见。 （9）定期完成市场销售进展报告并上报市场营销部经理，对销售决策提出合理建议。 （10）负责对销售代表的工作重点及区域的划分，确保销售队伍分工明确。 （11）负责对销售代表进行销售技巧方面的培训。 （12）负责与财务部、前厅部等其他部门协调处理好团队及长住客人的账务结算等工作。 （13）及时完成上级交办的其他任务。

职责04：旅行社营销主管岗位职责

旅行社营销主管岗位职责如下表所示。

旅行社营销主管岗位职责

岗位名称	旅行社营销主管
岗位职责	（1）在营销部经理的领导下开展旅行社的营销工作。 （2）安排下属各位营销代表定期走访各大旅行社，并制订走访计划。 （3）对一些重点旅行社，要亲自上门拜访，开展营销工作。 （4）积极开拓旅行社范围，加强营销效果。 （5）安排营销代表做好市场调查工作，并向营销部经理汇报市场情况。 （6）做好各位营销代表的日常管理工作。 （7）处理好与酒店其他部门的关系。

职责05：旅行社营销代表岗位职责

旅行社营销代表岗位职责如下表所示。

旅行社营销代表岗位职责

岗位名称	旅行社营销代表
岗位职责	（1）定期走访旅行社、旅行网站。 （2）以电话、传真、邮件等形式，保持与有关单位部门的联系。 （3）认真做好客户询价与预订，并给予书面确认。 （4）接待好来店参观客户。 （5）建立好客户信息登记，做好销售记录，做好销售报告。 （6）接待与跟踪好来店消费团队的活动。 （7）做好市场调查工作，并向营销主管汇报市场情况。 （8）严格实行房价审批权限，对特殊价格要保密。

职责06：会议团队营销主管岗位职责

会议团队营销主管岗位职责如下表所示。

会议团队营销主管岗位职责

岗位名称	会议团队营销主管
岗位职责	（1）在营销部经理的领导下开展会议客户与团队客户的营销工作。 （2）安排下属各位营销代表定期走访各大机关、企事业单位，争取使其成为酒店的客户。

（续表）

岗位职责	（3）加强与各大机关、企事业单位的日常联系，经常电话沟通。 （4）做好各位营销代表的日常管理工作。 （5）处理好与酒店其他部门的沟通工作。

职责07：会议团队营销代表岗位职责

会议团队营销代表岗位职责如下表所示。

会议团队营销代表岗位职责

岗位名称	会议团队营销代表
岗位职责	（1）定期走访政府机关、金融、教育、卫生等机关部门以及国有大中型企业等大型团队，制订每周走访计划。 （2）以电话、传真、邮件等形式，保持与有关单位部门的联系。 （3）认真做好客户询价与预订，并给予书面确认。 （4）接待好来店参观客户。 （5）建立好客户信息登记，做好销售记录，做好销售报告。 （6）接待与跟踪好来店消费团队的活动。 （7）做好市场调查工作，并向销售经理汇报市场情况岗位职责。 （8）严格实行房价审批权限，对特殊价格要保密。 （9）处理好与酒店其他部门的关系。 （10）做好重要政府团队的VIP接待。

职责08：宴会营销主管岗位职责

宴会营销主管岗位职责如下表所示。

宴会营销主管岗位职责

岗位名称	宴会营销主管
岗位职责	（1）在营销部经理的领导下开展宴会的营销工作。 （2）制订宴会销售的市场推销计划，建立并完善宴会营销部工作程序和标准，制定宴会销售制度并指挥实施。 （3）审核营销代表的出访与电话销售计划。 （4）审核营销代表的销售报告。 （5）解决来访客人的需求，向客人提供必要的信息，与客人商讨活动细节安排。

（续表）

岗位职责	（6）出访宴会客户，做好内部接待。 （7）实地检查接待准备工作，保证所有安排兑现，与宴会部主管人员做好协调工作，确保接待服务的落实。 （8）与有关部门协调，解决客户的特殊需求。 （9）处理营销部经理指派的与宴会有关的特殊事务。

职责09：宴会营销代表岗位职责

宴会营销代表岗位职责如下表所示。

宴会营销代表岗位职责

岗位名称	宴会营销代表
岗位职责	（1）建立、改善宴会日记，客户合同存档，宴会订单及散客资料的存档记录，使之成为有效的工作手段。 （2）制订一周出访与电话销售计划，交部门主管，周末与营销部经理共同回顾一周出访情况，作出总结。 （3）做好销售报告，详细记录每次出访与电话销售情况。 （4）向部门主管报告每次出访的收获以及客人的反馈意见，与营销部其他小组紧密沟通，共同处理营销部接下的活动。 （5）解决来访客人的需求，向客人提供必要的信息，与客人商讨活动细节安排。 （6）宴会活动完毕后，向客户发出感谢信，收集客户反馈意见，如有问题，及时反映给餐饮部经理与餐饮总监，以便及时处理和纠正。 （7）处理部门主管报告指派的与宴会有关的特殊事务，参加酒店的活动。

职责10：网络营销代表岗位职责

网络营销代表岗位职责如下表所示。

网络营销代表岗位职责

岗位名称	网络营销售代表
岗位职责	（1）根据酒店经营的要求和营销部经理的指示，利用网络、媒体、短信平台等多种渠道，建立客户与酒店之间的密切联系，树立酒店形象，逐步提高酒店的知名度。 （2）广泛了解和收集各种旅游市场信息，做好各个时期的宣传重点。

（续表）

岗位职责	（3）负责安排制作各种最新酒店宣传资料。 （4）通过网络等各种渠道，了解其他酒店营销策略与手段，及时汇报营销部经理，以便采取相应措施。 （5）负责各种广告、招牌、菜单等的加工、制作与设计。 （6）负责酒店内各类告示、标语、横幅的设计和制作。 （7）负责各类广告宣传册、传单的设计。 （8）负责酒店各重大活动的摄影摄像。 （9）挖掘电子商务平台，有效地通过网络进行营销工作。 （10）负责酒店网站的更新、维护。 （11）完成部门经理安排的其他工作。

职责11：公关处主管岗位职责

公关处主管岗位职责如下表所示。

公关处主管岗位职责

岗位名称	公关处主管
岗位职责	（1）制订本部门工作计划并组织实施。 （2）发展、安排、协调和具体实施公共关系职能，如与酒店主要客户的关系，与新闻媒体的关系，与旅游和商务机构的关系等。 （3）负责策划重要客户联谊会、大型公关活动、公益活动和其他特别活动。 （4）协助市场营销部经理制定本部门的广告预算并跟进实施。 （5）负责邀请重要客户参加酒店鸡尾酒会，保持与客户的良好关系。 （6）负责酒店宣传品和促销传单的设计和制作。 （7）负责指导和监督印刷品及音像制品的制作，以确保出品的质量。 （8）负责监督、指导下属员工工作，管理员工表现并进行绩效评估，组织实施奖惩。 （9）将外界的反馈信息及时报告市场营销部经理。 （10）负责与其他部门协调，确保合作渠道的畅通。 （11）完成上级安排的其他临时性任务。

职责12：公关文员岗位职责

公关文员岗位职责如下表所示。

公关文员岗位职责

岗位名称	公关文员
岗位职责	（1）协助公关经理处理日常行政工作，跟进所有交办事宜。 （2）保持与旅游和新闻机构以及记者的良好关系。 （3）协助指导和监督印刷品的印制，确保符合酒店标准。 （4）负责制作各种宴会和会议的指示牌。 （5）协助准备各种对外宣传或内部沟通文稿。 （6）负责酒店内部宣传手册和宣传品的订购。 （7）负责做好剪报工作，存档酒店的宣传记录，并及时将媒体中的市场动态信息反馈给部门经理，供管理层参考。 （8）协助策划一些重要客户联谊会、宴会和其他特别活动。 （9）参加总经理鸡尾酒会，维持良好的客户关系。 （10）负责酒店各种活动的摄影，并确保各种摄影照片的分类保存。 （11）完成上级交办的其他临时性任务。

职责13：美工岗位职责

美工岗位职责如下表所示。

美工岗位职责

岗位名称	美工
岗位职责	（1）根据酒店的经营活动需要进行各种设计和制作活动。 （2）设计及制作告示牌、广告牌、横幅、报刊广告、酒店各种对外宣传品产品包装、促销单页及广告主题创意和基本摄影等，保证制品的质量符合酒店的格调和声誉。 （3）随时掌握国内外有关信息，建立工作资料库，保持设计及制作的合理性及先进性。 （4）妥善保管、节约使用各种美术工具、颜料、材料，所有用过或展出过的美工用品应妥善安置，保持工作场地整齐清洁。 （5）预估所需美工器材并每月递交一次用品采购申请单，并在预算内合理用料。 （6）参观其他酒店并观察它们的美工手法，取其之长，为我所用。 （7）所有部门在需要美工协助工作时，应按照制作要求完成。 （8）完成上级交代的其他工作事项。

第五章　康乐部组织架构与岗位职责

康乐部是为客人提供休闲娱乐的场所，也是酒店增加收入的一个重要部门。同时，酒店所提供的康乐部的服务水准，从某种层面上反映了酒店的档次。因此，康乐部门各级员工应当了解部门的组织架构以及各自的岗位职责，严格按照职责要求开展工作，保证本部门工作的正常顺利进行。

第一节　康乐部组织架构

不同规模酒店康乐部的组织架构有所不同。大型酒店康乐部门组织架构往往较为复杂，层级较多，如设立了歌舞厅主管、健身房主管、桑拿浴室主管、游泳池主管等，每个主管之下设置了服务员。而中小型酒店由于规范较小，其康乐部门组织架构往往较为简单，康乐部经理之下就只有服务员。

架构01：大型酒店康乐部组织架构

大型酒店康乐部规模较大，部门较多，具体架构如下图所示。

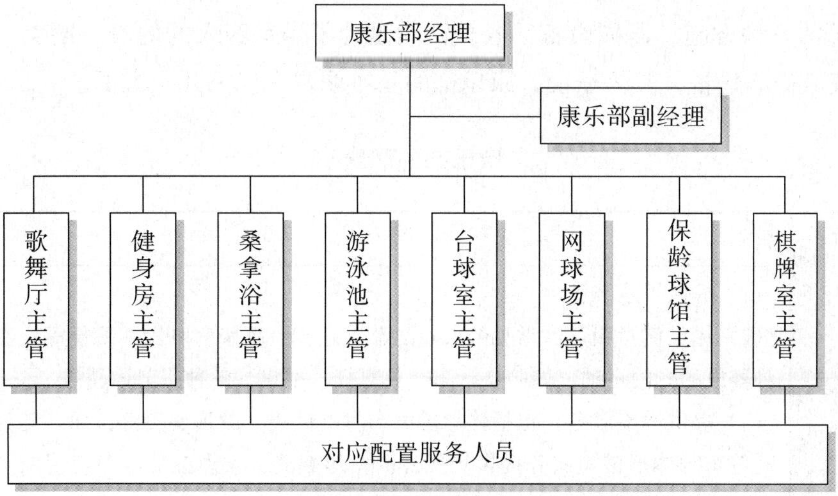

大型酒店康乐部组织架构

架构02：中小型酒店康乐部组织架构

中小型酒店康乐部的组织架构比较简单，具体如下图所示。

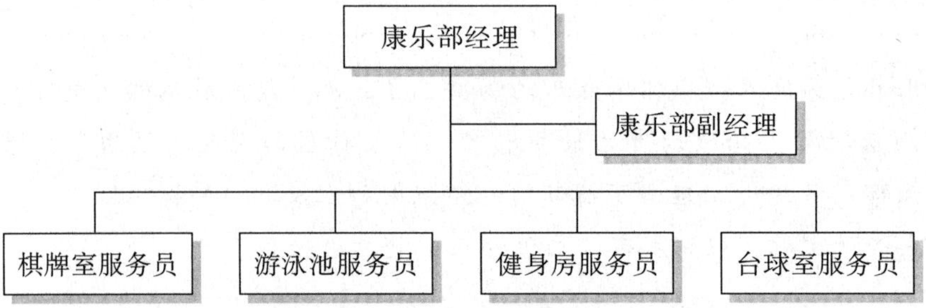

中小型酒店康乐部组织架构

第二节　康乐部岗位职责

岗位职责是指每个岗位上的员工应当承担的工作职责。因为分工不同，各岗位的职责也有所不同，例如康乐部经理岗位职责包括负责康乐部的日常管理工作、组织制订并负责执行日常工作计划等，而游泳池服务员的岗位职责则为接待游泳的客人、游泳池清洁卫生等。

职责01：康乐部的职责

康乐部的各种设施、器械设备、各类活动是为了满足客人的健身、健美、娱乐等各种需求，使其身心愉悦。具体来说，康乐部的基本职责有以下几个方面。

康乐部的职责

部门名称	康乐部
部门职责	（1）提供娱乐服务。 （2）提供健身服务。常见的大众运动有跑步、练拳、跳操、跳舞等；也有借助各种器械的专门运动，如骑自行车、单双杠、举重、各种肌肉运动等。 （3）提供健美服务。包括体形健美、发型健美、脸形健美等方面。健身房、游泳池等可为体形健美服务提供场所，而脸形健美、发型健美服务则可以在美容美发室、按摩室中获得。

（续表）

部门职责	（4）负责对器械、设施及其场所的安全保养工作。为杜绝突发事件的发生，每天应定时检查并进行场所、设备、器械的安全保养工作。应针对使用中出现的不安全因素（如有的器械出现明显的损坏、断裂、老化等现象），及时、妥善地解决。 （5）负责器械、设施及其场所的卫生工作。 （6）提供咨询服务。为客人提供耐心、正确、优质的指导，以便客人顺利进行康乐活动。

职责02：康乐部经理岗位职责

康乐部经理岗位职责如下表所示。

康乐部经理岗位职责

岗位名称	康乐部经理
岗位职责	（1）主持部门全面工作，向酒店总经理负责，执行和落实酒店的整体方针，保证本部门的工作运转正常。 （2）制订本部门的工作计划，建立、健全康乐部的规章制度，正确掌握和运用康乐中心的工作方法。 （3）抓好员工思想教育工作，对员工进行定期培训，要求员工遵循岗位职责，掌握各运动器械的必需知识。 （4）正确、及时处理本部门发生的事故。 （5）抓好财产管理和成本核算工作，增强经济意识，为酒店节约成本费用，创造最大利润。 （6）引进落实奖惩制度，善于调动员工的积极性。

职责03：康乐部副经理岗位职责

康乐部副经理岗位职责如下表所示。

康乐部副经理岗位职责

岗位名称	康乐部副经理
岗位职责	（1）贯彻执行上级下达的各项任务，模范执行各项规章制度。 （2）钻研业务知识，熟悉本部门的各项服务工作，不断提高自身管理水平。 （3）负责本部门的日常分管工作，制订工作计划，对下属进行业务培训。

（续表）

岗位职责	（4）常跟班，勤巡查，现场督导，发现问题及时解决，或及时向经理汇报。 （5）主持定期考评，奖勤罚懒。 （6）每月上交“营业分析”报告，进行客源、客情分析，向部门经理提出整改意见。

职责04：歌舞厅主管岗位职责

歌舞厅主管职责如下表所示。

歌舞厅主管岗位职责

岗位名称	歌舞厅主管
岗位职责	（1）在康乐部经理的领导下开展歌舞厅的管理工作。 （2）定期向康乐部经理汇报歌舞厅的工作状况。 （3）当VIP客人来到歌舞厅时要亲自接待。 （4）督促歌舞厅服务员向客人推销酒水和佐酒的小食品，增加酒水收入。 （5）做好营业期间的消防、安全防范工作，注意观察客人的异常情况，发现问题应及时解决。

职责05：歌舞厅服务员岗位职责

歌舞厅服务员岗位职责如下表所示。

歌舞厅服务员岗位职责

岗位名称	歌舞厅服务员
岗位职责	（1）具体负责歌舞厅的接待服务工作。包括领位服务、点歌服务、茶点服务、结账服务以及客人在舞厅消费期间的其他服务。 （2）负责歌舞厅营业场地的卫生清洁保养工作。范围包括：大厅、KTV包房、吧台、卫生间、机房控制室、衣帽间等公共场所。 （3）负责点歌和演唱系统的设备使用和保养工作。 （4）负责向客人推销酒水和佐酒的小食品，适时向客人推荐酒水饮品并能简单介绍各种酒水饮品的特点，以提高客人的消费欲望。

职责06：健身房主管岗位职责

健身房主管岗位职责如下表所示。

健身房主管岗位职责

岗位名称	健身房主管
岗位职责	（1）在康乐部经理的领导下开展健身房的管理工作。 （2）定期向康乐部经理汇报健身房的工作状况，并听取其对健身房管理的意见。 （3）做好健身器材的日常保养工作。 （4）仔细观察客人的健身动作，并为其提供指导意见，同时要注意避免使其损伤健身器材。 （5）当VIP客人来到健身房时要亲自接待。 （6）做好营业期间的消防、安全防范工作，注意观察客人的异常情况，发现问题应及时解决。

职责07：健身房服务员岗位职责

健身房服务员岗位职责如下表所示。

健身房服务员岗位职责

岗位名称	健身房服务员
岗位职责	（1）熟悉健身房的基本知识和服务技能。 （2）负责客人健身活动的预订、开单、接待服务工作。 （3）负责健身房、更衣间和淋浴室的环境卫生清洁工作，保持卫生整洁，空气清新，使其各项卫生指标达到规定的标准。 （4）负责营业前的各项准备工作，每天按时准备好各项营业用品，如需补充，应及时申领，保证营业期间的供应。 （5）负责维护保养健身房的设备设施，保证其运转正常。 （6）负责指导客人做好运动前的各项准备工作，并向客人讲明注意事项，提醒客人注意运动安全。 （7）劝阻客人使用超过力所能及的运动器具，以防身体伤害事故的发生。 （8）随时注意现场的活动情况，避免意外事故的出现。 （9）在客人运动休息期间为客人提供饮料和休闲食品以及其他服务。 （10）认真执行饭店的交接班制度，做好交接班工作记录。

职责08：桑拿浴室主管岗位职责

桑拿浴室主管岗位职责如下表所示。

桑拿浴室主管岗位职责

岗位名称	桑拿浴室主管
岗位职责	（1）在康乐部经理的领导下开展桑拿浴室的管理工作。 （2）定期向康乐部经理汇报桑拿浴室的工作状况，并听取其对桑拿浴室管理的意见。 （3）指导桑拿浴室的服务员开展工作，及时解决其工作中遇到的问题。 （4）对桑拿浴房定期进行清洁，消毒、确保桑拿浴室始终保持干净整洁。 （5）当VIP客人来到桑拿浴室时要亲自接待。 （6）做好营业期间的消防、安全防范工作。

职责09：桑拿浴室服务员岗位职责

桑拿浴室服务员岗位职责如下表所示。

桑拿浴室服务员岗位职责

岗位名称	桑拿浴室服务员
岗位职责	（1）熟悉桑拿浴服务的各项规程以及桑拿浴的特点和基本知识。 （2）负责桑拿浴服务的预订、开单、接待服务工作。 （3）负责桑拿浴营业场所的环境卫生清洁工作，保持卫生整洁，使其各项卫生指标达到规定的标准。 （4）负责营业前的各项准备工作，每天按时准备好各项营业用品，如需补充，应及时申领，保证营业期间的供应。 （5）调节好室温和蒸汽密度。 （6）负责维护保养桑拿浴的设备设施，保证其运转正常。 （7）主动向客人提供浴巾、香皂、拖鞋和一次性短裤等用品。 （8）客人进入桑拿浴室时，主动询问客人室温及蒸汽密度是否舒适，并按客人要求，调节到客人满意为止。 （9）向客人讲明注意事项，提醒客人注意安全。 （10）做好每一位客人进入桑拿浴室的时间记录，以防止长时间使用引起缺氧昏厥的事故发生。 （11）每天对按摩池水质取样化验，pH值一定要符合标准。 （12）经常检测桑拿浴室的温度和按摩池的水温，保持其达到规定标准。

（续表）

岗位职责	（13）在客人休息期间，为客人提供饮料和休闲食品以及其他服务。 （14）每天营业前和下班前清点布巾类用品并做好数量记录。 （15）认真执行饭店的交接班制度，做好交接班工作记录。

职责10：游泳池主管岗位职责

游泳池主管岗位职责如下表所示。

游泳池主管岗位职责

岗位名称	游泳池主管
岗位职责	（1）在康乐部经理的领导下开展游泳池的管理工作。 （2）定期向康乐部经理汇报游泳池的工作状况。 （3）当VIP客人来到游泳池时要亲自接待。 （4）定期开展游泳池的清洁卫生工作，保证池水干净。 （5）做好营业期间的消防、安全防范工作，注意观察客人的异常情况，发现问题应及时解决。

职责11：游泳池服务员岗位职责

游泳池服务员岗位职责如下表所示。

游泳池服务员岗位职责

岗位名称	游泳池服务员
岗位职责	（1）掌握游泳池服务规程和操作要求，负责客人消费的接待服务工作，并注意对各种票据的保管，以备领导核查。 （2）负责游泳池场地的环境卫生清洁工作，保持卫生整洁，空气清新，各项卫生指标符合卫生标准要求。 （3）负责营业前的各项准备工作，每天按时准备好各项营业用品，如需补充，应及时申领，保证营业供应。 （4）负责维护保养游泳池的各项服务设备设施，保证其运转正常。 （5）指导客人做好入池前的各项准备工作，并向客人讲明游泳池的区域划分，提醒客人注意安全。 （6）监视游泳池内的动向，及时处理游泳池内发生的意外事故。 （7）为客人提供饮料和休闲食品以及其他服务。 （8）认真执行饭店的交接班制度，做好交接班工作记录。

职责12：台球厅主管岗位职责

台球厅主管岗位职责如下表所示。

台球厅主管岗位职责

岗位名称	台球厅主管
岗位职责	（1）在康乐部经理的领导下开展台球厅的管理工作。 （2）定期向康乐部经理汇报台球厅的工作状况。 （3）当VIP客人来到台球厅时要亲自接待。 （4）做好营业期间的消防、安全防范工作，注意观察客人的异常情况，发现问题应及时解决。

职责13：台球厅服务员岗位职责

台球厅服务员岗位职责如下表所示。

台球厅服务员岗位职责

岗位名称	台球厅服务员
岗位职责	（1）具体负责台球厅的接待服务工作。包括领位服务、台球服务、茶点服务、结账服务以及客人在台球厅消费期间的其他服务工作。 （2）负责台球厅营业场地的卫生清洁保养工作。范围包括：大厅、包房、吧台、卫生间、衣帽间等公共场所。 （3）负责台球厅营业前的器材和其他物品的准备工作。 （4）负责向客人推销酒水和佐酒的小食品，适时向客人推荐酒水饮品并能简单介绍各种酒水饮品的特点。 （5）及时处理台球厅发生的突发事件，无法处理时要及时向上级汇报。

职责14：网球场主管岗位职责

网球场主管岗位职责如下表所示。

网球场主管岗位职责

岗位名称	网球场主管
岗位职责	（1）在康乐部经理的领导下开展网球场的管理工作。 （2）定期向康乐部经理汇报网球场的工作状况，并听取其对网球场管理的意见。

（续表）

岗位职责	（3）当VIP客人来到网球场时要亲自接待。 （4）做好营业期间的消防、安全防范工作，注意观察客人的异常情况，发现问题应及时解决。 （5）做好网球场的保养工作，避免场地、拦网破损。 （6）做好网球用具的保管工作，避免丢失。

职责15：网球场服务员岗位职责

网球场服务员岗位职责如下表所示。

网球场服务员岗位职责

岗位名称	网球场服务员
岗位职责	（1）熟悉网球运动服务的各项规程以及网球活动的特点和基本知识。 （2）负责网球运动项目的预订、开单、接待服务工作。 （3）负责网球场地的环境卫生清洁工作，保持卫生整洁，使其各项卫生指标达到规定的标准。 （4）负责营业前的各项准备工作，每天按时准备好各项营业用品，如需补充，应及时申领，保证营业期间的供应。 （5）负责维护保养网球场的设备设施，保证其运转正常。 （6）负责维护保养运动器械，使其处于良好的运转状态。 （7）负责指导客人做好运动前的各项准备工作，并向客人讲明注意事项，提醒客人注意运动安全。 （8）在客人运动休息期间，为客人提供饮料和休闲食品以及其他服务。 （9）认真执行饭店的交接班制度，做好交接班工作记录。

职责16：保龄球室主管岗位职责

保龄球室主管岗位职责如下表所示。

保龄球室主管岗位职责

岗位名称	保龄球室主管
岗位职责	（1）在康乐部经理的领导下开展保龄球室的管理工作。 （2）指导保龄球服务员做好保龄球场地营业前的准备工作。 （3）定期向康乐部经理汇报保龄球室的工作状况。

（续表）

岗位职责	（4）当VIP客人来到保龄球室时要亲自接待。 （5）做好营业期间的消防、安全防范工作，注意观察客人的异常情况，发现问题应及时解决。

职责17：保龄球服务员岗位职责

保龄球服务员岗位职责如下表所示。

保龄球服务员岗位职责

岗位名称	保龄球服务员
岗位职责	（1）负责保龄球场地营业前的准备工作。 （2）掌握保龄球服务的特点和服务规程，负责客人的球票预订、开单和接待服务工作，并注意对各种票据的保存，以备领导核查。 （3）负责保龄球场地和设备的清洁卫生工作。 （4）负责简单维护和保养保龄球设备设施，保障设备设施的正常运转。 （5）负责客人物品的保管。 （6）及时处理保龄球场地发生的突发事件。 （7）做好酒水及休闲食品的推销工作。 （8）遵守饭店的各项规章制度，严格要求自己。 （9）认真执行交接班制度，做好交接班记录。

职责18：棋牌室主管岗位职责

棋牌室主管岗位职责如下表所示。

棋牌室主管岗位职责

岗位名称	棋牌室主管
岗位职责	（1）在康乐部经理的领导下开展棋牌室的管理工作。 （2）定期向康乐部经理汇报棋牌室的工作状况，并听取其对棋牌室管理的意见。 （3）指导棋牌室服务员开展工作，对服务员遇到的问题及时解决。 （4）当VIP客人来到棋牌室时要亲自接待。 （5）指导服务员开展棋牌室的清洁卫生工作。 （6）做好营业期间的消防、安全防范工作。

职责19：棋牌室服务员岗位职责

棋牌室服务员岗位职责如下表所示。

棋牌室服务员岗位职责

岗位名称	棋牌室服务员
岗位职责	（1）熟悉棋牌室的服务特点和服务程序，具体负责棋牌室客人的接待服务工作。 （2）负责棋牌室的清洁卫生工作，在主管的督导下做好环境卫生和设备卫生工作，保持环境整洁，空气清新，符合质量标准。 （3）负责维护棋牌室内的设备设施正常运行，发现问题及时逐级上报。 （4）负责营业前的各项准备工作，每天按时准备好各项营业用品，如需补充，应及时申领，保证营业期间的供应。 （5）随时注意现场的活动情况，避免意外事故的出现。 （6）在客人活动休息期间为客人提供饮料和休闲食品以及其他服务。 （7）认真执行饭店的交接班制度，做好交接班工作记录。

第六章 保安部组织架构与岗位职责

任何一个客人都不希望自己处于不安全的环境中，因此，酒店必须加强对安全的管理。这也对保安部的工作提出了更高的要求。保安部门各级员工应当了解部门的组织架构以及各自的岗位职责，严格按照职责要求开展工作，保证本部门工作的正常顺利进行。

第一节 保安部组织架构

不同规模酒店保安部的组织架构有所不同。大型酒店保安部门组织架构往往较为复杂，层级较多，如设立了监控领班、巡逻领班、前门岗领班，每个领班之下设置了保安员。而中小型酒店由于规模较小，其保安部门组织架构往往较为简单，保安部经理直接负责领导各个岗位的保安员。

架构01：大型酒店保安部的组织架构

大型酒店保安部的组织架构比较复杂，具体如下图所示。

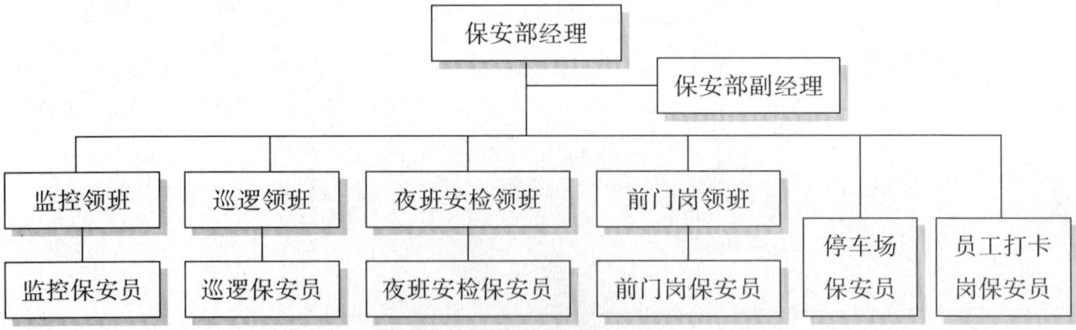

大型酒店保安部的组织架构

架构02：中小型酒店保安部的组织架构

中小型酒店保安部的组织架构比较简单，具体如下图所示。

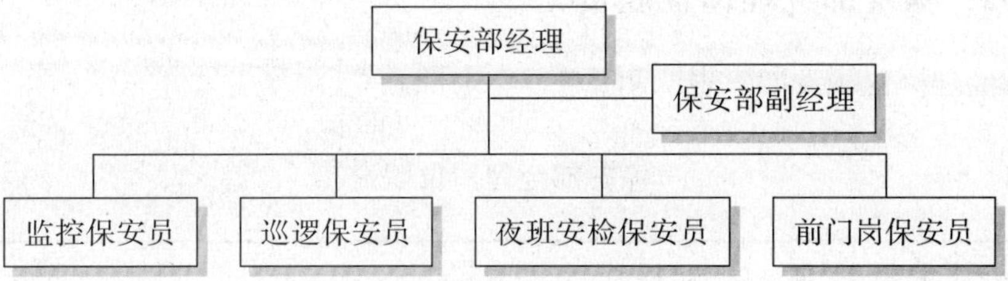

中小型酒店保安部的组织架构

第二节　保安部岗位职责

岗位职责是指每个岗位上的员工应当承担的工作职责。因为分工不同，各岗位的职责也有所不同，例如保安部经理岗位职责包括负责保安部的日常管理工作、组织制订并负责执行日常工作计划等，而停车场保安员的岗位职责则是负责停车场的车辆指挥、引导车辆有序停放，维护停车场的设施，负责停车场的安全等。

职责01：保安部的职责

保安部的职责如下表所示。

保安部的职责

部门名称	保安部
部门职责	（1）在酒店内组织建立起专职的安全部门及酒店安全工作网络，并建立和完善有关安全工作的各项规章制度。 （2）调查和研究可能引起对客人、员工及酒店造成损害的各种因素，结合酒店服务工作及经营活动的特点及实际，制订符合酒店特点的安全管理计划。 （3）在实施酒店安全管理计划的过程中，要对各部门、各单位的安全工作及有关酒店安全的专项工作进行统一安排、分工合作的指导，明确酒店安全目标、各部门安全指标，并布置任务。 （4）与当地公安、消防部门以及其他执法机关联络，保持良好、有效的工作关系，取得它们对酒店安全工作的指导和协助；同时协调好酒店内各部门的安全工作，以便系统地组织酒店内外各部门的安全工作及力量，更有效地达到酒店安全工作的整体目标。 （5）根据酒店安全管理计划的要求，检查酒店各项安全工作，并定期对各部门、各岗位的安全工作进行考核；掌握反馈信息，发现偏差，及时予以纠正。

职责02：保安部经理岗位职责

保安部经理岗位职责如下表所示。

保安部经理岗位职责

岗位名称	保安部经理
岗位职责	（1）协助各部门制定岗位安全制度，并督导落实。 （2）对酒店员工进行法制教育、安全生产教育及遵纪守法教育。 （3）积极开展治安检查和消防检查。 （4）组织策划重大节日、重要接待任务的安全保卫工作，届时要在酒店内值班，并督导任务的落实情况。 （5）积极配合公安机关调查和侦破酒店内发生的各类案件。 （6）了解和掌握酒店内部员工的情况，配合行政办公室做好违纪人员的检查工作。 （7）注意防止因自然灾害而造成酒店、客人、员工的生命及财产的损失。 （8）建立和完善酒店保安工作档案。

职责03：保安部副经理岗位职责

保安部副经理岗位职责如下表所示。

保安部副经理岗位职责

岗位名称	保安部副经理
岗位职责	（1）熟悉酒店的运作及有关的安全法则、酒店的员工守则。 （2）在保安部经理的领导下，安排下属各岗位的工作，不断巡视酒店各区域，督导当值各岗位的工作，并进行奖惩的评定和考勤。 （3）认真完成工作日记，并详细记载当值时间内发生的事件（包括时间、地点、人物、原因、结果以及遗留问题），非常事件要及时上报。 （4）迅速妥善地处理各类事件（包括突发事件），并对一些案件进行调查，写出调查报告。遇重大案件发生须立即汇报，保护现场并向警方报案，协助警方的调查工作。 （5）对下属员工进行岗位培训，使保安员的专业知识和综合素质保持在一个较高的水平。 （6）熟悉酒店的消防设施、消防通道、紧急出口以及酒店的紧急疏散程序。 （7）控制好酒店停车场的安全，保障酒店车道的畅通。 （8）完成上级交办的其他任务。如：施工现场及人员的安全督导、施工办证工作等。

（续表）

岗位职责	（9）对自己主管的工作负责制订计划，做好总结，并及时向上级汇报工作情况。 （10）热情接待来访。 （11）协助部门经理处理当值期间发生的问题。

职责04：监控领班岗位职责

监控领班岗位职责如下表所示。

监控领班岗位职责

岗位名称	监控领班
岗位职责	（1）在保安部经理的领导下，全面负责对酒店的外围环境、治安、安全保卫和安全防火等安全隐患事故发生的监控工作。 （3）协助公安、安全机关查处违法犯罪案件与人员，协助酒店保安部经理处理酒店发生的各种治安和安全事件。 （4）拟订监控中心人员的岗位责任制度与职责规范，并保证制度的贯彻落实。 （5）参与制订酒店消防工作管理办法与措施，负责监控设备等的检查管理。 （6）负责酒店关键、要害部门，酒店大门和重大活动的监控工作，做好重点客人、重点部位的监控管理与防范，防止意外事故的发生。 （7）在总经理或副总经理直接指挥下，负责或协助保安部经理对火灾等重大事故的人员紧急疏散工作。 （8）负责部门员工的绩效考核及管理工作。 （9）与人力资源部配合，负责部门内部员工的综合素质及业务技能提高的教育、培训工作。 （10）负责建立、健全酒店及本部门安全、消防等监控方面的相关记录和档案。 （11）负责酒店弱电系统的管理。 （12）完成领导交办的其他工作。

职责05：监控员岗位职责

监控员岗位职责如下表所示。

监控员岗位职责

岗位名称	监控员
岗位职责	（1）认真学习消防、安全专业知识，掌握消防、安全监控技术，及时发现不安全因素并立即报告。

（续表）

岗位职责	（2）熟练掌握各类监控设备、报警系统、广播系统、联动系统的性能及操作方法，严禁违章操作及非专业人员操作。 （3）监控屏幕出现情况要随时报告，发现异常立即定点录像，并做好记录及时上报。 （4）爱护各种设备、器材，注意了解设施设备的运作情况，有问题要及时报告，并通知工程部派员修理，保证设备正常运作。 （5）一旦发现警情，立即简要清楚地通知事发地点附近值班保安员查看并做好详尽记录，本班问题本班解决。 （6）严格执行交接班制度，工作记录要详细、准确，并做好交接班签名。 （7）当值期间要做到“四不准”：不准吸烟、不打瞌睡、不吃零食，不准阅看与工作无关的资料，不准将无关人员带进监控室，不准擅自调用电脑内与工作无关的资料。 （8）接听电话或使用对讲机时，要使用礼貌、专业的用语，不准讲与工作无关的事件，不准拨打私人电话。 （9）严格执行保密制度，做好保密工作。

职责06：巡逻领班岗位职责

巡逻领班岗位职责如下表所示。

巡逻领班岗位职责

岗位名称	巡逻领班
岗位职责	（1）负责制订巡逻保安员的巡逻路线。 （2）对保安员巡逻中发现的问题，要及时处理。 （3）监督巡逻保安员除接报外，不得进入服务员工作间和客人房间。 （4）熟悉酒店内部区域及走火通道，定期开展巡查工作。 （5）指导新入职巡逻保安员开展巡逻工作。 （6）加强对巡逻保安员的日常培训、监督、考核管理。 （7）对巡逻保安员遇到的重大问题进行处理。

职责07：巡逻保安员岗位职责

巡逻保安员岗位职责如下表所示。

巡逻保安员岗位职责

岗位名称	巡逻保安员
岗位职责	（1）巡逻中发现有碍安全情况发生时须及时报其领班及各相应部门，并配合总值班负责人处理安全问题。 （2）巡逻时不得长时间停留在某一处，不得使用客用设施，不得进入营业区域、前台及其办公室。 （3）除接报外，不得进入服务员工作间。 （4）没有部门经理批准或协调，不得擅自查房、进房。 （5）熟悉酒店内部区域及走火通道的分布情况。 （6）巡逻时检查各处消防设施是否完好，发现损坏应及时报告消防中心。 （7）熟练掌握各种消防设施的使用及报警装置的使用。 （8）遇火警时沉着冷静，要立即通知消防中心或总机，并组织现场有关人员积极查找火源，根据现场情况采取有效措施灭火。 （9）促进客房来访制度的实施；对严重肇事者，协同值班经理、客房部经理及客房服务员处理。 （10）检查紧急出口是否处于畅通状态。 （11）检查楼层施工人员工作，动火的有无办理《动火作业许可证》，排除施工现场对消防及安全有危害的隐患。 （12）如遇可疑人员要盘查，注意醉酒客人的动向。 （13）遇偷盗情况须及时报当值主管，把盗贼捉拿；经询问后，送当地公安机关处理。 （14）遇滋扰现象，应劝阻其有关人员离开酒店。 （15）巡逻中遇客人应站立让路，向客人问好。

职责08：夜班安检领班岗位职责

夜班安检领班岗位职责如下表所示。

夜班安检领班岗位职责

岗位名称	夜班安检领班
岗位职责	（1）全权负责酒店夜间安全工作，妥善处理酒店夜间发生的治安事件。 （2）加强夜间巡视，特别是重要部位的巡查工作，发现问题及时处理，并做好工作记录。 （3）监督检查上岗员工的工作表现，对违纪员工有权按规章予以处罚，对工作中表现突出的员工，有权向上级部门建议给予奖励。

（续表）

岗位职责	（4）协调酒店各部门之间的关系，并处理酒店内部员工投诉。 （5）保持整个酒店温馨祥和的营业氛围，督导各部门正确开关灯光、保证服务质量，避免不良因素影响营业气氛。 （6）处理酒店夜间突发事件，维护酒店利益不受损害。 （7）做好夜间盗窃和消防安全的预防工作，消除各种隐患，保证酒店财物以及客人的人身财产安全。

职责09：夜班安检保安员岗位职责

夜班安检保安员岗位职责如下表所示。

夜班安检保安员岗位职责

岗位名称	夜班安检保安员
岗位职责	（1）夜班值班注意员工的不轨行为（如偷盗物品、拉皮条）。 （2）检查各处消防设施是否完好。 （3）注意醉酒客人行为，有情况时报告主管和有关部门负责人共同处理。 （4）密切注意有无破坏酒店设施的行为。 （5）大堂站岗应选定几个利于监察情况且不妨碍客人的地方，站姿要跨立，注意着装整齐，不许在大堂中不停转悠。 （6）除工作需要外，不得与大堂各部门员工交谈。

职责10：前门岗领班岗位职责

前门岗领班岗位职责如下表所示。

前门岗领班岗位职责

岗位名称	前门岗领班
岗位职责	（1）在保安部经理的领导下全面负责前门的安全管理工作。 （2）指导前门岗保安员开展工作，使大堂前门外车道保持畅通。 （3）加强对前门附近的巡查，随时留意可疑人员，并做好处理工作。 （4）指挥车辆在规定车位停车。 （5）注意与客人接触时，从语言中充分体现尊重客人、为客人服务，向客人解释时要耐心。 （6）随时注意前门内外安全情况。 （7）负责前门岗保安员的日常培训、监督与考核工作。

职责11：前门岗保安员职责

前门岗保安员职责如下表所示。

前门岗保安员职责

岗位名称	前门岗保安员
岗位职责	（1）定岗于酒店前门处。 （2）大堂前门外车道保持畅通；遇车辆停泊于门口通道时，应马上劝其离开，引导其停泊于道边车位或停车场内。 （3）注意进出人员的情况，不允许外来人员损坏花草，不允许外来人员长时间滞留于正门，不允许酒店员工停留于前门广场上。 （4）指挥车辆在通道两侧翼处按规定停泊；如遇接待任务需预留车位的，应以标志物按要求预留车位。 （5）随时注意前门内外安全情况。 （6）注意阻止任何施工单位及个人由前门经大堂进入酒店楼层施工。

职责12：停车场保安员岗位职责

停车场保安员岗位职责如下表所示。

停车场保安员岗位职责

岗位名称	停车场保安员
岗位职责	（1）定岗于停车场内。 （2）指挥、引导车辆有序停泊。 （3）做到有礼貌地接待每一位来停车的客人。 （4）在车辆驶进停车场时，应表现积极，快步或小跑到车辆前，以手势示意，引导客人停到适当位置。 （5）注意没必要强求客人的车辆停泊某处，不能让客人感到有意为难他。 （6）对客人有不解之处应做到有问必答，有耐心。 （7）维护车辆及车场的安全。 （8）劝阻任何在主车道上的闲人，让其迅速离开车道。 （9）禁止酒店员工在停车场内停留。 （10）迅速控制突发事件的发生，包括在车场内的斗殴及闹事。 （11）注意维护酒店停车场的各类设施。

职责13：员工打卡岗保安员职责

员工打卡岗保安员职责如下表所示。

员工打卡岗保安员职责

岗位名称	员工打卡岗保安员
岗位职责	（1）定岗于员工打卡处，维护打卡秩序。 （2）按照酒店人力资源部的有关打卡制度，严格监督员工上下班打卡；无工牌者记录下来，上报当值领班。 （3）依照规定检查下班员工携带物品，有无擅自将酒店文件、物品等带出；如遇此情况，应立即报告当值领班。 （4）为外来施工单位和个人办理入店施工手续，检查施工工具并监督施工人员在酒店内的个人行为。 （5）监督和杜绝员工替人打卡现象，维护高峰期打卡秩序。

第七章　工程部组织架构与岗位职责

工程部是酒店中负责日常供水、供电，对设施设备进行保养、维修等的部门。工程部对酒店起着至关重要的作用，一旦工程部的工作出现问题，导致停水、停电或设备不能维修等情况的发生，就会影响客人的住店体验，进而影响酒店的信誉和收入。因此，酒店要为工程部建立良好的组织架构，明确各级员工的岗位职责，以保障其各项工作的顺利开展，为客人提供满意的服务。

第一节　工程部组织架构

大型酒店因为规模较大，要处理的事务较多，因此工程部的组织架构较为复杂，而中小型酒店因为规模较小，相对于大型酒店来说，其组织架构则较为简单。良好的组织架构对工程部的正常运转起着至关重要的作用，而不完善的组织架构则容易导致管理效率低下、设备故障频发，给企业造成不必要的损失。酒店在设置工程部时，根据自己的规模、客流量、设施设备的数量等实际情况量力而行，不要过于精简，也不要一味求全求大，以避免人手不足或人浮于事等情况的发生。

架构01：大型酒店工程部组织架构

大型酒店往往投资规模大，占地面积广，设施设备很多，用水用电量很大，日常工程事务非常多，因此其组织架构往往也较为复杂，层级也较多，往往设置一位工程部经理全面负责工程部的各项事务处理，并在工程部经理之下设置设备运行维修部经理、土建装修部经理、电力运行维修部经理负责各自部门的管理，同时又在各位经理之下又设置锅炉房领班、机修组主管等岗位。

大型酒店工程部的组织架构如下页图所示。

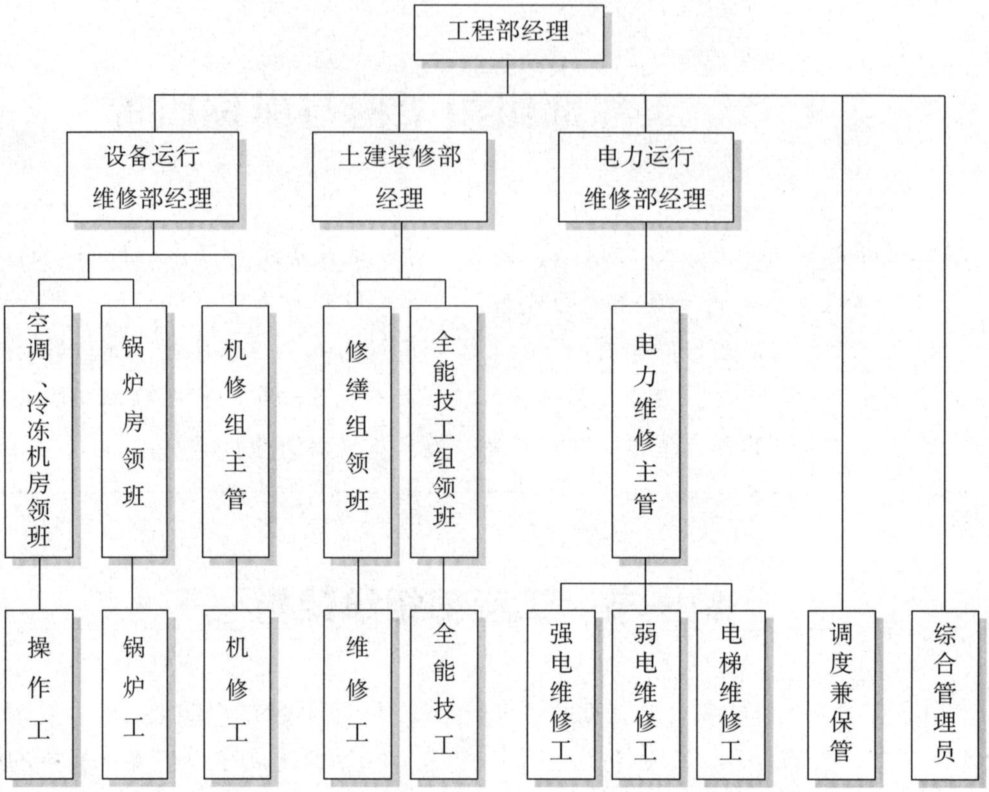

大型酒店工程部组织架构

架构02：中小型酒店工程部组织架构

相对于大型酒店来说，中小型酒店的规模往往较小，工程部的组织架构也较为简单，往往在工程部经理之下设置工程部主管，直接领导水电工、空调工、电梯工等开展工作。

中小型酒店工程部的组织架构如下图所示。

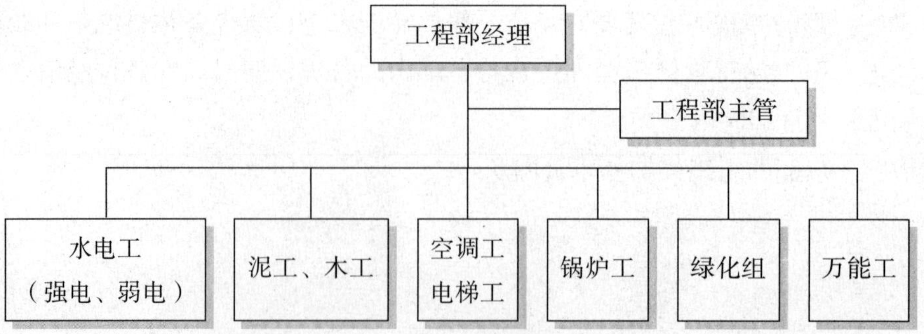

中小型酒店工程部组织架构

第二节　工程部岗位职责

岗位职责是指每个岗位上的员工应当承担的工作职责。因为分工不同，各岗位的职责也有所不同，例如工程部经理岗位职责包括负责工程部的日常管理工作、组织制订并负责执行日常工作计划等，而电梯维修工的岗位职责为负责电梯日常运转的监控、对出现问题的电梯及时进行维修等。

职责01：工程部的职责

工程部的职责如下表所示。

工程部的职责

部门名称	工程部
部门职责	（1）负责酒店建筑物的维护保养、整修、油漆、粉刷，并维持新颖美观。 （2）维持酒店及周边路灯、机械设备、管路、路线、马达、水泵、排风机等的定期检查、保养、维修。 （3）掌控酒店内空调设备、冷冻（藏）设备、给排水及滤水处理器设备、锅炉、电梯、发电机、空压机、变压器等重要设备的定期检查保养，务必保持正常运作。 （4）负责酒店及其附属建筑物内消防设备器材、防灾设备器材、电话总机器材、电视音响设备等的定期检查、保养及维修，务必保持正常运作。 （5）掌控酒店的水、电、油、煤气等能源使用情形的检查及详细记录，并研究改进节约使用方法。 （6）负责受理酒店内部各部门使用固定及非固定设备的损坏、故障的计划请修、电话请修、紧急请修或移动设备的送修。 （7）依据餐饮部的宴会通知单，派员协助器材组至宴会或会议场所，支援灯光、音响、投映等设备的装卸。 （8）负责客房钥匙的遗失重配或更换锁头。 （9）编列预算，按期实施汰旧换新工程，增设或改装设备器材；负责施工、监督、完工验收的事宜。 （10）负责专案修护，如变更用途、扩建、增建、修建等特别工程的计划预算。拟订外包、招标、监标、比价、设计的参考资料，派员参与施工、监工、验收的事宜。 （11）负责机械房、发电房的清洁、维护，并定期检查。

（续表）

部门职责	（12）所有客房、厨房、餐厅、洗衣房、总机房、采购、总务及男女员工宿舍管务均要密切配合，随时支援其维修工程。 （13）依据消防安全任务分工，派员负责水灾、火灾、风灾、地震等灾害抢救工作及灾害后处理工作。 （14）完成上级临时交办的其他事项。

职责02：工程部经理岗位职责

工程部经理岗位职责如下表所示。

工程部经理岗位职责

岗位名称	工程部经理
岗位职责	（1）执行总经理下达的工作指令，向总经理负责并报告工作。 （2）按照企业专门化管理的要求和所在地有关部门关于设备管理、安全生产、劳动保护、环保管理和能源管理工作的有关规定，制订管理工作的年度计划和目标，经审定后组织实施。 （3）做好各使用部门对设施设备管理的协调和督导工作。保证设施设备管理工作的计划和目标的全面实现。 （4）负责酒店能源供应和维修费用的预算管理，制订全店能源消耗计划、节能措施、用能制度和技改规划，并负责组织和督导各用能部门落实各项计划和制度；做好能耗控制和统计分析工作，抓好能源节约的考核与奖惩工作。 （5）组织与协调各部门落实设施设备管理和维修保养制度及技术培训工作。 （6）审核设备检修计划、设备更新改造计划、设备考核指标、新增设备和报废设备等申请报告，并加强本部门的财产物资管理。 （7）定期召开设备管理、成本核算和费用控制工作会议，研究、改进和完善对设施设备的科学管理方法，并负责解决有关重大设备的问题和厉行节约、降低费用的问题。 （8）定期组织设备检查、评比工作，提高设备完好率。 （9）按照设备事故处理规定，负责处理主要设备和重大设施事故。

职责03：设备运行维修部经理岗位职责

设备运行维修部经理岗位职责如下表所示。

设备运行维修部经理岗位职责

岗位名称	设备运行维修部经理
岗位职责	（1）负责全酒店的各种能源的供应工作，保证各种能源按时、及时供应，并要求达到节能目的。 （2）根据预算管理和年度设施工作方针、目标、计划，负责制订实施方案和措施。 （3）根据设施设备和能源管理制度，负责制定相应的实施细则。 （4）负责全店锅炉、空调及所管辖设备维修保养，并按期组织实施。 （5）按照各岗位职责和操作规范，抓好现场管理和班组长的考核工作，督导各设备操作者严格遵守操作规范。 （6）根据供热、供冷、供水、供气等规程规定和要求，以及总平面和设备装机容量、重点设施设备的布局，绘制出图表；根据变更情况，及时进行修改，并保证各营业部门的能源及时供应。 （7）定期组织检查设备的技术状态，对不完好的设备进行分析，制订和实施相应的设备更新、修复计划，确保设备处于良好的技术状态。

职责04：空调、冷冻机房领班岗位职责

空调、冷冻机房领班岗位职责如下表所示。

空调、冷冻机房领班岗位职责

岗位名称	空调、冷冻机房领班
岗位职责	（1）执行上级经理的工作指令并报告工作。 （2）带领班组员工严格执行冷冻机操作使用和维修保养规范及有关的管理制度，保证设备完好和正常运行。 （3）在上级经理的指导下，负责做好冷冻机的技术改造和中、大修项目的实施及竣工验收工作。 （4）协助上级经理做好冷气供应的计划和协调工作，掌握和分析冷冻机房每天能耗情况，做好节能工作和能耗记录。 （5）认真处理冷冻机故障并对事故进行分析及技术资料的分类归档工作。 （6）负责班组的工作安排和考勤、考核，抓好文明班组建设。 （7）做好交接班工作，交接清楚并有记录。

职责05：空调、冷冻机房操作工岗位职责

空调、冷冻机房操作工岗位职责如下表所示。

空调、冷冻机房操作工岗位职责

岗位名称	空调、冷冻机房操作工
岗位职责	（1）听从领班的工作安排。 （2）严格按照冷冻机操作和维修保养规范进行操作。 （3）树立“为酒店服务，为前台服务”的思想，经常主动询问前台供冷情况，及时做好调整工作，保证冷气供应。 （4）定时巡视和检查机房设备的运行情况，做好电表、水表记录和运转、维修记录，并保存完整。 （5）搞好机房清洁卫生，爱护和保养机房内的设备。

职责06：锅炉房领班岗位职责

锅炉房领班岗位职责如下表所示。

锅炉房领班岗位职责

岗位名称	锅炉房领班
岗位职责	（1）执行上级经理的工作指令并报告工作。 （2）带领班组员工严格按照检修操作规范和有关管理制度，做好锅炉及其附属设备的维护保养和定期检修工作以及水质化验的各项记录，确保锅炉安全、经济运行。 （3）在上级经理的指导下，负责实施锅炉技术改造、技术革新方案，积极推广新技术。 （4）负责抓好锅炉备品、备件和能源物料的使用、管理工作，掌握和分析锅炉房每天能耗情况，做好节能工作和能耗记录。 （5）认真做好锅炉事故分析和技术资料分类归档工作。 （6）负责员工的班次安排和考勤、考核，抓好文明班组建设。 （7）做好交接班工作，交接清楚并有记录。

职责07：锅炉工岗位职责

锅炉工岗位职责如下表所示。

（续表）

锅炉工岗位职责

岗位名称	锅炉工
岗位职责	（1）严格按照锅炉操作规范和管理制度，做好锅炉司炉、水质化验和维修保养工作，保证锅炉安全经济运行。 （2）听从领班的工作安排。 （3）经常巡视和检查锅炉运行情况，正确调节运行参数，认真填写锅炉运行日报、检修记录和交接班记录。 （4）定时进行水质化验，及时进行排污，并做好水质化验和处理记录。 （5）参加锅炉的年检和大、中修工作，并做好锅炉的例行保养和一、二级保养。 （6）保持锅炉房和水处理化验间环境卫生，并做好锅炉本体、辅机和水处理设备的清洁工作。

职责08：机修组主管岗位职责

机修组主管岗位职责如下表所示。

机修组主管岗位职责

岗位名称	机修组主管
岗位职责	（1）执行上级经理的工作指令并报告工作。 （2）按照设备维修操作规范和维修保养制度，负责做好设备检修及“三级保养”工作。 （3）负责安排检修业务工作，及时协调机修各工种之间技术业务工作。 （4）教育和督促机修工熟悉使用和保管好各种维修机械和维修工具，定期做好保养润滑工作，保证维修工作正常进行。 （5）掌握各种主要设备的备品、备件情况，合理控制使用，适时编制申购计划，保证设备维修的需要。 （6）配合有关部门做好机修工的技术培训和特殊工种的定期验证工作。 （7）带领教育机修工树立为前台服务思想；进入前台检修时要注意礼貌和仪表仪容，维修结束要做到人走场地清，不玷污地面、墙面和其他部位。 （8）配合上级经理对机修质量进行检查，尤其对主要设备检（维）修后，要进行试车（机），待运转正常后方可交付使用。 （9）参与有关设备事故的分析会议，及时提出有效的防范、改进措施。 （10）负责员工考勤和工作考核，做好文明班组建设。

职责09：机修工岗位职责

机修工岗位职责如下表所示。

机修工岗位职责

岗位名称	机修工
岗位职责	（1）听从主管的工作安排。 （2）负责对机械设备的维修保养和金属器件的电（气）焊工作，严格执行设备维修保养管理制度及有关操作规范，保证作业安全和工作质量，并按时完成任务。 （3）认真学习专业技能，熟悉机械设备结构、性能及系统情况，做到故障判断准确，维修迅速及时。 （4）熟悉本岗位所用维修机械和工具的原理及作用，熟记各种零配件和物料的型号、规格及用途，及时做好耗用记录并节约使用。 （5）做好交接班和维修保养记录。

职责10：土建装修部经理岗位职责

土建装修部经理岗位职责如下表所示。

土建装修部经理岗位职责

岗位名称	土建装修部经理
岗位职责	（1）负责土建、内外装修工程现场施工的监督、维修和管理工作；培训、督导下属技工，确保工作顺利完成。 （2）制定建筑、装饰、装修的年度、季度、月、周维修计划和工作标准，报部门经理审批。 （3）组织、实施对建筑装修面和家具的保养工作。 （4）培训装修技工，提高装修技能，保证装修准确，快捷达标。 （5）制定装修工技术考核标准，报部门经理审核。 （6）掌握装修、装饰最新发展动态，及时对酒店的装修、装饰改造提出可行性方案。 （7）与仓库保管员密切配合，制订装修、装饰材料储备计划。 （8）经常对下属员工进行职业道德、专业技术知识的培训，考核下属员工的出勤情况，合理调配下属员工。

职责11：修缮组领班岗位职责

修缮组领班岗位职责如下表所示。

修缮组领班岗位职责

岗位名称	修缮组领班
岗位职责	（1）执行上级经理的工作指令并报告工作。 （2）带领员工落实报修的泥、木、漆、管工、沙发、地毯、铜、白铁工工作，并对每个报修项目的修理情况进行监督和追踪检查，确保工作质量，及时做好考核记录。 （3）熟悉酒店设备和管道的布局，坚持“以养为主，抢修为辅”的原则，组织员工定期对营业场所的设备和管道等进行巡视检查、保养。 （4）沟通协调与有关部门的联系和其他工种间的工作关系。 （5）负责对泥、木、漆、管工等工种的维修材料和工具的管理工作。 （6）按月编制维修工作进度表，及时汇报工作情况。 （7）负责班组的考勤、考核，抓好文明班组建设。

职责12：维修工岗位职责

维修工岗位职责如下表所示。

维修工岗位职责

岗位名称	维修工
岗位职责	（1）听从修缮组领班的工作安排。 （2）负责做好泥、木、漆工，白铁工，管道工和沙发、地毯的修缮工作，严格执行操作规范，保证维修质量，并做好工作场地的防火安全和清洁工作。 （3）做好各类工具和工作器械的保管和保养工作，并且爱惜使用。 （4）合理使用各种物料和零配件，及时做好耗用报账工作。

职责13：全能技工组领班岗位职责

全能技工组领班岗位职责如下表所示。

全能技工组领班岗位职责

岗位名称	全能技工组领班
岗位职责	（1）执行上级经理的工作指令并报告工作。 （2）坚持现场管理，每日逐间逐项检查全能技工维修房间或公共区域设备的工作质量状况，并做好“全能技工工作检查记录”及周报和月报。 （3）负责制订客房循环维修计划和备品配件计划，并组织实施。 （4）负责全能技工的工作安排和考勤、考核，抓好班组文明建设。 （5）负责与有关部门和其他班组沟通联系和协作配合。

职责14：全能技工岗位职责

全能技工岗位职责如下表所示。

全能技工岗位职责

岗位名称	全能技工
岗位职责	（1）听从全能技工组领班的工作安排。 （2）负责对营业场所的设施设备进行有计划的循环维修保养，以及不超过4个工时的单项维修工作，保证工作质量，并按时完成任务。 （3）努力学习和钻研业务技术，较全面地掌握电、管道、空调、铜、木、漆工和地毯、沙发等工种的维修技术。 （4）客房循环维修保养工作量的标准是每天每人4间客房，并认真做好各项维修记录和工作周报。 （5）树立“为酒店服务，为前台服务”的思想，自学做好维修保养的收尾工作，人走场地清，不玷污和损伤地面、墙面及其他部位。

职责15：电力运行维修部经理岗位职责

电力运行维修部经理岗位职责如下表所示。

电力运行维修部经理岗位职责

岗位名称	电力运行维修部经理
岗位职责	（1）执行部门经理的工作指令，向部门经理负责并报告工作。 （2）根据主要设备的管理规定和要求，负责变配电、电梯、强电、弱电系统等设施设备的维护、维修与保养计划的编制，并督导实施。

（续表）

岗位职责	（3）负责督导变配电、电梯、强电系统和弱电系统等关键设备的运行使用情况和检修工作，制止违章操作和使用。 （4）协助各部门组织设备的大修、技改、更新、改造项目计划的编制、实施、验收、移交工作。 （5）针对各种设施设备的技术要求和运行情况，负责制订维修、保养（含一级、二级保养）、大修改造计划，报部门经理审核和批准后组织实施；并按分级负责的原则，督促和指导各级人员按期完成。 （6）负责指导、督促、检查各种设施设备管理和维修技术人员的业务工作，及时做好技术人员之间的业务协调工作。 （7）做好管辖技术人员的技术考核，定期组织对维修人员进行技术培训，定期对营业部门的设施设备操作使用人员进行技术培训。 （8）负责所管辖系统的维修备品、备件的计划编制与申购。

职责16：电力维修主管岗位职责

电力维修主管岗位职责如下表所示。

电力维修主管岗位职责

岗位名称	电力维修主管
岗位职责	（1）执行部门经理的工作指令并报告工作。 （2）带领班组员工严格按照高压、低压用电管理制度和安全操作规范，做好日常工作。 （3）组织员工做好电气装置的维修管理和技术革新工作，协同有关部门做好新装电气设备的竣工验收工作。 （4）参加电气故障和事故的分析会议，提出整改意见和防范措施。 （5）配合有关部门做好操作人员的业务技术和安全操作培训工作，提高操作人员的技术水平。 （6）负责变压器房，高、低压配电房的供电配套工作，做好计划用电、安全用电、节约用电的管理工作，掌握和分析每日能耗情况，做好能耗记录。 （7）带领和督促员工做好高、低压配电房的值班巡查维护工作，定期做好清洁工作。 （8）负责制订设施设备电气保养计划。 （9）负责编制电气备品、备件申购计划。 （10）负责员工的工作安排和考勤、考核，抓好文明班组建设。

职责17：强电维修工岗位职责

强电维修工岗位职责如下表所示。

强电维修工岗位职责

岗位名称	强电维修工
岗位职责	（1）听从主管的工作安排。 （2）严格执行安全制度，并按操作规范进行操作。 （3）做好酒店高、低压配电房和变压器房配电设备的维修保养工作，确保正常供电。 （4）做好动力、照明等电气设备的维修保养工作，保证电气设备和照明灯具的正常使用。 （5）各项电气工作要严格做到：装得安全、用得正确、修得及时、拆得彻底。 （6）负责定期检查移动及半移动用电器具的安全绝缘，每半年进行一次耐压试验。 （7）认真做好值班工作日记和设备运行记录。

职责18：弱电维修工岗位职责

弱电维修工岗位职责如下表所示。

弱电维修工岗位职责

岗位名称	弱电维修工
岗位职责	（1）听从主管的工作安排。 （2）严格按照工作规范和要求，做好电脑、电话、音像和保安监控系统设备的维修保养工作，确保安全、正常运行。 （3）经常巡视、检查设备运行情况，配合和协助使用部门做好日常管理和清洁保养工作，做到正确使用。 （4）做好各类备品、备件和各种维修器具的保管和保养工作，合理使用各种物料和零配件，并及时做好耗用报账工作。

职责19：电梯维修工岗位职责

电梯维修工岗位职责如下表所示。

电梯维修工岗位职责

岗位名称	电梯维修工
岗位职责	（1）听从主管的工作安排。 （2）负责检查电梯门的开关是否平稳及有无异常声音，以及安全门挡是否运行正常。 （3）负责检查电梯的起、停及运行有否异常现象，各种电器设备有否损坏。 （4）负责检查电梯轿厢内客人使用的紧急装置（对话机、应急灯、警钟等）有否损坏，各按钮动作是否正常及有效。 （5）负责电梯停到楼层面时轿厢与候客厅的地面是否有很大差距（高低不平）现象。 （6）要认真执行电梯安全运行管理规定，加强巡视并做好记录，督促检查维修保养质量。

职责20：调度兼保管岗位职责

调度兼保管岗位职责如下表所示。

调度兼保管岗位职责

岗位名称	调度兼保管
岗位职责	（1）负责本部门维修工作调配、安排，接听各营业部门维修、急修、报修电话；协调本部门各班组间维修安排工作。 （2）填报酒店内各种设备故障情况、维修项目零部件申购等表格。 （3）负责本部门维修工作量、派工单等统计工作。 （4）负责对库房用品的入库验收、领发、登记工作。

职责21：综合管理员岗位职责

综合管理员岗位职责如下表所示。

综合管理员岗位职责

岗位名称	综合管理员
岗位职责	（1）执行部门经理的工作指令，具体负责安全、能源利用和环境保护等综合管理，向部门经理负责并报告工作。 （2）贯彻执行有关安全生产、劳动保护的政策法令，落实各项安全生产管理制度。

（续表）

岗位职责	（3）配合和协助各部门对员工进行安全生产宣传教育，提高生产安全意识，做好对锅炉工、电工、电（气）焊工和化学危险品保管员等特殊工种的培训、复训和考核工作，严格执行持证上岗制度。 （4）经常深入生产现场检查安全情况，协助解决各种不安全的隐患；参与酒店和上级主管部门组织的安全生产检查，并对发现的问题按“三定”（定措施、定期限、定责任人）原则进行整改。 （5）参与酒店新建、改建和扩建工程的“三同时”审查、验收及试运转工作。 （6）负责对员工事故的调查分析、处理、统计和上报，认真贯彻“三不放过”的原则。 （7）贯彻执行《中华人民共和国节约能源法》及有关政策、法规，落实能源管理制度和奖惩条例。 （8）参与编制年度节能计划，制定能耗定额和考核标准，严格监控耗用预算，努力提高能源利用率。 （9）参与审查节能措施方案，做好基建和技术改进项目节能评估的申报工作；负责审核和评价节能项目的效果测定，做好各项能耗、能耗总量、万元营业额能耗等的统计分析。 （10）负责计划用电、用水指标申请、调整和增容工作，组织开展用水平衡、用电平衡和锅炉热能平衡工作。 （11）会同上级有关部门开展节能技术培训，配合本地区能源监察部门抓好节能监控工作，做好节能工作总结和节能先进材料的申报工作。 （12）宣传和贯彻环保法令、法规，落实环保管理制度，不断提高员工环保意识。 （13）经常检查和掌握“三废”排放情况，做好监测数据的整理和分析工作；参与“三废”治理项目的可行性分析，以及建设、验收等工作。 （14）定期检查环保设施运行情况，及时督促进行保养和保修。 （15）负责编制建设项目环境影响报告书和环境保护“三同时”送审单。 （16）按时填报环境年度报表，确保数据准确。

第三部分

怎样规范酒店管理流程

流程是一项工作从开始到结束的全部步骤，规范的酒店管理离不开各种流程，如电话预订工作流程、散客入住接待工作流程、进入客人房间工作流程、点菜服务工作流程等。只有按照这些流程进行，才能使工作有条不紊地进行。

第一章 前厅管理流程

前厅管理流程主要分为六大部分，即预订管理流程、接待管理流程、礼宾管理流程、电话总机管理流程、收银管理流程、商务中心管理流程。前厅的工作人员必须按照规定的流程展开工作，以此保证前厅各项服务的标准化、统一化。

第一节 预订管理流程

客房预订是指客人在未到达酒店之前，预先向酒店提出用房的具体要求的行为。预订管理流程包含电话预订流程、接受中介预订流程、接受CRS（中央预订系统）预订流程等。前厅部预定处人员在日常工作中，应严格按照流程操作执行。

流程01：电话预订流程

一般酒店都会设有客房预订电话，客人只需要通过拨打电话，即可预订到所需的客房。酒店预定处会有专门负责接听电话的预订员。电话预订流程如下表所示。

电话预订工作流程

流程	流程说明
接听电话 ↓	铃响三声之内预订员要拿起电话。问候语：早上/下午/晚上/好。报部门：预订处。
聆听需求 ↓	问清客人姓名（中英文拼写）、预订日期、数量、房型，并查看电脑及客房预订控制板。
推销房间 ↓	介绍房间种类和房价，尽量从高价到低价；询问客人公司名称；查询电脑，确认是否属于合同单位，便于确定优惠价。

（续表）

流程	流程说明
↓ 询问抵达情况、特殊要求	（1）询问客人付款方式，在订单上注明。若公司或旅行社承担费用者，要求在客人抵达前电传书面信函，做付款担保。 （2）询问抵达航班及时间。向客人说明房间保留时间，或建议客人做担保预订。 （3）询问客人特殊要求，如是否需要接机服务等。对有特殊要求者，详细记录并复述。 （4）询问预订人或预订代理人的姓名、单位、联系方式、电话号码。对上述情况做好记录。
↓ 核对预订信息	内容包括：日期、航班，房间种类、房价、数量，客人姓名，特殊要求，付款方式，代理人情况。
↓ 向客人致谢	告诉客人预订房间保留的最后时限。
↓ 记录预订	填写预订单并输入电脑，按日期存放订单。

流程02：接受中介预订流程

许多酒店都与携程网、艺龙网、芒果网、金色世纪、商之行等网上订房中心签订合约，由其负责酒店客房的预订销售。预订员接受中介预订流程如下表所示。

接受中介预订流程

流程	流程说明
了解当天可以接受的中介订房数量 ↓	预订员要了解当天可以接受的中介订房数量，该数量由值班经理根据当天出售率预测确定。
接受预订传真 ↓	（1）中介打来电话，要按散客电话预订的程序与对方交流，不可怠慢。 （2）接受预订需请对方发传真。
仔细核对预订信息，控制留房量 ↓	（1）仔细查阅传真，有任何疑问如字迹不清、漏填，需要打电话询问清楚。 （2）将中介已订房从留房量中剔除。

（续表）

流程	流程说明
回传确认预订信息	在预订单上签名，回传中介公司，以示确认。
输入预订信息	（1）填写预订单并输入电脑，在预订单上注明电脑订单号码。 （2）输入正确的客源类别，注意不要忘记选择中介名称。 （3）根据预订单房型和房间数，在PMS（酒店管理系统）系统中对客房进行预留。
存档	接待员需将已录入的预订单资料放入相应文件夹中妥善保管。

流程03：接受CRS预订流程

中央预订系统是用来配合建立集团自主的预订中心，以加强酒店集团集中客源管理能力和提高向下属酒店输送各种预订的能力。预订员接受CRS预订流程如下表所示。

接受CRS预订流程

流程	流程说明
了解当天可以接受的CRS定房数量	接待员要了解当天可以接受的CRS订房数量，该数量由值班经理根据当天出售率预测确定。
接受预订传真	CRS中心打来电话，要按散客电话预订的程序与对方交流，不可怠慢。
仔细核对预订信息，控制留房量	（1）仔细查阅传真，有任何疑问如字迹不清、漏填，需要打电话询问清楚。 （2）将CRS已订房从留房量中剔除。
回传确认预订信息	在预订单上签名、回传，并标明房间号，以示确认。
输入预订信息	（1）填写预订单并输入电脑，在预订单上注明电脑订单号码。 （2）输入正确的客源类别，注意不要忘记选择中介名称。 （3）根据预订单房型和房间数，在PMS系统中对客房进行预留。
存档	接待员需将已录入的预订单资料放入相应文件夹中妥善保管。

流程04：预订更改流程

有的客人在预订之后，可能会要求更改预订的时间、预订房间等，预订员则要按照更改流程操作。预订更改流程如下表所示。

预订更改流程

流程	流程说明
问候客人	无论客人是亲自前来更改预订信息，还是通过电话方式，都要向其表示问候。
↓ 询问	询问要求更改预订客人的姓名及原先到达日期和离店日期，询问客人需要更改的日期。
↓ 更改	将原始订单找出；在确认新的日期前，先要查询客房出售和预订情况；在有空房的情况下，可为客人确认更改预订、填写预订单并修改电脑资料。
↓ 致谢	感谢客人及时通知，并告知客人预订房间的最后保留时限。
↓ 通知	将更改预订信息通知有关部门。
↓ 存档	将更改后的订单与原始订单订在一起，按日期、客人姓名存档。

第二节　接待管理流程

酒店前厅接待处负责接待要求住店的宾客，为其办理住店手续，负责分配客房，负责对内联络，安排接待事项，掌握控制客房出租状况等。接待管理流程包括问询服务流程、散客入住接待流程、团队入住接待流程等。前厅部接待处人员在日常工作中，应严格按照流程操作执行。

流程01：问询服务流程

问询服务不仅是接待处的责任，酒店的每一位员工都应成为问询员，及时为客人解决遇到的问题。具体而言，问询服务流程如下表所示。

问询服务流程

流程	流程说明
询问客人要求	（1）仔细聆听客人的要求或问题，对比较复杂的问询可以做记录。 （2）口齿清楚，语速适中，表情自然。 （3）任何一位酒店员工，在接到客人询问时，必须直接解决或请求前台解决。
↓ 提供问询服务	（1）接受相关信息问询。 （2）为客人提供解答，解答时要耐心热情，始终面带微笑。 （3）对客人提出的任何问题必须答复，暂时无法答复的应请示上级处理。
↓ 道别	道别时语言亲切自然，如： “×先生／小姐，谢谢您的来电，再见。” “×先生／小姐，如需帮助，请与我们联系，再见。”

流程02：散客入住接待流程

当客人在酒店门前下车时，行李员应主动上前欢迎，并接过客人的行李，把客人引领到前台进行入住登记，领取房卡后，进入房间休息。这一个简单的手续，如能处理得好，定能使客人对酒店的服务有一个良好的印象。接待员在这一程序中，主要负责入住登记与发放房卡。散客入住接待流程如下表所示。

散客入住接待流程

流程	流程说明
问候与招呼	（1）接待员面带微笑，目光注视客人。 （2）在客人开口前问候：“先生／小姐，您好。” （3）在同时接待多位客人时，可以用微笑和点头示意。
↓ 确认客人预订 ↓	（1）询问客人是否有预订。 （2）如果有预订，要复述／核对预订信息。 （3）询问和推荐酒店会员卡。

（续表）

流程	流程说明
↓ 制作房卡钥匙	（1）用电子门锁系统制作房卡钥匙。 （2）填写“酒店房卡（套）”客人姓氏和房号入住日期和离店日期。
↓ 预收预收款	（1）向客人预收预收款，并确认预收数额。 （3）开具“预收款收据”。 （4）输入和记录PMS系统。
↓ 递交住店资料	（1）整理住店资料，如房卡（套）、预收款收据（绿联）、客人证件、餐券和其他单据等。 （2）双手递交客人，礼貌用语：“×先生／小姐，这是您的房卡。”
↓ 向客人道别	（1）礼貌道别，如：“您的房间在×楼，再见！” （2）同时指引电梯或房间方向。
↓ 整理入住登记信息	（1）将PMS系统登记信息输入完整。 （2）完整输入客人登记信息，上传发送。 （3）预订相关单据放入客账袋。

流程03：团队入住接待流程

酒店经常会接待各种团队客人，如旅行团队、会议团队等客人。团队入住接待流程如下表所示。

团队入住接待流程

流程	流程说明
团队到达	团队到达后，询问领队团队编号及所属旅行社，因为有时酒店同时会有几个团队客人，所以一定要核对。
↓ 填写登记单 ↓	（1）请领队出示有效证件。 （2）复印所有客人的证件。 （3）对照复印证件填写团队登记单。

（续表）

流程	流程说明
分配房间，制作房卡	（1）根据团队人数安排房间，并制作房卡。 （2）房卡套注明团队及有无早餐。
收取预付款	（1）与领队确认付费方式。 （2）收取预付款。 （3）与领队确认团队的叫醒时间，早餐时间及出行李退房时间。
与客人道别	（1）告诉客人房间楼层及号码。 （2）确认领队房间号码。
完成团队进店后的信息整理工作	（1）补齐成员客人资料，修改PMS系统信息。 （2）有特殊付费方式的成员，须修改成员的定义账户的转账项目和途径。

流程04：访客登记流程

对于来酒店寻找客人的访客，接待员要做好登记工作。访客登记流程如下表所示。

访客登记流程

流程	流程说明
问候与招呼	接待员要主动问候客人，向客人表达真诚的关心。
核对证件	请访客出示有效证件并核对。
办理访客登记手续	（1）查询PMS系统，核对住店客人姓名。 （2）如果没有此住店客人或客人事先要求提供／保密，应该婉言拒绝访客。 （3）如果有，则要电话征询住店客人的意见。 （4）如果是应客人邀请而来，应请访客填写《酒店访客登记单》。 （5）提醒客人访客时间，晚上11点后，在大堂接待访客。
提供指引	向访客指引电梯方向和楼层，如有必要应该提供引领服务，礼貌道别。

流程05：客人留言处理流程

对于电话留言的客人，接待员应核对信息，然后记录好留言，送至客人房间。客人留言处理流程如下表所示。

客人留言处理流程

流程	流程说明
查询客人信息 ↓	接到留言要求后，迅速在电脑中查询客人的名字、房号是否与要求留言者所提供的信息相符；核对客人是否正在住店，客人是否预抵但尚未登记入店；除非客人已结账离店，否则应做留言。
准确记录留言内容 ↓	记录留言者姓名、电话号码，是从何处打来的电话；准确记录留言内容。
重复留言内容 ↓	将留言者姓名、住店客人姓名、电话号码，及留言内容重复一遍以便确认。
留言条处理	打印留言条，装入留言信封；一联留言条交行李员并在30分钟之内送至客人房间，一联存档备查。

流程06：客人延时退房处理流程

酒店在客房出租率允许的情况下，可以根据客人的要求对退房时间做出调整。客人延时退房处理流程如下表所示。

客人延时退房处理流程

流程	流程说明
查询房态 ↓	中午13:00查询和核对信息："应走未走"和"在店客人余额表"，记录余额不足的房号和客人姓名。
致电客人房间 ↓	（1）在18:00前及时联系到客人，询问客人是否续住。对须延时退房的可建议客人将行李寄存在前台。 （2）礼貌告诉客人延时退房所需要支付的房费。 （3）如果客人不在房间内，要及时跟进。在20:00后对余额不足、无行李且未联系到客人的房间可作欠款离店。

（续表）

流程	流程说明
办理续住	确认续住天数，加收预付款，开具单据，修改房卡钥匙入住日期，必要时修改或填写新房卡（套），然后双手递交房卡和单据。
礼貌道别	"×先生/小姐，这是您的房卡和收据……谢谢，再见！"

流程07：客人投诉的处理流程

客人的各种需求不可能得到完全的满足，酒店不但要不断提高服务品质，而且要随时准备接受客人的投诉。客人投诉的处理流程如下表所示。

客人投诉的处理流程

流程	流程说明
问候	客人前来投诉时，接待员要主动上前问候客人，问候时要面带微笑，礼貌热情。
聆听与记录	（1）认真聆听，不要轻易打断客人讲话。 （2）关注问题关键和客人诉求，表示对客人的尊重。 （3）聆听时应做好记录。
寻求处理方法	（1）诚恳地道歉。 （2）在权限范围内提供解决方法，征求客人意见。 （3）对无法解决的问题要及时通报大堂经理或直属上级处理。
道别	向客人道别，感谢客人对酒店提出宝贵意见。
跟踪处理结果	跟踪处理过程，与客人联络沟通，确保客人对处理结果满意，必要时及时回访。
记录与统计	（1）对投诉进行统计汇总。 （2）将过程和结果记录在"客人信息反馈系统（Gifts）"中。 （3）输入PMS系统向公司上传。
工作改进	（1）分析投诉原因并作出整改方案。 （2）将投诉处理案例作为酒店借鉴和培训案例。

第三节　礼宾管理流程

礼宾部的工作渗透于其他各项服务之中，缺少这项工作，会直接影响到酒店内部沟通以及酒店对外的声誉与形象。礼宾管理流程主要包括团队入住行李服务、散客入住行李服务、离店行李服务、接机服务等。

流程01：团队入住行李服务流程

酒店接待的团队中，一般旅游团队或会展团队宾客会有较多行李。礼宾部要事先查看《预期团队抵达表》，了解团队人数、特点、预分房情况等并做好人力安排以确保及时、准确、到位地提供团队行李服务。团队入住行李服务流程如下表所示。

团队入住行李服务流程

流程	流程说明
推出行李车	团队到达后，行李员要尽快推出行李车。
↓ 检查、清点行李	点清行李件数，检查有无破损和遗留物品。
↓ 确认团队名称和入住楼层	统计行李件数，请领队签名确认。
↓ 放置行李	（1）放在指定地点，罩网，系上行李牌。 （2）按房号分送行李，并在行李牌上写上客人姓名。
↓ 送行李到房间	按房号分送行李。
↓ 登记存档	送完行李后将每间房间的行李数登记在《团队入店登记单》上。

流程02：散客入住行李服务流程

对于行李较多的散客，礼宾部也要为其提供行李服务。散客入住行李服务流程如下表所示。

散客入住行李服务流程

流程	流程说明
散客到店 ↓	主动迎接要求提供行李服务的客人。
检查、核对行李 ↓	（1）检查有无破损，贵重物品、易携带物品请客人自提。 （2）为客人取行李并核对件数。
引导客人 ↓	（1）引导客人进入房间。 （2）在引导过程中向客人介绍酒店的设施设备以及一些服务项目等。
递送行李	将行李送到客人的房间。

流程03：离店行李服务流程

礼宾部不仅要为客人提供入住行李服务，还要为客人提供离店行李服务。离店行李服务流程如下表所示。

离店行李服务流程

流程	流程说明
客人提出行李服务要求 ↓	当接到客人离店时要求收取行李电话时，应问清房号、行李件数和收行李时间。
为客人提取行李 ↓	（1）指派行李员为客人提取行李。 （2）推行李车，3分钟到达客人房间。
清点行李 ↓	问候过客人后，同客人一起点清件数，检查有无破损，并确认有无遗留物品。

（续表）

流程	流程说明
联系前台	（1）礼貌地请客人离房，提行李随后离开。 （2）将客人引导至前台收银处，确认其付清账款。
↓出店	确认客人已付清账单后，按照客人要求将行李放在指定的位置上，如客人的车上。
↓记录存档填写	填写《客人离店登记单》。

流程04：接机服务流程

为了提高酒店的服务水准，赢得更多的客人，许多酒店都提供了免费接机服务。接机服务流程如下表所示。

接机服务流程

流程	流程说明
获取客人航班信息	接机人员要提前从前台获得客人航班信息，以安排接机工作。
↓准备接机牌	接机人员准备的接机牌上文字要书写工整、易辨认。
↓提前确认、通知车队	提前向机场确认航班是否准时，通知车队按时派车。
↓赴机场接机	举接机牌站立出口处，确保仪容、行为规范符合酒店要求；向接到的客人致欢迎辞。
↓接客人回酒店	搬运客人行李，确认行李数目，向客人介绍酒店及当地情况，到前台办理入住手续。

第四节　电话总机管理流程

总机是酒店内外沟通联络的通信枢纽和喉舌，以电话为媒介，直接为客人提供转接电话及留言服务，以及叫醒、查询等项服务，是酒店对外联系的窗口，其工作代表着酒店的形象，体现酒店服务的水准。电话总机管理流程主要包括散客叫醒服务流程、团队叫醒服务流程、电话接听和转接流程。

流程01：散客叫醒服务流程

在散客叫醒服务中，话务员必须确认客人的基本信息以及叫醒时间，以便为客人提供优质的服务。散客叫醒服务流程如下表所示。

散客叫醒服务流程

流程	流程说明
接受和记录 ↓	问候客人、核对客人姓名与房号，同时填写《叫醒记录本》房间号、姓名、时间、天数等。
输入叫醒记录 ↓	核对客人姓名，及时输入当天的叫醒记录到电话系统，特别注意客人连续叫醒的信息记录输入。
叫醒服务 ↓	（1）及时检查电话系统叫醒情况。 （2）前台服务人员准时拨打客人房间号码，礼貌问候和提醒客人叫醒时间已到。 （3）结束通话时，让客人先挂电话。 （4）电话叫醒无人接听，指派服务人员前往房间叫醒客人，并礼貌道别。
记录叫醒情况	前台服务人员在《叫醒记录本》记录叫醒结果，实施人签名。

流程02：团队叫醒服务流程

在团队叫醒服务中，话务员必须确认客人的基本信息以及叫醒时间，以便为客人提供优质的服务。团队叫醒服务流程如下表所示。

团队叫醒服务流程

流程	流程说明
登记	接到客人电话要求将整个旅游团的客人全部叫醒时，应礼貌地请客人到前厅登记。
↓ 记录	记录预订叫醒服务的团队团号、叫醒时间、预订人姓名、预订人房号。
↓ 核对	（1）根据前厅问询处提供的叫醒记录，中班话务员负责找出《团队用房表》，并与《叫醒登记表》核对，夜班话务员必须再次复核。 （2）核对《叫醒登记表》和《团队分房表》，然后按要求将团队叫醒输入电脑。
↓ 叫醒	到了叫醒时间，根据团队预订的叫醒方式进行叫醒。应首先叫醒团队领队，请领队协同叫醒所有团员。
↓ 记录叫醒情况	前台服务人员在《叫醒记录本》记录叫醒结果，实施人签名。

流程03：电话接听和转接流程

话务员的主要工作除了叫醒服务，还要负责电话的接听和转接。电话接听和转接流程如下表所示。

电话接听和转接流程

流程	流程说明
接听电话	铃响三声内及时接听电话。
↓ 电话问候	问候时应语言清晰，避免使用方言或酒店专业用语，同时面带微笑。
↓ 聆听和记录 ↓	（1）耐心聆听客人提问和需求，及时记录有关信息，如客人的姓名、房号等。 （2）及时回答客人的询问。

（续表）

流程	流程说明
↓ 转接电话	（1）确认来电者报出的房号／分机号。 （2）查询和核对住店客人姓名和房号。 （3）在晚间10点至次日8点前，直报房号或姓名的来电者，必须征询住店客人是否愿意接听。
↓ 无人应答处理	告诉来电者电话暂时无人接听，询问是否需要留言，留言记录必须及时告诉住店客人。
↓ 道别致谢	礼貌地向客人道别，并向客人表达谢意，让客人先挂电话。

第五节　收银管理流程

酒店前台收银处主要负责为客人提供各种收银服务，其主要职责是为客人办理结账服务，其次还要负责为客人兑换旅行支票、外币兑换等服务。

流程01：为客人兑付旅行支票的流程

旅行支票是持有人为方便外出，用现钞购买的一种定额支票。持有人可在国内外的分支机构及一些约定的兑付点兑付现金或支付使用。为客人兑付旅行支票的流程如下表所示。

为客人兑付旅行支票的流程

流程	流程说明
接待客人	客人持旅行支票前来时，要热情接待客人。
↓ 检查	检查客人所持旅行支票的真伪及支付范围。
↓ 复签 ↓	请客人在旅行支票指定的复签位置上当面复签，并核对支票的初签与复签是否相符；如有可疑之处，应进一步检查，比如要求持票人背书。

（续表）

流程	流程说明
核对证件	请客人出示证件，收银员进行核对，如相片是否相符、支票上的签名与证件上是否一致，而后将支票号码、持票人的身份证号码及国籍抄到水单上。
填写兑换水单	填写兑换水单（一式两联），并计出贴息及实付金额。让客人在水单的指定位置上写上姓名、房号，将尾签撕下给客人，将水单及支票送交收银员。
复核	收银员认真复核水单上的金额及出纳所配好的现金，将应兑换给客人的金额唱付给客人。

流程02：外币兑换流程

外币是“外国货币”的简称，是指本国货币以外的其他国家或地区的货币。由于酒店的外国客人较多，因此经常要为其提供外币兑换服务。外币兑换流程如下表所示。

外币兑换流程

流程	流程说明
问候	涉外客人到达酒店时，支付的大多是外币。当客人来兑换外币时，收银员要礼貌接待及问候客人。
查询与核对	（1）客人表明需兑换外币后，必须确认该客人是否为酒店的住客。基于外汇管制及服务住客，通常酒店只对其本身之住客提供外币兑换服务。 （2）前台必须审慎地查询客人房号及姓名，并进一步以电脑查询该住客的住房登记资料。 （3）必须清楚地告知住客酒店所提供的外币兑换金额上限，并询问房客所需兑换的外币金额。
检查外币	收受并仔细检查外币，确保无破损，非伪币。
兑换	根据当日外币汇率计算兑换金额。

（续表）

流程	流程说明
填写外汇水单	（1）填写外汇水单或以前台电脑系统印出外汇水单。 （2）请客人在水单上签名确认后，将第一联交客人留存。
递交现金	当面点清现金交给客人，并道谢。
整理资料	将外币及水单汇整，交酒店财务部处理。

流程03：离店结账流程

当客人离店时，收银员要根据客人的房号，查询其在店所有消费记录，为其提供结账服务。离店结账流程如下表所示。

离店结账流程

流程	流程说明
问候	收银员要问候客人，同时询问客人房号。
核对房号	在PMS电脑系统核对客人房号和姓名，并收回客人房卡和“预收款收据”。
通知楼层	（1）用对讲机通知相关楼层退房，客房服务人员反馈查房信息，退房检查时间在3分钟内。 （2）如果超过3分钟查房还未结束，前台可直接办理结账手续。
核对客人的账目	（1）取出客账袋内的所有单据检查是否已入账，检查客人是否有使用保险箱或借物。 （2）根据PMS系统结账数据，报告客人总消费金额。 （3）打印客人账单，请客人付款、签字。
提交发票和零钱	（1）开具酒店专用发票，严格遵守财务制度，补开发票必须查寻核对。不重复开具发票。 （2）双手递呈单据和零钱。

（续表）

流程	流程说明
↓ 感谢和道别	微笑礼貌地感谢客人，并向客人道别，同时可为客人提供其他服务，如行李服务，代订出租车服务等。
↓ 整理客史资料	（1）在PMS系统中，完成结账程序。 （2）客账资料如发票、结账单、临时住宿登记单、预订单、杂项收入转账单、预收款收据等放在指定地点。

第六节　商务中心管理流程

商务中心是为宾客提供现代化通讯科技设备服务、文字处理服务和秘书服务的一个综合部门，其主要服务包括文件装订、名片印制、会议室出租、速递、传真、电报、长途电话、翻译、复印、过塑、中英文打字、国际互联网查询、电子邮件等。

流程01：打印服务流程

打印通常指把电脑或其他电子设备中的文字或图片等可见数据，通过打印机等输出在纸张等记录物上。打印服务流程如下表所示。

打印服务流程

流程	流程说明
迎接客人 ↓	商务中心文员首先应根据具体时间及具体情形，主动、热情地问候客人，并对客人的到来表示欢迎。
确认相关信息 ↓	（1）接过客人的原稿文件，了解客人的要求（字体、格式和其他特殊要求），浏览、查看全文，核对原稿有无不清楚的地方或字符。 （2）若有不清楚的地方应当面问清，以确保打印质量。 （3）向客人介绍有关打印的收费标准及大概完成的时间，并询问客人的联系电话和房号。

（续表）

流程	流程说明
↓ 打印	打开打印机，按客人要求的规格进行排版、打印。
↓ 装订	根据纸张厚度、开本规格及客人的要求，大致再查验一次原件及打印稿 （1）对于较少或较薄的资料，商务中心文员用普通的订书机装订即可。 （2）对于较多或较厚的资料，则需要用装订机进行装订；用装订机装订时，首先接通装订机的电源，然后将文稿放入装订机，一切准备就绪后，再以打开的形状进行装订。 （3）按客人要求将文稿装订成册。
↓ 结账	（1）装订完毕后，将文稿交给客人。核算出总的价格，开出账单，问清客人的付款方式。 （2）若客人以现金支付，则将账单的第一联交予客人。 （3）若客人要记挂房账，则要了解客人的姓名、房号，并请客人出示房卡（具体格式如下表所示）或房间钥匙，与电脑核对无误后，将此记入客账的费用输入电脑终端。
↓ 送别客人	向客人表示感谢，并欢迎下次光临。

流程02：复印服务流程

对于前来商务中心要求复印的客人，商务中心文员必须了解客人复印要求，如复印数量及纸张需要等。复印服务流程如下表所示。

复印服务流程

流程	流程说明
欢接客人 ↓	礼貌地问候客人，并欢迎前来复印的客人。

（续表）

流程	流程说明
确认相关信息	（1）客人提出复印要求时，首先确认客人是住店客人还是非住店客人。 （2）拿到原稿后，首先识别纸张的规格，告诉客人复印的收费标准，并问明客人具体要求（如复印纸型规格、复印张数）。 （3）查看原稿是否清晰。
复印	（1）打开复印机，按客人的要求对复印纸张的规格、张数及色彩浓淡进行选择，调整好比例尺寸。 （2）将原件定好位置，平铺，检查送纸箱是否已准备好，确定无误后，然后按动复印键。印出第一张后，检查有无问题，如果没有，即可连续复印。 （3）复印完毕后，核对复印张数并问明客人是否需要装订，若需要，则替其装订。
结账	（1）装订完毕后，将文稿交还给客人。 （2）根据所复印的规格及张数，开出账单。账单一式三联，第一联存底，第二联交财务处，第三联交给客人。 （3）如果是非住店客人，请其先付预付款。 （4）若是住店客人，应请其出示房卡并签字，如有疑问立即与前台联系核对。
送别客人	向客人表示感谢，并欢迎下次光临。

流程03：票务服务流程

酒店客人经常需要购买火车票、飞机票、汽车票，为此大多数酒店都会提供票务服务。票务服务流程如下表所示。

票务服务流程

流程	流程说明
了解客人订票需求	酒店服务人员要主动问候客人，并了解客人订票需求，包括航班、线路、日期、车次、座位选择等要求。

（续表）

流程	流程说明
办理订票手续	（1）填写《订票委托单》。若客人有不清楚的地方，应立即向客人解释。 （2）询问客人支付方式。如果客人用信用卡支付，了解客人的信用卡号、到期日期及持卡人姓名。如果现金支付，取票前从客人处收取现金。
确认预定	联系航空公司或火车售票处，做好预订。说明预订内容并确认预订信息。
记录并通知客人预订结果	（1）记录预订信息：航班号、起飞时间、抵达时间、舱位、座位、办理登机手续时间、机场大巴离开时间和其他注意事项。 （2）将记录的预订结果交给客人。
取票	（1）如果客人愿意，可在飞机场或火车站直接取票。 （2）如果是酒店取票或上门送票，在把票送到客人手中之前要确保票证的安全，可以把它锁起来或放进保险箱。 （3）亲手将票交到客人手中，或请客人到行政楼层接待处领取。

第二章　客房管理流程

客房是客人在酒店的主要活动场所，优质的客房服务有助于提高客人对酒店的好感，从而为酒店赢得更多的回头客。因此，客房管理应实行规范化的管理流程，以便让客人始终感到服务的专业化水准。

第一节　楼层管理流程

楼层服务是整个客房管理的核心工作，其主要职责是负责客房的清洁整理工作，为客人提供一个舒适的居住环境。楼层管理流程主要包括迎客服务流程、送客服务流程、进入客人房间流程、铺床流程、客房清洁流程等。

流程01：迎客服务流程

迎客服务是客人进入楼层时，客房服务员为客人提供的第一道服务。因此，迎客服务的好坏，将直接影响到客人对客房的印象。迎客服务流程如下表所示。

迎客服务流程

流程	流程说明
做好准备 ↓	客房服务人员向前台了解客人情况，并登记在客房服务人员工作日报表上。
迎候 ↓	根据客人进店时间到电梯口迎候。
迎接 ↓	（1）客人到达时，应面带微笑，主动上前问候。 （2）如果客人手提行李，应主动询问是否需要提供行李服务。

（续表）

流程	流程说明
↓ 引领客人进房	（1）应走在客人的左前方，为客人引路，送客人进房，引领过程中可以向客人介绍酒店的服务和设施设备。 （2）主动为客人打开房门，请客人进房。
↓ 记录存档	记录迎客服务流程，并存档。

流程02：送客服务流程

当客人离店时，楼层服务员要及时查房并核对账单，为前台结账提供准确的信息。送客服务流程如下表所示。

送客服务流程

流程	流程说明
退房准备	客房服务人员要了解客人离店时间，检查账单，与前台联系。
↓ 客人离店	客人离开房间时应主动送客，并向客人表示感谢，欢迎其再次光临。
↓ 送客后处理工作	（1）接前台通知，确认客人已离店后，应迅速整理房间，以做下次销售之用。 （2）整理房间时如果发现客人遗失物品，应立刻通知前台，联系客人，将遗失物品返还。
↓ 检查	仔细检查整理效果，达到标准后，才可离开房间。
↓ 填写工作日报	及时填写工作日报，及时登记客人的情况。

流程03：进入客人房间的流程

客房服务员在进入客人房间打扫时，应该严格按照进房程序，以免打扰客人休息。进入客人房间的流程如下表所示。

进入客人房间的流程

流程	流程说明
敲门	客房服务人员敲门时手指应微弯曲，以中指第二关节部位轻敲门两次，每次三下，并报称“打扫房间”（相隔2～3秒钟）。不能用拳头或手掌来拍打门。
按门铃	按铃，清晰地报称“打扫房间”，并等待客人反应。切忌急促地连续按门铃数下，应有节奏及适当的间隔。
客人反应处理	如听到客人有回音，服务人员应说：“我是客房服务人员，请问我能现在进来为您清洁房间吗？”并等客人开门。如房内无反应，服务人员方可用磁卡开门，并再次报称“打扫房间”。姿势要自然，即使遇上客人也不失大方；切忌用力拉门锁把手，以免造成损坏。
开锁	手持磁卡，对准匙孔平衡插至尽头，停留时间约1秒钟，然后拔出，门锁显示绿灯方可向下转动门锁把手，推开门后应将磁卡放回衣袋。在操作过程中，身体与门要保持30厘米的距离。
开门	把门轻轻推开至门自动静止。切勿用力过猛，以免发出不必要的噪音。
挂牌	（1）打开房门后，把“正在清洁”牌挂在门锁把上，轻轻摆放平稳，然后巡视一遍房间，以确定房间是否有人或有什么特殊情况。 （2）挂牌要轻、稳，以免碰坏门或发出不必要的噪音。
填表	退出房门外布件车旁，在卫生班报表上填写开始清洁房间的时间。

流程04：铺床的流程

作为一名客房服务员，每天正常的工作量仅铺床一项至少需铺20张以上。因此，掌握正确的铺床方法，将可以保证服务水准。铺床的流程如下表所示。

铺床的流程

流程	流程说明
将床拉离床头板	（1）服务人员弯腰下蹲，双手将床稍抬高，慢慢拉出。对固定或不易拉动的床面，可以移动床垫。 （2）将床拉离床头板约50厘米。 （3）整理床褥、将床垫拉正对齐。发现床褥上有污迹，及时调换。
铺床单	（1）铺：站在床尾抖单，使床单正面朝上，折线居中，两边均匀。 （2）包：包角要求内角45度，外角90度。
将床复位	弯腰将床缓缓推进床头板下，并注意切勿用力过猛。
铺设棉被	（1）打开被套，检查质量。 （2）棉被首端与床头平齐，中线与床中线吻合。 （3）将被子均匀地罩在被套里，并使四角定位准确，被面平整，被套扎绳不外露。 （4）左右两边和床尾处自然下垂，铺理平整。
套枕头	（1）将枕芯抖松平放在床上，拿住枕芯的前两头塞进枕套内。 （2）两手抓住袋口，边提边抖动，使枕芯全部进入枕套。 （3）将枕芯掖进枕袋双边内，把袋口整理好，并且拍松。
放枕头	（1）将两个枕头放置床头正中，三线对齐。 （2）薄枕平放在被套上；厚枕斜立放在薄枕上（薄枕前部外露约1／3）。 （3）枕头开口全部背对床头柜。
结束	全面整理，床面挺括、美观。
记录	在工作日报中记录铺床服务流程。

流程05：客房清洁流程

在酒店行业，人们经常谈论如何提高客人的满意度。可是很少有人想到，在对酒店客人的满意度产生影响的诸多因素中，干净整洁位列第一。因此，客房服务员必须做好客房的清洁工作。客房清洁流程如下表所示。

客房清洁流程

流程	流程说明
准备工作	检查工作车上客用品及工具是否齐全，不够齐全要及时补足。同时每辆工作车配备固定数量的客用易耗品。
敲门进入房间	（1）进门程序见本节流程03。 （2）记录进房时间，插上取电牌，及时挂上"整理房间"的标志。 （3）工作车内侧朝向客房，用工作车堵在房门口。客人在房内，可将工作车靠一侧墙放置，方便客人进出。
拉开窗帘，打开窗户	（1）将窗帘全部打开，使阳光照进来。 （2）打开窗户通风透气。
巡视检查	（1）打开所有照明灯具，检查是否完好有效。 （2）巡视和检查房间设施设备是否完好。 （3）检查有否遗留物品，若有发现，应立即上报并做好记录。
清理垃圾	（1）倒清房内的垃圾桶及烟灰缸，清洁垃圾桶和烟灰缸，确保干净无污迹。 （2）检查垃圾桶内是否有文件或有价值的物品，烟灰缸内是否有未熄灭的烟头。
清理脏布件	（1）将客人放在床、椅等处的外衣用衣架挂起。换下床单、被套、枕套，放入工作车的布件袋内。 （2）拿取干净的、同规格的布件换上。
擦尘	（1）按顺序使用规定的抹布从上到下环形擦拭。 （2）用干抹布擦拭各类电器和灯具，清洁时必须切断电源。
核对电视频道	（1）调试和核准电视节目频道，电视机音量调到中档。 （2）电视机与空调遥控器放置在电视机旁边。
清洁卫生间	（1）戴上手套，将卫生间内所有客用消耗品及毛巾等清理出卫生间。 （2）清洗洗漱池。用清洁液由上而下清洗镜面、墙壁、洗漱台、洗漱池，用清水依次冲洗干净。 （3）清洗浴缸。用清洁液由上而下滑洗墙壁、浴帘、水龙头、浴缸内壁、浴缸外壁，用清水洗干净。

（续表）

流程	流程说明
清洁卫生间	（4）清洗坐便器（换另一双手套）。用清洁液刷洗水箱、坐便器面盖、坐板、坐便器外壁、地板，用清水冲洗干净。 （5）用专用毛球刷洗坐便器内壁，冲洗干净，脱下手套。 （6）用消毒水依次对洗漱池、浴缸、坐便器进行消毒，一定时间后清水冲洗干净。 （7）用干净抹布按洗漱池（用一条抹布）、浴缸（用一条抹布）、坐便器、地板（共用一条抹布）的顺序抹干用具。 （8）检查排气扇是否运转良好。
补充客用品	（1）按照规定数量和摆放标准补足各种客用物品。 （2）“请勿打扰”牌正面朝外。 （3）饮水机商标和生产日期与保质期正面向外，开关设定为关闭。
清洁地面	（1）从里往外清洁地板垃圾，地毯需顺方向吸净地毯灰尘。 （2）注意清洁床、桌、椅，墙角、柜后等处，保证干净，无污渍、无毛发，同时注意不要碰伤墙面、家具。
检查	检查房间全部是否整洁，物品摆放是否齐全和标准，有无遗留物品。
离开房间	将清洁用具放回车内，退出时对大门做安全检查后锁门，除走廊灯为开启状态，其余灯都关闭。
记录	填写《服务人员工作报表》，具体内容包括房间状态、出房时间、客用品补充数量、维修的项目和特别事项记录等。

流程06：客人退房的检查流程

当客人退房时，客房服务人员要负责退客房的检查，然后向前台报告查房结果。客人退房的检查流程如下表所示。

客人退房的检查流程

流程	流程说明
前台通知客房查房	前台通知客房查房，客房服务人员要仔细核实前台通知的客人离店的房号。

（续表）

流程	流程说明
服务人员查房	（1）客房服务人员迅速检查衣柜/抽屉/床下/门后和卫生间等处。发现遗留物品和酒店物品缺损等及时报告前台。 （2）检查客房内设施设备、客用品有无损坏或遗失。 （3）检查客房内是否有不安全的因素，查房时间控制在3分钟内。
↓ 报告查房结果	（1）迅速向前台报告结果，如“前台，（218）查房完毕”。 （2）发现问题，及时通知前台，如“（218）房间内有问题，请客人稍等”。 （3）对有问题的房间，可使用房内电话，避免报告内容影响客人。

流程07：DND（请勿打扰）房处理流程

DND房就是示意客房服务人员，房间里的客人不希望被打扰，客房服务人员没有必要来房间打扫或者提供其他服务。DND房处理流程如下表所示。

DND房处理流程

流程	流程说明
发现DND房	（1）不得擅自敲门或进入房间，应通知主管。 （2）如果是客人打电话要求提供服务时发现DND，应立即确认房间。
↓ 电话询问	（1）下午2：30打电话询问客人，如“您好！先生/小姐，我是客房服务人员，您需要整理房间吗？” （2）可根据指定的时间安排清扫并做好记录。
↓ 无客人进房	（1）当客房内无客人时，必须两个人进房。一般由一名服务人员和保安一同进房查看。 （2）如果房内没有客人但有行李或客人正在睡觉，要马上退出。
↓ 记录和跟踪	（1）客人不在且没有行李，通知前台，立即联系客人查明情况，以防逃账。 （2）如果DND一直持续到晚上，值班经理必须在晚上9点前，再一次打电话问询客人，以防发生意外。

第二节 客房服务中心管理流程

客房服务中心是客房部门的信息反馈中心，主要负责为客房部协调各部门关系，包括与前厅部的房态核对，住客情况的入住与退房，与工程部的客房报维修，与保安部的客房安全，与餐饮部的订餐、送餐、收餐具等。客房服务中心流程主要包括客人遗留物品处理流程、托婴服务流程。

流程01：客人遗留物品处理流程

客房服务中心在发现客人遗留物品时，应及时与前台联系，交由前台处理。客人遗留物品处理流程如下表所示。

客人遗留物品处理流程

流程	流程说明
发现物品	（1）客房服务中心及时与前台联系，询问客人是否已经离开酒店，以便迅速将物品交还给客人。 （2）填写《遗留物品登记单》，要求填写物品名称、数量、特征及捡获地点、时间、人名。
送交物品	当天将物品上交客房主管，客房主管交至前台值班经理。
物品保管	前台根据客史填写记录到《遗留物品登记单》，以便将物品保管在规定地点。
客人认领	客人认领时，前台必须核准客人入住的时间、遗失地点、物品特征等。
物品处理	（1）如果物品无人认领，则保留在酒店，保留日期：非贵重物品3个月；贵重物品6个月；食品3天。 （2）到期酒店自行处理，并做好记录。

流程02：托婴服务流程

托婴服务方便带小孩的客人外出活动，很多酒店都提供此项服务，帮助客人照料小孩并收取服务费，一般由受过专门训练的女服务员执行。托婴服务流程如下表所示。

托婴服务流程

流程	流程说明
客人提出托婴要求	客人提出托婴服务的要求之后，服务人员应问明客人姓名、房号、所需照顾的日期和时间，并就相关事项向客人说明，然后请客人填写《婴儿看护申请单》。
↓ 提供收费标准	在提供托婴服务时，客房服务人员还应告诉客人有关酒店的收费标准。一般以3小时为一个计费点，超过3小时增收相应费用。托婴服务完成后，所有费用一般都在前台收银处一并结算。
↓ 照顾儿童	（1）照顾孩童的工作一般由客房部休假员工负责，客房部主管应列出保存有此相关经验的员工的个人资料（客房部主管应谨慎挑选适当的人选，以免发生意外）。 （2）主管应要求看护者经常与客房服务中心或值班人员联络，以随时掌握情况，若有任何状况应迅速处理。
↓ 送回儿童	托婴服务完成后，立即将《婴儿看护申请单》送至前台收银处，以便前台人员在客人离店时结算费用。

第三节　洗衣与擦鞋服务管理流程

客房部主要的工作任务是针对客人的习惯和特点提供细致、便捷、周到热忱的对客服务。由于许多客人在住店期间需要洗衣或者擦鞋，因此，酒店也要做好洗衣服务与擦鞋服务。

流程01：洗衣服务流程

客人在住宿期间，需要烫洗衣物，一般由服务人员负责取送。客人送洗衣物一般分为水洗、干洗和烫洗，客人在填写洗衣单后，由服务员收集后送洗，并负责取回放好。洗衣服务流程如下页表所示。

洗衣服务流程

流程	流程说明
收取客衣	（1）客房内均配有洗衣袋及洗衣单。客人需洗衣时可用电话通知或将要洗的衣物装入洗衣袋内并挂在门锁上，服务人员发现后及时收取。 （2）客房服务人员每天在规定的时间进房检查时，应留意房内有无客人要洗的衣物，如有应及时收取。
登记客衣	（1）登记客衣前，按照客人填写的洗衣单上的各种衣物认真分类、清点、核实，认真核对衣物名称、件数，确保准确无误。 （2）登记客衣时，要把房号、件数、客人对洗衣服务的要求等填写清楚、准确。
送洗	客房服务人员要及时将登记好的客衣送到洗衣房进行清洗，同时要将客人的要求明确告知洗衣人员。
分送	客衣洗好以后，服务人员要及时将其取回，准时送交给客人，并请客人确认。

流程02：擦鞋服务流程

擦鞋服务流程如下表所示。

擦鞋服务流程

流程	流程说明
收取皮鞋	客房的房内均备有鞋篮，客房服务人员在接到有关擦鞋服务的电话或要求后，在酒店规定的时间内赶到客人房间收取皮鞋。
擦鞋	（1）擦鞋应在工作时间进行，擦鞋时应先在鞋下垫上一张废报纸，用布和鞋刷将表面上的浮土擦去。皮鞋上若有金属、非金属的饰物须先用胶带贴上，以免鞋油沾上无法清除。 （2）以同色鞋油涂抹于鞋面上（若颜色无法明确区分者，则以透明无色的鞋油处理）。用刷子将鞋油擦均匀，鞋油不宜过多。鞋底和鞋口边沿要擦干净。待鞋油稍干一点时，再用干绒布擦亮。
包装	皮鞋擦拭完毕后，男鞋用鞋撑撑好装入包装袋，房号单粘贴于包装袋上，在皮鞋放入房内时将房单撕下。
登记	做好擦鞋服务登记，注明房号、数量、颜色、样式及时间，以利以后备查。

第三章　餐饮管理流程

餐饮管理流程包括楼面事务管理流程、厨房事务管理流程两个部分。餐饮部相关工作人员要按照规范的管理流程来做好楼面和厨房的各项工作。实行规范化的管理流程，可以保证出品、服务的高度一致性。

第一节　楼面事务管理流程

楼面是直接为客人提供就餐服务的场所。楼面事务管理流程主要包括开餐前准备工作流程、餐巾折花与摆放流程、迎宾领位流程、点菜服务流程、上菜服务流程、结账服务流程等。

流程01：开餐前的准备工作流程

楼面在开餐前，应该做好相应的准备工作，如清洁卫生、取餐具、备好小毛巾、摆桌、准备工作桌用具、开灯光空调等。开餐前的准备工作流程如下表所示。

开餐前的准备工作流程

流程	流程说明
清洁卫生 ↓	做好餐厅墙壁、服务台、地面的清洁。
取餐具 ↓	用餐车从洗碟机房将餐具运出，存入指定的餐具柜。
备好小毛巾 ↓	把干净消毒的小毛巾浸湿再摺成长方块状，叠整齐放入毛巾保温箱内。
摆桌 ↓	按正餐的摆桌规范于开餐前30分钟摆好桌。

（续表）

流程	流程说明
准备工作桌用具	把洁净的托盘、佐料、茶叶、茶壶以及装满水的暖瓶，都摆放在工作桌上。
开灯光、空调	打开餐厅的照明及空调系统。如营业时间有变动，须通知空调中心改变开启空调的时间。
检查	楼面主管开餐前准备工作完成后检查一次，如有错漏处马上纠正弥补。
开餐前会	楼面主管主持召开餐前会，交代用餐相关任务或规定。
站岗	出岗站位，面向门口准备迎接客人。

流程02：餐巾折花与摆放流程

餐巾折花具体指酒店或特定形式的地方用餐巾折叠成不同样子的花朵。餐巾折花美观而大方，尽显礼仪，将会给人留下良好的印象。餐巾折花与摆放流程如下表所示。

餐巾折花与摆放流程

流程	流程说明
选择餐巾花	一般应根据餐厅或宴会的性质、规模、规格、季节、来宾的宗教信仰、风俗习惯等因素来选用餐巾花。
选择折花方法	（1）折叠。将餐巾一折为二，二折为四，或者折成三角形、长方形等其他形状；折叠前算好角度，一次折成。 （2）推折。在打折时，两个大拇指相对成一线，指面向外，食指或中指向后拉折，并用食指将打好的折挡住，中指控制好下一个折的距离。 （3）卷。直卷时，餐巾两头一定要卷平；螺旋卷可先将餐巾折成三角形，餐巾边应参差不齐。不管是直卷还是螺旋卷，餐巾都要卷紧。
摆放	餐巾折花摆放总的要求是：整齐美观、位置适当、便于观赏、使用方便，尽可能与台布、器皿的色调和谐。

流程03：迎宾领位流程

餐厅在门口都会设有迎宾员，负责将客人引到相应的餐桌。迎宾领位流程如下表所示。

迎宾领位流程

流程	流程说明
迎接客人 ↓	当客人步近餐厅门2米时，主动上前迎接客人；使用敬语问候客人，询问客人是否有预订以及就餐人数。
引领客人 ↓	走在客人的右前方相距约1米处引领。当引领客人到餐桌时，逐一为客人拉椅。
送上菜单、酒单 ↓	将菜单或酒单打开第一页，从客人左边双手送上，并礼貌地请客人阅读。
记录	回到迎宾岗，将来宾人数、到达时间、桌号迅速记录在“迎宾记录本”上。

流程04：点菜服务流程

点菜服务流程如下表所示。

点菜服务流程

流程	流程说明
准备点菜单 ↓	准备点菜单，确保点菜单干净、清楚、整齐。点菜单通常是一式四联，并用不同的颜色加以区别。比如，收银员白联，厨房蓝联，酒吧黄联，服务人员红联。
呈递菜单 ↓	客人就座后，首先了解来宾中的主人及用餐性质，然后确认客人是否开始点菜。若是的话，则事先检查一遍菜单，确保其清洁、美观。

（续表）

流程	流程说明
推荐介绍酒店特色菜	（1）点单之前，首先记下订单日期、本人姓名及桌号、座位号、人数，若是加单应标上加单符号。 （2）主动根据客人的心理需求，尽力向客人推销本餐厅的时菜、特色菜、名菜、畅销菜和精品菜，当好客人的参谋。
接受点菜	（1）点菜时站在客人旁边半步距离的地方，身体微微向前倾斜，眼睛注视客人，听清客人所点菜名，适时帮助客人选择食品和主动推荐介绍食品。接受酒水点单时，记清客人所点酒水。 （2）若客人有特殊要求，应在订单上清楚注明，并告知传菜服务人员，以便引起重视。 （3）若客人点了烹制时间较长的菜品，服务人员要主动向客人解释，并合理调整出菜顺序。
填写菜单	已建立点菜系统的餐厅，可以使用电脑填写菜单；也可以使用点菜单填写，然后到系统旁输入。
复述菜单	待客人点完菜，应清楚地重复一遍客人所点菜肴内容，待客人确认后说："谢谢，请您稍等。"
分送点菜单	客人点好菜后，负责点菜的服务人员要及时将菜单分送至各点，比如，白色联送收银付账，蓝色联送厨房制作食品，黄色联送酒吧取饮品，红色联留底核对。

流程05：上菜服务流程

上菜服务流程如下表所示。

上菜服务流程

流程	流程说明
选择上菜位置	上菜一般应从客人的左边上，即在空位或陪同人员与翻译之间进行，以不打扰主人和主宾为原则。同时，要避免影响客人用餐或将汤汁滴在客人身上。
确定上菜顺序	各地因饮食习惯不同其上菜顺序也不同。一般北方地区上菜时，其基本原则是：先凉菜，后热菜；先咸味菜，后甜味菜；先佐酒菜，后下饭菜；先荤菜，后素菜等。

（续表）

流程	流程说明
↓ 上菜要领	（1）端菜上桌时，要确认自己已经将盘子拿稳，不会倒翻。 （2）先上调味品后上菜，冷菜尽快上；同时核对台号、品名，整理台面，留有空间，双手端上菜肴并报菜名，特色菜肴应作相应介绍。 （3）上菜时动作要轻，严禁将菜肴从客人头上端过，同时要注意不能让自己的手指触碰到食物。
↓ 询问	菜上齐时应告知客人，并征询客人是否需要添菜；同时严禁打乱上菜的顺序及遗漏菜肴。
↓ 撤盘	随时撤下空盘，保持餐桌美观，注意色彩搭配；大圆桌应将刚上的菜肴转至主宾位；撤空盘时严禁盘子叠盘子。

流程06：结账服务流程

结账服务是餐厅服务的最后环节，也是会给客人留下最为深刻印象的服务环节之一，因此，餐厅服务人员必须做好结账服务，提高客人的满意度。结账服务流程如下表所示。

结账服务流程

流程	流程说明
取账单	当客人示意结账时，服务人员迅速到收银台领取客人账单。
↓ 核对账单	应核对主账单和各分账单所开项目与价格是否相符，将账单放入账夹内，并准备结账用笔。
↓ 递送账单	从客人右侧躬身礼貌地将账夹打开递给客人，并说明是该客人用餐账单。
↓ 收款 ↓	（1）现金支付。用账夹把从收银台找回的零钱及账单客人联递还客人，向客人唱收唱付。 （2）信用卡支付。须礼貌地请客人出示身份证并在账单上签名，将信用卡、账单及身份证交收银员处理后，再把信用卡、签付单及笔递给客人。 （3）签单。须将账单及笔递给客人，礼貌地要求客人出示开房卡并在账单上签名，写上房号；然后将房卡及账单交收银员处理。

（续表）

流程	流程说明
↓ 致谢	一定要对客人表示感谢。

流程07：食品打包服务流程

经过了铺张浪费的时代，勤俭意识越来越深入人心了，打包这一良好的习惯越来越流行，因此餐厅需要为客人提供食品打包服务。食品打包服务流程如下表所示。

食品打包服务流程

流程	流程说明
客人提出打包要求 ↓	有些客人想将未吃完的饭菜带回家，会提出打包要求。
撤菜下桌 ↓	立即将食品撤下餐桌，并告诉宾客将在厨房为宾客包装食品及宾客所需等待的时间。
送厨房 ↓	将食品送到厨房，准备好食品盒、红丝绸带及带有店徽的塑料袋。
包装 ↓	将食品分类装入食品盒内，注意不外溢汤汁，且应保证包装整洁、精美。
送到服务边柜上 ↓	须经宾客许可后才将食品拿到服务边柜上。
递给客人	请宾客过目后将食品盒装入食品袋内，递给宾客。

流程08：楼面清场工作流程

楼面清场工作流程如下表所示。

楼面清场工作流程

流程	流程说明
营业结束 ↓	到了营业结束时间，客人全部离开后，应开始楼面的清场工作。
关掉部分灯光 ↓	关掉大部分的照明灯，只留适当的灯光供清场用。
撤器皿 ↓	（1）先清理桌面，再撤走服务桌上所有器皿，送到洗碗机房清洗。 （2）把布件分类清点送备餐间（干净的与脏的要分开）
整理楼面 ↓	对楼面桌椅等用具进行整理，确保整洁。
清洁 ↓	清洁四周护墙及地面，地毯吸尘。
落实安全措施 ↓	关闭水龙头、切断电源；除员工出入口以外，锁好所有门窗。
填写安全检查表	对安全工作结果进行检查，填写《安全检查表》。

第二节　厨房事务管理流程

厨房管理是餐饮管理的重要组成部分。姑且不论客人不断改变的餐饮要求，仅从餐饮业获得最佳利润和长远发展的方面来看，厨房管理都是重要的。厨房事务管理主要包括厨房出品流程、厨房日常检查流程、客房送餐服务流程。

流程01：厨房出品流程

在厨房管理中，提高管理效率，保证菜式出品非常重要。厨房出品流程如下表所示。

厨房出品流程

流程	流程说明
领料	即领取制作菜品需要的原料、食材，领料时必须按照标准的领料单领取，无特殊情况不得超领。
粗加工	对原料进行初步加工，如清洗、分类等，这个步骤要按照厨房规定的加工标准进行。
切配	按切配作业标准对原料进行切配加工。
烹调	由菜品烹饪厨师进行对切配好的原料进行烹调。
装盘	（1）烹调完毕的菜肴应准确、美观地装入菜盘中。 （2）装入之前，应认真检查菜盘是否干净，如果不干净，必须更换。
出品	（1）由传菜员将菜品传出厨房。 （2）出品时，要在点菜单上画单。

流程02：厨房日常检查流程

厨房日常检查流程如下表所示。

厨房日常检查流程

流程	流程说明
明确检查内容	厨房检查内容包括店规、店纪、厨房考勤、着装、岗位职责、设备使用和维护、食品储藏、菜肴质量、出菜制度及速度、原材料节约及综合利用、安全生产等项规章制度的执行和正常生产运转情况。
明确检查频次	（1）卫生检查：每日一次，包括食品卫生、日常卫生、计划卫生。 （2）纪律检查：每月一次，包括厨房纪律、考勤考核、店规店纪。 （3）设备安全检查：每月一次，包括设备使用、维护安全工作。 （4）生产检查：每周一次，包括储藏、职责出品制度、质量及速度。

（续表）

流程	流程说明
↓ 检查结果处理	（1）检查人员对检查工作中发现的不良现象，依据情节，做出适当的处理，并有权督促当事人立即改正或在规定期内改正。 （2）属于个人包干范围或岗位职责内的差错，追究个人的责任；属于部门、班组的差错，则追究其负责人员的责任。 （3）对于屡犯同类错误，或要求在限期内改进而未做到者，应加重处罚，直到辞退。
↓ 检查结果记录存档	检查人员对每次检查的结果和检查处理的结果都应做好记录，并存档。

流程03：客房送餐服务流程

客房送餐服务流程如下表所示。

客房送餐服务流程

流程	流程说明
客人订餐	客人订餐时，要记清楚客人的姓名、用餐人数、房号，所叫的菜点品种、规格、数量以及送餐时间。记完后要向客人复述一遍，避免差错。
↓ 下单	（1）清楚客人所点的菜点后，下单至厨房，让厨房准备和制作。下单时注明送餐品名、送餐时间及接单服务人员姓名、送餐房号等。 （2）根据客人所点的食品、饮品，先准备好用餐的餐具，如碟、玻璃杯、咖啡杯或茶具、银具、筷子等，先装进送餐车里。
↓ 送餐	（1）厨房按客人要求做好食品后，应在约定的时间送到房间，运送过程中要注意安全。 （2）进房前先轻轻敲门（或按门铃），同时说明“送餐服务”。敲门不要太急，一般敲3下，经客人允许后方可入房。 （3）进房后首先向客人问好，然后给客人开台摆位，按餐厅服务方式为客人服务；若是快餐，可留下让客人随时取食。
↓ 结账	服务工作就绪后，即将账单呈送客人签字或结账。客人签字或付现金后要向客人表示“多谢”。此时客人尚在用餐，还应祝客人用餐愉快，并询问客人需要何时收台。离开房间时要礼貌地向客人道别，并将房门轻轻关上。
↓ 记录	迅速返回客房送餐部，签上《返回时间表》，同时填写《收台时间表》，保证及时回收餐具。

第四章　营销管理流程

酒店营销部的相关工作可以按照一定的规范流程进行操作。营销管理流程主要包括营销规划和营销推广两个部分。营销规划属于营销管理的前期工作，营销推广属于营销管理的后期工作。

第一节　营销规划管理流程

在酒店的营销管理工作中，营销规划是一项不可忽视的工作，它是为后期营销推广打基础的。营销规划流程主要包括广告策划流程、市场调查流程、年度营销预算编制流程。

流程01：广告策划流程

广告策划就是广告整体战略与策略的运筹规划。广告策划不是具体的广告业务，而是广告决策的形成过程。广告策划流程如下表所示。

广告策划流程

流程	流程说明
接到广告任务 ↓	营销部接到广告任务后，要正确理解本次广告的目的，以便制作精确的广告。
与相关部门联系 ↓	营销部广告业务负责人应与广告涉及的相关部门如客房部、餐饮部取得联系，就相关要求进行沟通，确保双方达成一致意见，并做好记录。
制订广告方案 ↓	针对酒店的具体情况和广告涉及部门的具体要求制订相关方案。
审批 ↓	由营销部经理对方案进行审批，审批通过后就可以落实方案。

（续表）

流程	流程说明
↓ 落实方案	根据方案的内容，落实各项细则，如与各媒体积极联系，安排好广告时间。
↓ 与各部门保持联系	广告信息要及时通报给各部门，避免双方产生误解。
↓ 广告效果调查	针对该项广告进行调查，确认广告效果。
↓ 总结	对整个广告过程进行总结，找出不足之处，以便进行针对性的改善。

流程02：市场调查流程

市场调查是指运用科学的方法，有目的地、有系统地搜集、记录、整理有关市场营销信息和资料，分析市场情况，了解市场的现状及其发展趋势，为市场预测和营销决策提供客观的、正确的资料。市场调查流程如下表所示。

市场调查流程

流程	流程说明
明确调查目的	（1）发现市场的实际状况，并且确切掌控市场的动向，开发潜在的市场。 （2）减少酒店不当的营销活动而节省其不必要的开支，降低经营成本，同时可以根据收集的信息作为各种营销决策的依据。 （3）开发酒店的新产品，使酒店的营销活动达到事半功倍的效果。
↓ 选定调查对象	酒店市场调查的对象应该是酒店的潜在客人，必须针对这些人开展调查工作。
↓ 制订调查方案 ↓	调查方案可以以调查问卷的方式呈现。制订调查方案时，必须严格根据调查目的进行。

（续表）

流程	流程说明
↓ 实施调查	正式实施调查可以采用很多方式，如在酒店附近人流较多的地方发送《调查问卷》，收集人群意见，或者通过电子邮件方式向各类调查对象发送《调查问卷》进行调查。
↓ 整理资料	将调查收集到的资料进行整理。
↓ 出具调查报告	根据调查得到的资料编写《市场调查报告》，对整个调查过程进行总结。

流程03：年度营销预算编制流程

营销预算是酒店年度经营预算的重要组成部分。那么，如何制定高品质的营销预算呢？根据细分市场、竞争环境、产品生命周期和战略目标等的不同，制定方法也不尽相同。年度营销预算编制流程如下表所示。

年度营销预算编制流程

流程	流程说明
确定营销目标 ↓	根据酒店的销售工作要求，确定具体的营销目标，内容包括宴会的预订量、会议的接待量等。
参考相关资料 ↓	（1）参考上一年度的营销预算。 （2）参考酒店本年度的销售预期。 （3）参考当地的市场竞争情况。
选择预算编制方法 ↓	（1）经验推断法。以酒店当年各项营销费用项目的实际开支数为基础，编制预算。 （2）行业比率法。根据同行业的标准确定营销预算总额。 （3）目标任务法。即先根据营销目标，决定为达到这种目标而必须执行的工作任务，然后估算执行这些工作任务所需的各项费用。
编制预算初稿 ↓	根据以上资料，营销部门可以编制出预算初稿，对预算涉及的各个方面进行全面论述。

（续表）

流程	流程说明
↓ 审核	由营销部经理审核预算初稿并报总经理审批。
↓ 定稿	经过营销经理和总经理审批通过后，可以定稿，即确定最终预算。
↓ 颁布与执行	营销经理应将预算颁布出来，使部门所有员工都了解今年的预算，以安排好相关工作。

第二节　营销推广管理流程

在酒店的营销管理工作中，不仅要做好营销规划，还要做好营销推广工作。营销推广流程主要包括广告营销流程、电话营销流程、旅行社营销流程等。

流程01：新开拓客户实地拜访流程

新开拓客户实地拜访流程如下表所示。

新开拓客户实地拜访流程

流程	流程说明
电话预约 ↓	初次接触客户为表示礼貌和节约时间，应提前电话预约，预约时要做自我介绍，并介绍自己所服务的酒店，陈述打电话的目的，引起潜在客户的兴趣，要求安排一次会面。
实地拜访 ↓	（1）按约定时间抵达目的地。 （2）自我介绍，递上名片（交换名片要双手递接，表示尊重）。 （3）了解客户基本情况（姓名、职务）。 （4）推销自己，并介绍酒店基本情况。 （5）了解客户的消费能力及需求。根据客户的兴趣爱好，尽可能多方面介绍酒店优势。询问客户的合作意向。

（续表）

流程	流程说明
↓ 签约	一旦拜访成功，营销代表要及时与客户签订合同或协议。
↓ 告别	礼貌地向客户告别。

流程02：广告营销流程

广告营销是指企业通过广告对产品展开宣传推广，促成消费者的直接购买，扩大产品的销售，提高企业知名度、美誉度和影响力的活动。广告营销流程如下表所示。

广告营销流程

流程	流程说明
确定目标市场 ↓	（1）目标市场即最有希望的消费者组合群体。酒店的目标市场应具备以下特点：既是对酒店产品有兴趣、有支付能力的消费者，也是酒店能力所及的消费者群。 （2）营销部经理应尽可能明确地确定目标市场，对目标客人做详尽的分析，以更好地利用这些信息制订营销方案。
制订广告方案 ↓	广告方案按达成的目标分不同种类，如： （1）通知性广告。这种广告是以短期效应为目标，多用于促销。 （2）说服性广告。它的目的在于向一个特定的细分市场宣传酒店的优势或某一项产品，以中期效应为目标。 （3）提醒性广告。它的目的是保持客人对该酒店产品的记忆，从而使消费者在需要的时候，关于这个酒店的信息便能在脑海中出现。
制定广告预算 ↓	确定了广告方案后，营销部经理可以着手制定广告预算，具体可用如下方法： （1）量力支出法。根据酒店实际情况，确定达成每笔预期的销售所能承受的支出。估计销售数量，再将二者相乘即形成预算。 （2）按比例支出法。从酒店预期的年度总收入中拨出一定比例的资金用于广告，形成预算，具体多少份额可以依据行业的平均数来决定。

（续表）

流程	流程说明
↓ 选择适当媒体	酒店业中常用的媒体有：印刷媒体；广播、电视；互联网；户外交通运输场所招贴画、灯箱；展览会等。营销部经理要根据酒店的具体经营目标、市场环境以及资金实力等合理选择适当的媒体。
↓ 投放广告	按照公司既定的广告方案投放广告，要注意尽量使广告效果最大化。
↓ 广告效果评估	只有通过准确的评估，才能得知广告的具体效果，常用的评估方法主要是市场调查法，即通过发放调查问卷了解消费者对酒店广告的看法，收集并整理之后形成报告，确认评估效果

流程03：电话营销流程

电话营销指通过使用电话，实现有计划、有组织并且高效率地扩大客户群、提高客户满意度、维护老客户等市场行为的手法。电话营销流程如下表所示。

电话营销流程

流程	流程说明
查找客户资料	营销人员可以通过多种方式查找客户资料，如公共黄页，各大网站等。
↓ 过滤、筛选	营销人员要对选择的这些客户资料进行过滤和筛选，确定合适的营销对象，明确列出。
↓ 拨打电话 ↓	（1）介绍自己。如同当面营销一样，在电话营销中应首先介绍自己及所在酒店，而且紧接着说出自己打电话的目的。要和客人的谈话过程保持一致。要注意，如果客人需要说些什么时，千万不可打断。 （2）准备一切必要资料。打电话时，营销人员要准备一切必要的资料，以便随时并马上提供答案。“请稍等一会儿”这是电话营销中最令人扫兴的一句话。 （3）讲话清晰、简洁。讲话要清晰，不要太快，嘴巴离开话筒口不要超过5厘米。如果是主动打的电话应开门见山，不可绕圈子，措辞委婉，要说得简洁而井井有条。

（续表）

流程	流程说明
↓ 记录	手边备着纸笔，把对方所说的话择其要点随时记录下来。不可依赖自己的记忆，也不可让打电话的人在电话上等你寻找纸笔。
↓ 结束通话	结束通话时一定要让对方很清楚地知道你要挂断电话了。不可含含糊糊地挂断电话而让对方觉得莫名其妙。结束的时候一定要说“谢谢您”和“再见”。但在对方正在讲话的时候千万不能说“再见”。
↓ 营销后处理工作	如果电话营销成功，对方下了订单，应及时输入电脑，通知前台预订。如果没有成功，应整理通话资料，并做好相关记录。

流程04：旅行社营销流程

旅行社营销流程如下表所示。

旅行社营销流程

流程	流程说明
寻找旅行社 ↓	旅行社是酒店的重要客户，往往能为酒店带来大量客源。营销人员必须认真查找酒店附近的旅行社，具体方式有查找黄页、登陆旅行社官方网站等。
联系 ↓	营销人员应主动联系旅行社，预约拜访时间，以便进行拜访。
登门 ↓	营销人员在预约的时间上门拜访旅行社的负责人，洽谈业务，登门时可适当携带一些酒店的礼品和介绍资料赠送给对方。
洽谈 ↓	（1）营销人员在与对方洽谈时要始终保持礼貌，做到有理有礼有节，不得使客户产生不愉快的感觉。 （2）旅行社为酒店提供客人，往往需要拿佣金，这是谈判的关键。营销人员必须仔细考量佣金的数额、比例，必须以酒店利益为根本，不能超过酒店可以接受的价格底线。

（续表）

流程	流程说明
↓ 签约	一旦洽谈取得成功，营销人员就可以与客户签订合作协议或合同，确定双方的合作关系。签约时要注意仔细审阅合同或协议的每一条款，以避免其中可能隐含的漏洞。
↓ 告别	（1）营销人员要与客户礼貌道别，同时要向客户表示感谢。 （2）如果洽谈未能取得成功，也应向客户礼貌道别，争取下次拜访的机会。

流程05：会议营销流程

会议营销流程如下表所示。

会议营销流程

流程	流程说明
锁定营销目标	会议营销的目标主要包括政府会议、企业会议、协会会议三大类，因为这几类会议召开的频次较高，开支较大，能带来更多收入。
↓ 前期准备	（1）提早给所有与酒店签约的公司、旅行社及会议、展览会、娱乐活动等组织机构寄送有关会议厅的宣传函件，在收到有关问询后，会议营销人员要及时跟进。对上述潜在客户，保持寄送今后会议厅最新的推广资料。 （2）为目标公司、会展组织者、旅行社举行一次熟悉酒店的参观活动，让其对酒店产品有感性认识，从而在宣传酒店方面树立信心。 （4）与当地旅游贸易机构和政府机构以及各地政府驻当地办事处，建立熟悉的人际关系，争取举办招商会、展览会等。
↓ 确认及签订合约书 ↓	（1）营销经理要求营销人员在预约时一定要记下客人所有的要求，但客人日后可能有变化，所以，营销人员必须将双方所同意的事项记录在合约书上并请客人签字，以保障客户与酒店自身的权利。 （2）如果客户没时间亲自到酒店进行签约手续，营销人员可以通过书面、传真或邮寄的方式，将文件送交至客人手中，请客人在合约书上签字，签妥后再传真或邮寄回以示慎重。在签订合约时，酒店通常会要求收取费用的10%作为订金。

（续表）

流程	流程说明
↓ 发布会议通知单 ↓	营销经理在与客户谈妥承办会议细节后，对内应发布一份类似公文的《会议通知单》，告知各个部门在该会议中所应负责执行的工作。
再次确认	客户有时候会对会议细节稍作修改，如参加人数的增减等。为适应这种临时变更，营销部门应该在会议举办前一周，再与客户确认会议相关事项，将发生错误的可能性降至最低。

流程06：宴会营销流程

宴会指以餐饮为中心的聚会，其特色为通过一件特殊的事件使许多人共聚一堂，采用同一款菜单或自助餐形式，进行聚会活动。宴会营销流程如下表所示。

宴会营销流程

流程	流程说明
寻找宴会举办单位 ↓	营销人员应积极行动，寻找宴会举办单位，并与其取得联系相关业务。
洽谈 ↓	（1）营销人员应与宴会举办单位进行洽谈。 （2）洽谈时必须遵守酒店的价格底线，对超出自己职责范围内的要求应及时与上级沟通，由上级进行处理。
预订记录 ↓	营销部经理要求营销人员对有意预订宴会的客户，需要处理好以下事项： （1）清楚宴会的日期、时间、名称、性质以及联络人姓名、电话，并书面记录下来。 （2）菜单内容、饮料种类、赴宴人数、宴会预算、摆设方式、客户的付款方式以及其他如花饰、活动酒吧、代支费等要求应如实记录。
收取订金 ↓	通常，除熟客及小型宴会不预收订金外，其他所有大型宴会在预约时，都必须先交10%的订金，付完订金才表示该宴会场地确实已被订下。否则一个大型宴会如果临时取消，对酒店势必造成重大损失。

（续表）

流程	流程说明
↓ 确认及签订订席合同	（1）预约时虽然已经记下客户所有的要求，但客户日后却仍有可能改变主意，所以必须再将双方所同意的事项记录在合同上并请客户签字，以保障客户与酒店自身的权利。 （2）如果客户没时间亲自到酒店进行签约手续，则可以通过书面、传真或邮寄的方式将文件送交至客户手中，请客户在合同上签字，签妥后再传真或邮寄回酒店以示慎重。
↓ 发布《宴会通知单》	营销部在与客户签订合约并谈妥宴会细节后，对内应发布一份类似公文的《宴会通知单》，告知各个部门在该宴会中其部门所应负责执行的工作。
↓ 再次确认	营销部应该在宴会举办前一周，再与客户确认宴会相关事项，将发生错误的可能性降至最低。

第五章　康乐服务流程

康乐服务是酒店为客人提供的娱乐服务，目的在于使客人在酒店能够享受更优质的生活。康乐服务包含的流程也很多，如健身房服务流程、保龄球室服务流程等。

第一节　康乐服务基本流程

康乐服务基本流程，指的是康乐部为客人提供的一些最常见的服务，主要包括常规服务流程、健身房服务流程、保龄球室服务流程。

流程01：康乐部常规服务流程

康乐部常规服务流程如下表所示。

康乐部常规服务流程

流程	流程说明
岗前准备 ↓	（1）检查仪容仪表，要以最好的精神状态迎接客人的到来。 （2）检查康乐设施设备，确保设备能够正常运转。
迎宾 ↓	主动迎接客人，并请客人登记。
引领客人 ↓	根据客人的要求，将其引领到相应的服务项目。
服务 ↓	在客人享用康乐服务过程中，随时为其提供服务。

（续表）

流程	流程说明
↓ 结账	（1）直接结账。无论刷信用卡还是付现金，都可以在康乐部完成结账。 （2）挂账。如果客人选择将账目挂在房费账单上，应与前厅取得联系，安排好记账工作。
↓ 送客	礼貌、周到地送别客人，并欢迎其再次光临。
↓ 清扫场地	将场地打扫干净，做好再次迎客的准备。

流程02：健身房服务流程

健身房服务流程如下表所示。

健身房服务流程

流程	流程说明
准备工作	检查各种健身器械是否完好，锁扣和传动装置是否安全可靠。同时精神饱满地做好迎客准备。
↓ 迎宾	（1）面带微笑，主动迎候客人，并请客人在《场地使用登记表》上签字。 （2）向客人发放钥匙和毛巾，将客人引领到更衣室。
↓ 服务	（1）客人更衣完毕，服务人员主动迎候，征询客人要求，介绍各种健身项目，主动讲清要领并做示范。 （2）如客人需要，在其运动时可播放符合其节奏的音乐。运动间隙时，服务人员要主动递上毛巾，并为其提供饮料服务。 （3）如客人希望做长期、系列的健身运动，服务人员可按照客人的要求为其制订健身计划，并为客人做好每次健身记录。
↓ 结账 ↓	（1）当客人示意结账时，服务人员要主动上前将账单递送给客人。 （2）如客人要求挂账，服务人员要请客人出示房卡并与前厅收银处联系，待确认后要请客人签字并认真核对客人笔迹，如未获前厅收银处同意或认定笔迹不一致，则请客人以现金结付。

（续表）

流程	流程说明
↓ 送别客人	（1）送客人至门口并礼貌地向客人道别。 （2）及时清扫场地并整理物品。将使用过的毛巾送洗衣房更换新毛巾，放入消毒箱消毒，做好再次迎客的准备。

流程03：保龄球室服务流程

保龄球室服务流程如下表所示。

保龄球室服务流程

流程	流程说明
准备工作	检查室内各项设施设备是否齐全、安全，如有问题，则不得使用。
↓ 迎宾	服务人员面带微笑，主动问候客人，如客人需要脱衣摘帽，服务人员要主动为客服务，并将衣帽挂在衣架上，并请客人在《场地使用登记表》上签字。
↓ 室内服务	（1）为客人办好活动手续，填写好《客人租用物品记录表》，并提醒客人换好保龄球鞋。客人换好鞋后，引领客人到选定球道，打开电脑显示器，向客人介绍活动规则和活动须知。 （2）客人选球时，服务人员要耐心介绍球的重量，为客人选好用球。客人娱乐时，服务人员要主动征询客人意见，根据客人需要及时提供饮料、面巾等服务。如客人要求陪打时，服务人员应礼让在先，对客人击出的好球要鼓掌示意。
↓ 结账	（1）当客人示意结账时，服务人员要主动上前将账单递送给客人。 （2）如客人要求挂账，服务人员要请客人出示房卡并与前厅收银处联系，待确认后要请客人签字并认真核对客人笔迹，如未获前厅收银处同意或认定笔迹不一致，则请客人以现金结付。
↓ 送别客人	（1）服务人员将客人送至门口，向客人道别。 （2）迅速整理好场地，准备迎接下一批客人的到来。

第二节 康乐服务意外处理流程

康乐部在服务过程中，可能会遇到客人损毁设备、客人意外受伤、意外停电等突发事件。作为康乐部工作人员，必须具备应急处理能力，在发生突发事件时，按照流程规范进行处理，以保证客人的人身财产安全。

流程01：客人损毁设备处理流程

康乐部服务人员在处理客人损毁设备的情况时，最重要的事情便是保护好事故现场，以便为后续处理提供相关证据。客人损毁设备处理流程如下表所示。

客人损毁设备处理流程

流程	流程说明
发现客人破坏设施设备	（1）立即上前制止。 （2）如个人无法控制局势，则迅速通知保安员、领班到场。 （3）维持现场秩序，避免无关人员围观。
↓ 保护事故现场，检查受损设备	（1）将客人与事故现场隔离，服务人员仔细检查设备受损情况，并做详细记录。 （2）保持事件现场原状，等待保安员到现场勘察。 （3）向保安员如实叙述事件发生的起因和经过。
↓ 要求客人赔偿	（1）向有关部门查询受损设备的价格，根据可修复情况，最后确定客人赔偿数额。 （2）如属故意破坏行为，则依照康乐部相关规定确定对客人的罚款数额。
↓ 向客人提出索赔	（1）如同意赔付，请客人到前厅部收银处交纳赔偿款项。 （2）如拒绝赔付，请前厅部经理出面协调。
↓ 报修	及时向工程部报修。
↓ 记录存档	记录事件经过，将事件起因、经过及处理结果详细记录在《值班日志》上，以备日后查阅。

流程02：客人意外受伤处理流程

客人在锻炼过程中，可能会不小心受伤，康乐部服务人员必须在第一时间予以急救。客人意外受伤处理流程如下表所示。

客人意外受伤处理流程

流程	流程说明
安抚并检查客人受伤程度 ↓	（1）发现客人受到意外伤害后，立刻将受伤客人移至安全位置。 （2）向客人表示歉意，检查客人伤势，并尽量安抚客人。 （3）如情况紧急（如发生客人溺水、骨折事件等），服务人员应利用已有急救知识立即组织抢救。
维持现场秩序 ↓	（1）将伤者受伤经过和伤势迅速通知医务室和领班。 （2）征询伤者意见或视当时具体情况，决定是否到医务室治疗。 （3）维护现场秩序，避免无关人员围观。
送伤者到保健室 ↓	如需要将伤者送医务室，须通知前厅部经理到场，由前厅部经理组织人员护送伤者并安排人员留守。
记录存档	将事故发生的经过和处理结果详细记录在值班日志上，并存档，以备日后查阅。

流程03：意外停电处理流程

对于意外停电，康乐部服务人员要迅速安抚好现场的客人，打开应急灯，避免发生骚乱。意外停电处理流程如下表所示。

意外停电处理流程

流程	流程说明
维护现场秩序 ↓	（1）服务人员要保持冷静，维护现场秩序，稳定客人情绪。 （2）向客人表示歉意，同时密切注意场内情况，防止各种意外事件的发生，同时向客人提供备用照明设备。
通知领班和工程部 ↓	将停电具体情况，包括场内人数、客人情绪以及已采取的应急措施等细节报告领班和工程部。

（续表）

流程	流程说明
↓ 采取相应的措施	（1）如在短期内可恢复用电，劝告客人保持原位。在恢复照明之前，要维护好场内秩序，避免发生各种意外事件。 （2）如在短期内不能恢复用电，可引导客人安全离开事故场所，离开过程中要注意安全。 （3）对意外停电事件再次向客人表示歉意。
↓ 处理客人未付费用	（1）服务人员将客人未付账单交予领班，由领班负责未付账款的催收。 （2）领班将账单情况通知前厅部收银处，防止出现跑账现象。 （3）在催收过程中，领班可在上级授权的范围内，酌情减免客人账务。
↓ 记录	将事故经过详细记录在值班日志上。

流程04：客人发生溺水事故处理流程

当康乐部游泳池发生溺水事故时，康乐部服务人员要立即采取急救措施，如果无法处理，要迅速送往医院，千万不能延误。客人发生溺水事故处理流程如下表所示。

客人发生溺水事故处理流程

流程	流程说明
检查 ↓	立即检查溺水者口鼻内是否有污物或假牙，如有则应取出，以免堵塞呼吸道。
使水流出 ↓	垫高溺水者腹部，使其头朝下，并压迫其背部，使吸入的水从口、鼻流出。这个过程要快，不可占过多时间，以便进行下一步的抢救。
人工呼吸 ↓	检查溺水者是否有自主呼吸；如没有，应马上进行人工呼吸。方法是：使溺水者仰卧于硬板或地面上，一只手托起其下颏，打开气道，另一只手捏住其鼻孔，口对口吹气，约每分钟16～18次。
心脏按压 ↓	在做人工呼吸的同时，检查溺水者的颈动脉以判断心跳是否停止；如心跳停止，则应在进行人工呼吸的同时进行体外心脏按压。方法是：双手叠加，对溺水者心脏部位进行每分钟60～80次的按压。
抢救	对无法处理的溺水者，迅速将其送医院急救，在送医院途中不要中止抢救。

第六章 安全管理流程

酒店安全管理主要指酒店经营所涉及的治安、消防等各方面的安全流程和防范措施。安全管理流程主要包括常规安全管理和消防安全管理两个部分。常规安全管理指的是酒店日常运营中的安全管理事项，消防安全管理则专指消防方面的安全。

第一节 常规安全管理流程

酒店常规安全管理流程，主要包括客房安全管理流程、VIP客人接待保卫流程、配合公安政法部门拘捕嫌疑人工作流程、发现可疑爆炸物品处理流程。

流程01：客房安全管理流程

客房安全管理工作需要其他部门人员的配合，如客房部、工程部确保客房门锁的安全、客房设备安全，前厅部确保会客安全。客房安全管理流程如下表所示。

客房安全管理流程

流程	流程说明
确保客房门锁安全 ↓	（1）安装坚固和安全的门锁。 （2）加强对门锁钥匙的控制，避免钥匙流落到不相干人员手中。 （3）客人钥匙一旦发生丢失或盗窃，应立即补办。
确保客房设备安全 ↓	（1）茶具及卫生用品，如卫生间提供的漱口杯、水杯等都应及时、切实消毒。 （2）卫生间的地面及浴缸都应有防止客人滑倒的措施，还应定期检查家具的牢固程度，使客人免遭伤害。 （3）客房桌上还应展示有关安全事项的告示或须知，告知客人如何安全使用客房内的设备与装置，以及紧急情况发生时应采取的行动及联络电话。

（续表）

流程	流程说明
↓ 确保会客安全	实行会客登记制度，只有征得客人允许，才能指引访客进入客人房间。
↓ 安全检查	无论哪项安全工作，都要做好检查工作，确保安全。

流程02：VIP客人接待保卫流程

对于酒店的VIP客人，保安部要与大堂经理、保安部经理共同负责，安排一定的保安员来保证VIP客人的安全。VIP客人接待保卫流程如下表所示。

VIP客人接待保卫流程

流程	流程说明
了解情况	（1）了解有关VIP客人的相关情况，包括抵离时间、人数、入住楼层房号、活动安排及生活习性和特殊要求，以及VIP客人此行的目的，店内的活动内容及活动路线的安排。 （2）熟知所有接待VIP客人的服务人员情况，主要包括道德品质、业务水平、平时工作表现等。
↓ 制订保卫计划	（1）保安部根据所了解的情况，对VIP客人在酒店期间的各项活动制订出周密的安全保卫计划。 （2）明确意外事件发生时应采取的各项应对措施。
↓ 部署工作	（1）在VIP客人抵达前15分钟，各当值领班和保安员处于戒备状态。车场设置警卫，确保VIP客人车位不被占用。 （2）在VIP客人专用客用电梯口设警卫，阻止其他客人和无关人员乘坐；疏散客梯口和大堂内的闲杂人员。 （3）在VIP客人所住楼层设固定岗哨，阻止无关人员进入VIP居住范围；另设巡视警卫，巡视检查各楼层，稽查可疑人员。
↓ 记录存档	对接待活动进行记录、存档。

流程03：配合公安政法部门拘捕嫌疑人工作流程

配合公安政法部门拘捕嫌疑人工作流程如下表所示。

配合公安政法部门拘捕嫌疑人工作流程

流程	流程说明
查看法律手续	公安政法部门如要求保安部配合查找某一员工或客人，并将采取强制措施时，首先要查看强制措施的法律手续或通缉协查单及执法人员的单位介绍信、工作证，并予以登记。
了解案情	向执法人员了解犯罪嫌疑人的基本情况和违法犯罪事实。
核查	根据政法部门提供的相关情况，在酒店范围内进行排查、核对。
提供配合	（1）查找犯罪嫌疑人的具体位置。 （2）在其位置的通道口处进行布控。 （3）在强制执行时，在场外做好接应工作。 （4）对犯罪嫌疑人进行检查时，保卫在现场，但不参与。
其他工作	（1）当执法人员将犯罪嫌疑人带离时，应提供离店的最佳路线，避免影响其他客人。 （2）如嫌疑人是客人，通知客房服务中心和前厅办妥结账和其他相关手续。

流程04：发现可疑爆炸物品处理流程

为了确保酒店财产的安全，确保住店客人和员工的人身财物不受侵害，对可能发生爆炸的部位，必须采取切实可行的防范措施，做到发生意外爆炸事故时能及时扑救，使损失减少到最低限度。发现可疑爆炸物品处理流程如下表所示。

发现可疑爆炸物品处理流程

流程	流程说明
发现物品	酒店员工发现可疑爆炸物品后，迅速用电话拨内线通知酒店电话总机，讲明发现爆炸或爆炸物品的时间、地点和情况，同时将报警人的姓名和身份讲清。不要擅自移动爆炸物品，尽可能保护、控制现场。

（续表）

流程	流程说明
通知	电话总机值班员接到报警后，迅速通知总经理、保安部经理、工程部经理等高层管理人员到达现场。
现场处理	（1）保安部立即组织警戒，划定以爆炸或爆炸物品为中心的警戒线，控制现场，楼层客房区可关闭防火门；同时报告上级和公安部门。 （2）工程部立即关闭附近由于爆炸可能引起恶性事故的设备，撤走现场附近可以移动的贵重物品。 （3）总经理、驻店经理立即组织成立临时指挥部，根据各部门汇报的情况，组织、指挥、协调各项工作。 （4）医务室做好抢救伤员的准备，及时与急救中心联系。
协助公安部门	在公安部门来到现场后，酒店各级人员要协助公安部门做好可疑爆炸物品的处理工作，如发现确实是爆炸物品，则要协助公安部门调查其来源，确定责任人。
记录存档	做好事件处理记录，并存档。

流程05：电梯困人事件的处理流程

当保安员在接到电梯困人通知时，应在第一时间赶到事发现场，采取营救措施。电梯困人事件的处理流程如下表所示。

电梯困人事件的处理流程

流程	流程说明
关注电梯运行情况	保安员在巡逻过程中应时刻关注电梯的运行情况，发现异常情形，应及时与有关部门联系。
及时发现异常	（1）若发现有客人被困在电梯内，如有闭路电视监控及对讲机，则须把监控镜头移至困人的电梯，观察电梯内的情况。 （2）若能联系被困者，则需详细了解被困者有关情况及通知相关人员到电梯门外，同时与被困人员保持联系。

（续表）

流程	流程说明
↓ 报告	（1）呼叫部门值班经理和大堂经理，汇报有关情况。 （2）立即通知电梯保养公司紧急维修站派人修理该电梯并使被困客人脱困，打电话时必须询问对方姓名并告知有人被困，必要时请求多方援助。
↓ 处理	（1）被困者如有小孩、老人、孕妇或存在人多供氧不足的情况须特别留意，必要时请求消防人员协助。 （2）被困者救出后，须询问其是否有不适，是否需要帮助等。请其提供姓名、地址、联系电话及到本酒店的原因；如被困者不合作及自行离去，则需记录备案。
↓ 记录存档	必须记录事件从开始到结束的时间，记录详细情形及维修人员、消防员、警员、救护人员到达和离去的时间和消防车、警车及救护车号码等；必须记录被困者救出的时间或伤员离开时间及伤员送往何处医院。

第二节　消防安全管理流程

酒店管理者安全法律意识不强，相关人员责任心不够、业务不精、管理不到位、消防安全知识缺乏，是导致火灾事故发生的根本原因。因此，酒店必须做好消防安全管理，保证酒店的安全。

流程01：泡沫灭火器使用流程

泡沫灭火器使用流程如下表所示。

泡沫灭火器使用流程

流程	流程说明
拉开提环 ↓	可手提筒体上部的提环，迅速奔赴火场。这时应注意不得使灭火器过分倾斜，更不可横拿或颠倒，以免两种药剂混合而提前喷出。

（续表）

流程	流程说明
准备	当距离着火点10米左右，即可将筒体颠倒过来，一只手紧握提环，另一只手扶住筒体的底圈，将射流对准燃烧物。
喷射	（1）在扑救可燃液体火灾时，如已呈流淌状燃烧，则将泡沫由远而近喷射，使泡沫完全覆盖在燃烧液面上；如在容器内燃烧，应将泡沫射向容器的内壁，使泡沫沿着内壁流淌，逐步覆盖着火液面。 （2）切忌直接对准液面喷射，以免由于射流的冲击，反而将燃烧的液体冲散或冲出容器，扩大燃烧范围。 （3）在扑救固体物质火灾时，应将射流对准燃烧最猛烈处。灭火时随着有效喷射距离的缩短，使用者应逐渐向燃烧区靠近，并始终将泡沫喷在燃烧物上，直到扑灭。
保持倒置	使用时，灭火器应始终保持倒置状态，否则会中断喷射。

流程02：消防安全检查与隐患整改流程

消防安全检查与隐患整改流程如下表所示。

消防安全检查与隐患整改流程

流程	流程说明
检查消防系统	经常检查消防报警、探测器（温感、烟感）等消防设施设备，发现问题应及时报工程部进行维修。
发现隐患	在检查过程中发现一些消防隐患，应准确核查。
整改隐患	针对隐患的具体问题，采取相适应的整改措施。

（续表）

流程	流程说明
复查	隐患整改完毕后，检查负责人应组织人员对火险隐患进行复查，并记录复查结果。
记录存档	对检查和隐患整改工作做好记录，并存档。

流程03：火灾报警流程

火灾报警流程如下表所示。

火灾报警流程

流程	流程说明
通知总机	（1）酒店员工发现火灾时要使用最近的电话通知总机，通知时说明火警地点、类型、火势情况，以及自己的姓名、部门、职位。 （2）注意通知时尽量保持冷静，以免引起客人恐慌。
按报警器报警	找不到电话可击碎报警器玻璃或按下手动报警器，任何人在酒店任何地方发生或发现火警，须按程序报警。
报警后处理	报警后，返回火警发生处并召集火灾现场的同事，使用最近而适合的灭火器控制燃烧范围。
等待主管人员	无论火能否扑灭，留驻于火灾现场安全范围，等待主管或当值经理的到来。

流程04：火灾处理流程

火灾处理流程如下表所示。

火灾处理流程

流程	流程说明
火情报警	（1）在酒店范围内，无论何时、何地，酒店员工一旦发现火情都有责任立即向消防控制中心和总机报警。 （2）电话报警时，不要惊慌失措，要沉着冷静，语言清晰地将火情发生的所在区域、燃烧物质、火势大小、有无人员伤亡、报警人姓名、职位部门、所在位置报消防控制中心及总机。
火情确认	（1）总机或消防控制中心，接到报警电话时要详细记录报警人姓名、部门职务及发生火灾的确切位置及燃烧物质、火势大小、有无人员伤亡等情况。 （2）总机或消防控制中心接到报警要及时通知保安部值班主管。 （3）保安部人员、消防控制中心人员应立即组织调查、甄别、确认。
义务消防队员行动	火情确认后，由总机迅速通知酒店义务消防队员到××集合待命，其工作为： （1）消防队负责人向队员简单介绍火情，分配任务。 （2）队员携带灭火器材，赶赴现场，如楼层起火，应先在楼层下面一层向上进行观察。 （3）根据现场情况，组织队员按制定程序实施灭火，并将灭火情况由负责人随时报告给消防中心及指挥部。
组织疏散	（1）如现场灭火负责人认为火势不能控制，指挥部应立即作出疏散决定。 （2）消防控制中心立即用广播反复播放，将录制好的广播通知进行反复广播。 （3）广播的同时，保安部人员或客房服务员要迅速检查区域和房间内有无宾客，检查完毕后，将门关好，并在房门作出“已检查过”、“√”的标志。
后期处理	当灭火指挥部明确发出火情排除命令时： （1）保安部立即做出现场警戒，保护现场不被破坏以利火灾事故调查。 （2）工程部尽快将有关报警系统和灭火系统恢复正常。 （3）火灾事故后8小时内，酒店保安部负责人完成事故的初步报告，报酒店领导。

第七章　工程管理流程

工程管理主要包含两个方面，即设备设施的管理和节能减排管理。对酒店来说，没有运转良好的设备设施，就无法正常运转，而有效的节能减排能够为企业节省大量费用。

第一节　日常管理流程

酒店工程日常管理，即酒店日常的各种维修及设备事故处理，主要包括日常维修流程、特别抢修流程、重大事故处理流程。

流程01：日常维修流程

工程部维修人员在接到维修信息时，一定要在第一时间赶到维修地点，处理好维修事宜。日常维修流程如下表所示。

日常维修流程

流程	流程说明
收到报修信息 ↓	（1）维修人员收到报修信息立刻响应，仔细聆听报修内容，听完后复述，并报修内容。 （2）将当天的报修内容记录在《工程维修记录表》上，了解报修内容的轻重缓急，以便进行相应安排。
到报修地点 ↓	（1）根据报修内容携带好所需工具和配件。 （2）携带好施工现场保护物品（盖布、垫布、擦布）。 （3）10分钟到达报修地点。 （4）住客房的紧急维修应在第一时间内赶到维修地点。

（续表）

流程	流程说明
↓ 实施维修	（1）到达客房应敲门，任何维修人员必须由客房服务人员陪同进入房间。 （2）检查出设备损坏或故障的原因，根据专业知识和工作经验给予修复或排除，不能及时解决的须采取必要措施，影响客人居住应向值班经理汇报，给予换房。 （3）维修时，区域影响面要控制得当，不能无故扩张。
↓ 征询意见	维修完毕后，维修人员须征询客人是否对维修结果满意，并清理现场，礼貌地向客人道别。
↓ 汇报和记录结果	及时向报修人通报维修结果，把维修情况记录于维修记录本上。

流程02：特别抢修工作流程

对于特别抢修事项，维修人员要严格按照流程操作。如果暂时不能处理，则要协助报修部门做好应急措施。特别抢修工作流程如下表所示。

特别抢修工作流程

流程	流程说明
发出抢修指令	由值班工程师或工程部经理发出维修指令。
↓ 赶到现场	维修人员在接到指令后，3分钟内赶到现场（必要时放下正在手头的工作）。
↓ 维修	（1）面客的场所必须由服务人员引入。 （2）维修完后必须清理现场，面客场所必须向客人致歉后才能离开。 （3）暂不能处理的故障应报值班工程师，由值班工程师向报修部门解释，并协助报修部门做好应急措施。
↓ 补办手续	值班工程师要求报修部门补办报修单手续。

流程03：重大事故处理流程

重大事故处理流程如下表所示。

重大事故处理流程

流程	流程说明
接报事故	值班工程师接到重大事故报告后，必须立刻做到： （1）根据事故性质，指示有关人员切断相应的电、水、油、气。 （2）立刻派出主管工程师、维修人员到现场处理。 （3）立刻通知工程部经理、保安部值班室。
↓ 处理	处理重大事故必须由在场的酒店经理或工程部经理任总指挥，协调各部门的关系。工程部经理或主管工程师任现场指挥，调动所有的力量，用最快的速度修复故障。
↓ 分析	由现场指挥工程师填写事故分析报告，报告由工程部经理审阅签名后报酒店总经理。事故分析报告内容包括事故原因、事故状况及影响、处理方法等。
↓ 总结	由工程部经理召开事故总结会，内容有“四不放过”原则，即事故原因未明不放过，事故处理未彻底不放过，预防措施、整改措施未落实不放过，当事人和有关人员未受到教育不放过。

第二节　节能降耗管理流程

在酒店日常运营中，能耗占比较大的费用支出，因此对能源的性质以及整个流动过程进行相应的控制，是节约能源十分必要的工作。

流程01：节能宣传管理流程

节能宣传管理流程如下表所示。

节能宣传管理流程

流程	流程说明
制订节能宣传计划 ↓	酒店制订系统的节能宣传计划并予以实施。宣传计划和管理目标应符合实际的情况，并具有连续性。
对员工宣传 ↓	通过宣传物、宣传标志、宣讲会等方式对员工进行宣传。
积极对客宣传 ↓	酒店应积极对客宣传，客人的节能行为有利于酒店的节能工作。例如，在酒店的公共区域，如大堂、餐厅等设置节能、低碳宣传角，提高住店客人的节能意识。在客房内设置宣传卡，鼓励客人减少资源、能源的使用。
开展供应商宣传工作 ↓	向酒店供应商进行低碳酒店的宣传。酒店的采购量大，涉及多个行业，通过向供应商宣传，促使更多的企业实施低碳生产。
宣传效果反馈	可以通过问卷调查的方式获得宣传的实际效果，以便根据具体效果完善宣传计划。

流程02：节能降耗计划编制流程

酒店节能降耗计划一般是由工程部负责编制，总经理审核，最后由各部门按照要求实施。节能降耗计划编制流程如下表所示。

节能降耗计划编制流程

流程	流程说明
查阅相关资料 ↓	（1）重点查阅上一年度酒店节能降耗计划和实施情况。 （2）查阅国家对节能降耗工作的最新管理规定。 （3）查阅酒店的实际经营状况。
编制计划草案 ↓	根据以上资料，结合酒店实际情况，编制出计划草案。

（续表）

流程	流程说明
↓ 审核	由总经理负责对草案进行审核，节能降耗小组成员也可参与。
↓ 编制定稿	（1）审核无误，就可以编制定稿。 （2）如果审核未通过，应对草案进行修改，直到通过为止。
↓ 颁布施行	将制订好的计划颁布出来，让各部门按照计划开展相关节能降耗工作。

流程03：设备设施节能管理流程

设备设施节能管理流程如下表所示。

设备设施节能管理流程

流程	流程说明
采购节能环保设备 ↓	酒店采购设备，要选择“节能型产品”。“节能型产品”应有相关的标志或认证证明。设备工作能力应与系统的使用要求相匹配，杜绝“大马拉小车”现象的出现。
建立设备操作规范 ↓	酒店要为酒店员工使用的每一台设备建立标准的节能操作规范。如冰箱内的存放容积以80%为宜；吸尘器需要及时清理，否则会降低吸尘效率，增加耗电量；厨房灶具、炊具、容器要定期清洗除垢，以免影响热效率。
加强酒店设备的维护保养 ↓	酒店建立设备的计划维护保养制度，严格实施。加强酒店设备的维护保养，使设备处于完好状态。设备完好，有利于酒店节能。如厨房冰箱门、温控器等的完好，对设备的节能有较大的影响。
及时维修、更换故障设备	酒店建立设备故障的报修、巡视制度，及时发现故障设备，及时维修。对于维修在经济上不合理的设备，应及时更换。“带病运行”的设备无法满足需求、存在安全隐患，并浪费能源。

第四部分

怎样进行酒店专项管理

酒店专项管理主要由专项制度管理、专项表格管理两大部分构成。其中，专项制度列举了专用的各项酒店管理制度，专项表格则列举了酒店工作中最常用的一些表格。

第一章 前厅事务专项管理

前厅是酒店的门面，客人对酒店的第一印象往往来自前厅，因此，前厅人员必须认真做好各项工作，给客人留下良好印象，为酒店增加更多收益。前厅事务专项管理，主要包括管理制度、管理表单。

第一节 前厅事务专项制度管理

酒店前厅部可以通过制定各种制度来规范员工的行为，明确奖罚要求，使前厅的管理趋于规范化和标准化。前厅常用的制度主要包括：前厅部员工仪容礼貌规范、前厅部员工工作要求、钥匙管理制度、前厅可用保险箱的管理制度等。

制度01：前厅部员工仪容礼貌规范

文件名称	前厅部员工仪容礼貌规范	编号	
		版本	A／0

一、目的

为规范前厅人员的仪容礼貌管理，特制定本规范。

二、适用范围

适用于前厅所有员工。

三、内容

1．要求

前厅员工是酒店的先锋部队，也是酒店客人首先接触到的员工，所以前厅员工在仪容及礼貌方面要不断地检点及警惕，员工的一举一动代表了酒店的形象及声誉。又由于前厅部职员常处备受注目的环境之中，客人往往可以从前厅员工的操作情况看出酒店的管理水平。

（续表）

2．仪容 制服要完整清洁及称身，不得穿脏或有皱褶的衣服。 （1）头发。 男：不得有头皮屑，而且不得过长（留酒店规定的长度）。 女：头发梳洗整齐，长发要捆绑好，不得戴太夸张的发饰，只宜轻巧大方的发饰，头发不得掩盖眼部或脸部。 （2）脸部。 男：不得留胡须，脸部要清爽宜人，口气清新。 女：不得抹太多胭脂水粉，只宜稍作修饰，淡扫娥眉，轻涂口红，轻抹胭脂便可。 （3）手部。 男：不得留指甲，指甲要清洁，指甲内不得藏污垢。 女：不得留太长指甲，不宜涂鲜红指甲油，指甲油只可用淡色的。 （4）脚部。 男：清洁的鞋袜，鞋子每天上班前要擦亮。 女：清洁的鞋袜，不得穿有色的袜，要穿酒店规定的袜色，鞋子每天上班前要擦亮。 （5）气味。 男：保持身体气味清新，不得有异味。 女：不得用强烈香料（香水）。 3．礼貌 （1）在工作的时候，要面带笑容，表现出和蔼可亲的态度，能令客人觉得容易接近。 （2）不得故作小动作（永远是成熟、稳重），打哈欠要掩着口部，不要做出搔痒、挖鼻、掏耳、剔牙等不雅的动作。 （3）工作时不得咀嚼口香糖、吸烟及吃东西。 （4）不得嫌客人啰唆，应耐心地为客人服务。 （5）在处理柜台文件工作时，还要不时留意周围环境，以免客人站在柜台片刻，员工还茫然不知。 （6）客人来到柜台前，要马上放下正在处理的文件，礼貌地问安，热情地为客人服务。 （7）留心倾听客人的问题，不能随意打断客人的叙述，然后再清楚地解答，以免答非所问。如遇到问题不能作答时，应该说：“请稍等，待我查一查以便回答您的问题。” （8）如遇到客人对某事情外行或不能随俗之处，不得取笑客人。 （9）柜台员的工作效率要快且准。

（续表）

（10）不得表现懒散情绪，站姿要端正，不得摇摆身体，不得倚傍墙、柜而立或蹲在地上，不可歪身，及扮鬼脸做怪动作。 （11）除了工作上应交代外的事，不得互相攀谈私事，不得争论，不说粗言秽语。 （12）若客人的问询在自己职权或能力范围以外，应主动帮客人解决，而不得随便以"不知道"回答甚至置之不理。 **四、附则** （1）本规范由前厅部主持制定，其修改、解释权归前厅部所有。 （2）本规范经总经理批准后，自颁布之日起实施。

编制		审核		批准	

制度02：前厅部员工工作要求

文件名称	前厅部员工工作要求	编号	
		版本	A／0

一、目的 为加强对前厅部员工日常工作的管理，特制定本要求。 **二、适用范围** 适用于前厅部所有员工。 **三、内容** （1）对待客人一律平等接待。 （2）见到客人应有问候声并礼貌、主动地帮助客人。 （3）严格按照前厅的接待程序、规范进行接待工作。 （4）前厅部员工不应私自拥有客房钥匙与工作钥匙，不能将其带出酒店。 （5）员工应站立服务，不能靠前台或趴在前台上，应用标准的站立姿势服务。 （6）工作指令和客人要求随时、完整记录下来，不能接受"我忘记了"这个理由。 （7）不应串台、串组或长时间离岗，这样会影响你的工作和他人的工作。 （8）当班不应看与工作无关的东西。 （9）当班不应化浓妆，过分的妆饰会引起客人的不满。 （10）工作中保持用清晰、准确的语言，不得大声喧哗。

（续表）

（11）不私自接受客人礼品及小费。 （12）对上级和同事保持合作的态度。 （13）应绝对服从上级指示，切记“先服从，后讨论”。 （14）上班不许迟到、早退。 （15）有病应在酒店就医，急重病应通知部门领导后在外就医。 （16）上班时，不打私人电话。 （17）员工应在指定地点吸烟。 （18）严格遵守酒店的考勤制度。 （19）工作时不接待朋友和亲属。 （20）酒店内外禁止赌博。 （21）不许偷盗客人与酒店的物品。 （22）同事间不许打架、骂人，有问题找领导。 （23）严格遵守就餐规范。 **四、附则** （1）本要求由前厅部主持制定，其修改、解释权归前厅部所有。 （2）本要求经总经理批准后，自颁布之日起实施。					
编制		审核		批准	

制度03：内外管传输及登记管理制度

文件名称	内外管传输及登记管理制度	编号	
		版本	A／0
一、目的 为加强对前厅部内外管传输及登记的规范化管理，特制定本制度。 **二、适用范围** 适用于前厅部内外管传输及登记相关岗位员工。 **三、内容** （1）前厅部所有员工须遵守公安机关制定的相关证件传输登记管理要求之规定，任何员工不得违反相关规定。			

（续表）

（2）当客人入住时，要第一时间核实客人身份证件。客人入住必须一人一证，办理手续时应核对是否为本人，不是本人不得办理入住手续。对于无法确认是本人证件的，要立即安排人员带领客人到派出所开具证明核实身份。 （3）客人入住前询问几人入住，如客人说一人入住需在《住宿登记单》上注明；如2人入住则需要客人出示两名入住人的身份证；一代身份证必须认真核对，对于无法确认是本人的应到派出所开具证明，所有证明材料均需注明房号、退房日期并妥善保存。 （4）核实客人身份证件后先上传客人证件（身份证、军官证、护照），任何员工不得漏传或错传客人证件信息。如无法上传，要立即安排人员带领客人到派出所开具证明核实身份。如客人身份证件传输失败，要先检查电脑设备，然后再次上传。如网络出现故障，要第一时间通知部门负责人，并联系派出所请示处理，客人证件上传成功前不得办理入住手续。 （5）客人资料上传后填写《入住登记单》，并办理相关入住手续，安排客人入住。 （6）入住手续办理完毕后第一时间将客人信息登记在“旅客登记本”或“境外旅客登记本”，任何人不得漏登、错登客人信息。 （7）团队及会议客人集体入住须认真逐一核对客人身份证件，如照片不清楚或未出示身份证件的一律安排到派出所开具证明，否则不得入住。 （8）每个班次交接班以后，检查“旅客住宿登记本”和“境外旅客登记本”的登记情况。 （9）客人办理完离店手续后，第一时间在内外管传输系统中将客人办理离店，并将离店时间登记在“旅客住宿登记本”或“境外旅客登记本”中，任何员工不得遗漏。 **四、附则** （1）本制度由前厅部主持制定，其修改、解释权归前厅部所有。 （2）本制度经总经理批准后，自颁布之日起实施。

编制		审核		批准	

制度04：卫生管理制度

文件名称	卫生管理制度	编号	
		版本	A / 0
一、目的 为加强对前厅部卫生管理，确保前厅部的卫生，特制定本制度。			

（续表）

二、适用范围

适用于前厅部所有员工。

三、内容

卫生工作是酒店经营管理工作的一个重要部分。卫生工作的好坏是衡量一个酒店管理水平的重要标志。前厅部是酒店的门面，要提高酒店的声誉，必须不断加强卫生管理。

（1）根据卫生工作贯彻“谁主管，谁负责”的方针，成立由部门经理负责的卫生检查小组。定期分析本部门卫生，制订计划，并督促检查落实情况。

（2）所有员工上岗前必须进行卫生知识培训，提高员工对卫生工作重要性认识。

（3）以管区（或班组）为单位，分块包干。各管区（或班组）指定专人负责，定期检查。把卫生达标工作与优质服务考核检查和奖惩制度紧密挂钩。

（4）包干区域要求清洁整齐，无烟头、无纸屑、无瓜果皮壳、无痰迹、无杂物、无废物堆放、无“四害”。

（5）员工应严格执行个人卫生制度，养成良好的卫生习惯。做到“五勤”（勤洗澡、勤理发、勤剃胡须、勤换衣、勤剪指甲）“二要”（工作前后与便后要洗手，早晚要漱口）“五不”（不掏鼻、不挖耳、不剔牙、不抓头发、不打哈欠）。

（6）员工当班时工作服要挺括，衣冠要整洁，皮鞋要光亮。

（7）严禁在工作场所吸烟，禁止随地吐痰，禁止乱扔果皮纸屑。

（8）办公室、前台、问询、订房、商务中心、大堂副理等有台面的地方必须保持干净，东西堆放整齐。

（9）定期自觉接受体检，做好防病、治病工作。预防疾病传染。凡不符合岗位要求的传染病者，立即调离。

（10）领班每班检查各人及环境卫生状况，发现问题及时处理。

四、附则

（1）本制度由前厅部主持制定，其修改、解释权归前厅部所有。

（2）本制度经总经理批准后，自颁布之日起实施。

编制		审核		批准	

制度05：房卡管理制度

文件名称	房卡管理制度	编号	
		版本	A／0

一、目的

为加强对客房房卡的管理，特制定本制度。

二、适用范围

适用于前厅部所有员工。

三、内容

客房房卡管理是否严格关系到客人的人身与财产是否有安全的保障，关系到客人是否对酒店的服务满意程度及酒店的经济利益，所以前厅部员工必须严格遵守房卡管理制度。

（1）服务员分发客房房卡时，应认真核对客人的住宿凭证，并注意入住及离店时间，以达到严格控制的目的。

（2）如果客人没有带酒店的住宿凭证，或声称丢失了凭证，则应问清客人的姓名、房号，在与客人入店登记单的项目内容核对无误后，才可分发房卡；或者请客人重填一份《入住登记表》，与原登记表核对无误后，才可分发房卡，此时客人应有能证明身份的证件。

（3）服务员做好房卡卡后，应在卡上标明房号，确保无误。

（4）客人丢失房卡后，服务员应及时通知上级，并应尽可能为客人更换一个房间。

（5）丢失房卡或没有房卡的客房，应暂时停用。

（6）认真填写好一或两份的《丢失房卡的报告》，递交保卫部签字并留之备查。另一份前厅部办公室存档。

（7）严格控制房卡的使用范围并有相关记录，所有工作房卡不能带出酒店。

（8）前厅部主管人员有义务教育全体员工重视房卡管理的重要性，并随时检查房卡的使用情况。

四、附则

（1）本制度由前厅部主持制定，其修改、解释权归前厅部所有。

（2）本制度经总经理批准后，自颁布之日起实施。

编制		审核		批准	

制度06：前厅客用保险箱的管理制度

<table>
<tr><td rowspan="2">文件名称</td><td rowspan="2">前厅客用保险箱的管理制度</td><td>编号</td><td></td></tr>
<tr><td>版本</td><td>A／0</td></tr>
<tr><td colspan="4">

一、目的

为加强对前厅部客用保险箱的管理，特制定本制度。

二、适用范围

适用于前厅部客用保险箱的管理。

三、内容

（1）应有专人负责保管客用保险箱。

（2）保险箱应具有两把钥匙。一把由专人负责保管在指定地点，一把由使用保险箱者保管。

（3）当客人要求使用保险箱时，应认真查核客人的住店卡或钥匙牌，以确认是否为住店客人。

（4）服务员应请客人认真填写记录卡的正卡和客人签字，并同时向客人介绍有关规定注意事项。当着客人面将贵重物品放入框内并锁好，一把交给客人，一把服务员保管。

（5）当客人重开保险箱存取物品时，应请客人填写副卡并与正卡核对无误。

（6）客人退箱时，应取出正卡与客人核对签字，并当着客人面打开箱取出物品与客人核对，并请客人在正卡和副卡上签字。

（7）将该正卡和副卡一起存入档案柜以备查核。

（8）当客人钥匙丢失时，应及时报告，由部门负责人、保安部人员、工程部人员当着客人的面强行打开保险箱。

（9）必须请客人亲自来存取物品，不能委托他人。

（10）服务员应随时检查保险箱的工作状态是否完好。

（11）保险箱的房间，无关人员不得出入。

四、附则

（1）本制度由前厅部主持制定，其修改、解释权归前厅部所有。

（2）本制度经总经理批准后，自颁布之日起实施。

</td></tr>
</table>

编制		审核		批准	

制度07：前厅部保密工作制度

文件名称	前厅部保密工作制度	编号	
		版本	A／0

一、目的

为加强对前厅部保密工作的管理，特制定本制度。

二、适用范围

适用于前厅部保密工作的管理。

三、内容

（1）所有员工都有义务为酒店和客人保守有关秘密，如有关的经营情况等。

（2）商务中心在接发到客人电传、传真时，服务员应及时发送，不得转交他人传阅。

（3）送信员在发接客人信件时，不得拆看客人信件，当客人已离店还有信件时，应做好记录传回邮局。

（4）服务员在接待过程中，不得向其他客人透露别的客人的情况和房号。

（5）当住房客人提出帮助保密服务时，应做到以下几点：

①问清客人的保密程度。

②在值班日志上做好记录，记下客人的姓名、房号及保密程度。

③当有人来访问要求保密的客人时，婉言拒绝。

④通知总机房做好保密工作，例如有电话查询要求保密的客人时，应婉言拒绝。

⑤当客人要求取消保密或改变保密方式时，应立即通知有关人员。

⑥不把住店客人离店后的去向和地址告诉来访者。

四、附则

（1）本制度由前厅部主持制定，其修改、解释权归前厅部所有。

（2）本制度经总经理批准后，自颁布之日起实施。

编制		审核		批准	

制度08：贵重物品寄存制度

<table>
<tr><td rowspan="2">文件名称</td><td rowspan="2" colspan="3">贵重物品寄存制度</td><td>编号</td><td></td></tr>
<tr><td>版本</td><td>A／0</td></tr>
<tr><td colspan="6">一、目的
为加强贵重物品的日常保管，特制定本制度。
二、适用范围
适用于客人贵重物品的寄存管理。
三、内容
（1）贵重物品寄存保险箱一箱二匙，保险箱总门钥匙由接待员保管，宾客保险箱钥匙由寄存客人自行保管。非前厅部前台员工不得擅自动用。
（2）贵重物品寄存室钥匙由接待员负责保管。非前台员工不得擅自动用。
（3）宾客存、取贵重物品或开启保险箱时必须出示有效证件，必须验证和登记，必须核对客人照片、证件号码和签名笔迹。
（4）任何易燃、易爆、剧毒、放射性物品、武器弹药和其他各类违禁品严禁寄存。应对客人加以解释。
（5）客人因遗失保险箱钥匙，要求撬锁取物时，验证之后，需填写《撬锁授权声明》。撬锁时须有客人、安保、值班经理同时在场，从店长处取得保管箱备用钥匙，取出内盒。工程维修工锯断挂锁，客人须赔偿撬锁损失费用。
四、附则
（1）本制度由前厅部主持制定，其修改、解释权归前厅部所有。
（2）本制度经总经理批准后，自颁布之日起实施。</td></tr>
<tr><td>编制</td><td></td><td>审核</td><td></td><td>批准</td><td></td></tr>
</table>

制度09：客人投诉处理制度

<table>
<tr><td rowspan="2">文件名称</td><td rowspan="2">客人投诉处理制度</td><td>编号</td><td></td></tr>
<tr><td>版本</td><td>A／0</td></tr>
<tr><td colspan="4">一、目的
为规范客人投诉的处理工作，特制定本制度。</td></tr>
</table>

（续表）

二、使用范围

适用于客人投诉事务的处理。

三、内容

1．对投诉的客人应有的态度（意识）

（1）永远保持酒店的良好形象，不应显得不耐烦。

（2）为客人调查挂账的情况。

（3）仔细倾听客人的投诉。

（4）仔细分析客人的意见是否合理。

（5）向客人表示歉意。

（6）无论是酒店或客人的错误，事情处理完毕后，都应多谢客人提出的宝贵意见。

2．接待投诉的客人

（1）如情况许可，在事前应先将事件发生的过程了解清楚。

（2）态度要诚恳。

（3）礼貌地询问客人姓名，并介绍自己的姓名及职位。

（4）引领客人到办公室，请客人坐下，并请客人喝饮料，一定等客人心平气和后，再作进一步处理。

4．倾听客人的投诉

（1）全神贯注地聆听客人的投诉，将事情记录下来。

（2）不要打断客人的陈述，客人遇到不快的事，极需要一个倾诉的对象，以发泄不满。

5．表示歉意及同情心，并感谢客人指出的问题

（1）无论客人投诉的是什么事，都要诚心地表示歉意，客人总觉得自己是对的。

（2）说话要礼貌、婉转，并对客人的投诉表示关注。

（3）感谢客人帮我们指出了问题，并表示会尽快处理。

6．查出真相

（1）寻找投诉者的资料，咨询有关的员工，客观地分析客人的投诉。

（2）找出被投诉的有关工作人员或设备。

（3）当面询问被投诉的员工，检查被投诉的设备的运行状况。

7．记录及做善后工作

（1）在记录簿上记录下时间、客人姓名、房号和所投诉的事项及善后的处理方法。

（续表）

（2）同有关部门商讨改善的方法。 （3）由前厅部经理代有关部门发致歉信，通知客人他所投诉的事，已正在进行处理或已经改善，并多谢客人的宝贵意见。 8．履行酒店的规章 在处理投诉时，我们也许被迫要向客人说“不”字，作为处理投诉者，如遇客人无理要求，应正视对方，按酒店的规定婉拒客人。 **四、附则** （1）本制度由前厅部主持制定，其修改、解释权归前厅部所有。 （2）本制度经总经理批准后，自颁布之日起实施。

编制		审核		批准	

制度10：总机房操作规程

文件名称	总机房操作规程	编号	
		版本	A／0

一、目的

为规范总机房日常工作程序，特制定本规程。

二、适用范围

适用于总机房所有员工。

三、内容

1．客人资料的认识

为了解住店客人的资料，便于提供有关咨询及良好服务，总机房应设置一个宽约12厘米，长约90厘米的铝质人名资料架，方便查阅。该架子放有很多铝片，每一个铝片可放一张人名资料卡。如无该资料架，则须由总台送给一份客人名单表，作为查询之用。

2．接听电话的礼貌用语及技巧

电话是酒店中重要的联络工具，无论是对外还是对内，都是最快而最有效的信息传递工具。作为一名接线员，在言语表达及态度方面应有良好的技巧，力求不至于令对方产生误会。

（续表）

（1）接听电话时要声音清晰柔和，给对方舒心亲切的感觉，努力将你的笑语和善意融入声音之中。

（2）应以礼貌、诚恳的态度，不厌其烦地回答对方的问题。电话接听服务的优与劣，直接反映酒店的服务水准。因此，若接线员态度恶劣，必会影响酒店的声誉。

（3）接线员对电话机的性能与功用、电话线路、号码等应有清楚的认识并须牢记在心，则在接听电话时必能应付自如，节省时间，避免令对方久等。

（4）所有电话在铃响三声以内，均须接听，不得让对方久等。

（5）接线员应对酒店的各项活动、设施的开关时间，本市及附近的环境、活动、舟车甚至邻近城市的航班均应清楚了解，并应做好对不同种类咨询的心理准备。

（6）客人可能会问起各类不同问题，如遇到不能回答的，应向客人表示歉意。

（7）若遇电话对方找人，应问清楚寻人者姓名及电话来源，便于找到所要找的人时好作清楚简述。

（8）一定要牢记各类紧急电话号码，以保证一旦遇有意外，便可马上通知，如医院、消防局、派出所等。

3．叫醒服务

（1）当接到客人需要叫醒服务时，应礼貌地询问客人的姓名及房号。

（2）核对客人的房号及姓名。

（3）把住客的房号记录在叫醒服务表的“叫醒时间”下，如“住客希望在早上5：00被叫醒，接线员便把该客人的房号记录在表上“5：00”一栏下。

（4）填写房号应字迹清楚，以防夜班员工把房号看错了。

（5）夜班接线员要根据叫醒表把住客准时叫醒。如果叫醒服务出现失误，往往会给客人造成损失而引起投诉。

（6）做完了每一个房间的叫醒服务，应在房号旁打钩“✓”，以示已作过叫醒服务。

（7）当客人接听电话后，应说：“早上好，先生，这是叫醒服务，现在是××点钟了。”（电脑自动叫醒程序除外）

（8）夜班接线员交班前，要在叫醒记录表上签名，并交领班或总台主管查阅跟催。

四、附则

（1）本规程由前厅部主持制定，其修改、解释权归前厅部所有。

（2）本规程经总经理批准后，自颁布之日起实施。

编制		审核		批准	

制度11：行李员操作规程

文件名称	行李员操作规程	编号	
		版本	A／0

一、目的

为规范行李员的工作，特制定本规程。

二、适用范围

适用于行李处所有员工。

三、内容

1．散客入住

（1）行李员看到客人到达时，应立即为客人开门，微笑着向客人问安并欢迎客人光临酒店。

（2）帮助搬卸行李下车，并告知客人卸下的行李数量，且礼貌地询问客人姓名。（如能从客人的行李名牌上知道更好。）

（3）引领客人到总台办理登记入住手续。

（4）待客人办妥手续后，从总台接待员手中接过客人房间的钥匙。

（5）核对钥匙无误后，引领客人入房间。

（6）带领客人途中，可简单介绍本酒店的设施（例如酒店内的餐厅及酒吧等）。如客人已是常客，则无须作此介绍，而宜作一般闲谈。

（7）引领客人到达房门前，放下行李，为客人打开房门，让客人先进入房间，然后把行李放在行李架上。

（8）简单告诉客人房内设施的操作方法，然后把钥匙交给客人。

（9）离开前，应问客人还有什么吩咐并预祝客人住得愉快，然后为客人把房门轻轻关上（切勿逗留过久，以免令旅客误会）。

（10）返回行李处柜台，填写客人入住记录（房间号码、时间、行李件数等）。

2．团体入住

（1）早班的行李员在当天上班后，便到总台拿取一份《当天客人入住登记表》。

（2）详细了解当天团体客人的情况，如有多少个团体入住本酒店，人数有多少及团体的大概到达时间。

（3）团体到达时，应微笑着向客人问好并欢迎各位客人光临本酒店。

（4）迅速引领客人到大堂安坐，以免阻塞大堂门前的交通。

（续表）

（5）迅速将行李搬到适当的空置地方，清点行李件数，并挂上行李牌。

（6）根据客人入住登记表上的预编房号，核对客人行李名牌姓名，把房号写在各行李牌上。

（7）将行李根据楼层分类放好，以便运送。

（8）行李员将各楼层的行李分别送到客人房间。

（9）到达客人房间时，应先敲门，并告诉客人行李已到达，客人开门后将行李搬进客房，在适当的地方放下，以使客人便于查收，且把进房行李件数记下。

（10）送完行李后，将各房间的行李件数准确地登记在“团队行李记录表”上。

3．团体离店行李服务

（1）夜班的行李员应该查核前台团体离店表，然后把当天离店团体房号、收行李时间及相关的资料填在团体离店总结表上。

（2）再将各准备离开的团体归纳于一张团体离店总结表上。

（3）行李员应在指定时间到房间收集行李并记录件数。

（4）行李员到达房间时，应先敲门，问候，并询问客人准备好没有。

（5）如客人未准备好，不得露出不耐烦的神色。

（6）把收集好的行李集中在保存室暂时安放，并应用绳串联，以免与其他行李混淆。如放置在公众场所，应不妨碍行人，并用网罩好。

（7）当行李车到达酒店接团体离开时，行李员便应通知旅行团领队陪同盘点行李，确认数量后，才小心运送行李上车。

（8）切记在团体离开酒店前，所有客人及旅游公司账目已经在前厅收银处办妥，并接过结账书。

4．散客离店行李服务

（1）当行李员接到客人或总台接待员的通知某房间需要离店，应将客人房号及通知时间记录在散客离店表上。

（2）行李员应在指定时间到客人房间提拿行李，离开前把“请清洁房间”牌挂在房门外，询问客人有否订车，如有需要，替客人把车子订好。

（3）带领客人到前台收银处办理离店手续，行李员应站在客人后面等候（留意客人有否交还钥匙），完毕后，接过结账单，带领客人到预订的汽车，把行李放好，请客人盘点清楚，向客人道别，欢迎他日后再度光临。

（4）返回行李处柜台，把客人的离开时间、车辆编号记录在零散客人离店表内。

（续表）

四、附则 （1）本规程由前厅部主持制定，其修改、解释权归前厅部所有。 （2）本规程经总经理批准后，自颁布之日起实施。					
编制		审核		批准	

第二节　前厅事务专项表格管理

酒店前厅部管理中的各类表格主要用于记录各项工作的实施状况和结果，是保证前厅部服务品质的客观依据。为了确保表格具有可溯性，必须正确填写表格。前厅部常用的表格包括散客预订单、团队预订单、预订等候单、宾客留言单等。

表格01：散客预订单

散客预订单

抵店日期：　　　　　　　　离店日期：
联系人：　　　　　　　　　公司：
电话：　　　　　　　　　　拟住天数：

结算方式 现金□　旅行社凭单□　信用卡□　支票□　公司□						
房间	标准单人房	标准双人房	豪华单人房	豪华双人房	高级商务房	套房
房号						
价格						
是否含早餐						
客人姓名		性别	预约号		备注	
总数：						
特别事项：						

表格02：团队预订单

团队预订单

预订号：

团 队 号		团队名称	
国 籍		城 市	
人 数		陪同人数	
到店日期		离店日期	
1．预订房型／间数	／	房 租	元／间晚
2．预订房型／间数	／	房 租	元／间晚
3．预订房型／间数	／	房 租	元／间晚
陪同房型／间数	／	房 租	元／间晚

用餐标准				
早餐	餐费： 元／人	用餐时间：	用餐人数	用餐地点
午餐	餐费： 元／人	用餐时间：	用餐人数	用餐地点
晚餐	餐费： 元／人	用餐时间：	用餐人数	用餐地点
其他				

付款方式	1．公付房费、早餐其他自理 2．房费、早餐由旅行社离店前现付 3．自付 4．其他
备 注	1．房费含早餐 2．售早餐转账 3．全天餐 元／人天标准

接待单位：________________ 订房人：________________

电 话：________________ 预订员姓名：________________

酒店负责人确认：________________

电脑输入员：________________ 日期：________________

信息确认

※ 团队名单：________________

※ 团队到店时间：________________

※ 团队用房确认：________________

※ 团队负责人姓名/联系电话：________________

表格03：预订等候单

预订等候单

预订日期：

客人姓名	房型	间数	联系电话	记录人	处理结果	处理人

表格04：预收款收据

预收款收据

Deposit Receipt

No.

日期Date（YY/MM/DD）：＿＿＿＿＿年＿＿＿＿月＿＿＿＿日，兹收到＿＿＿＿＿＿＿＿＿

房间号码Room Number：＿＿＿＿＿＿＿＿＿＿＿＿ 客人姓名Guest Name：＿＿＿＿＿＿

□支票cheque （号码No.：＿＿＿＿＿＿＿＿＿＿＿＿＿）

□信用卡credit card （卡号No.：＿＿＿＿＿＿＿＿＿＿＿＿＿）

		仟	佰	拾	元	角	分
□现金cash	金额RMB：	仟	佰	拾	元	角	分
大写人民币 仟 佰 拾 元 角 分							

【注】临时收据不作报销，妥善保存，结账退回，遗失责任自负。

【Remark】Please keep it carefuily, and return back to Front Desk for balance your account.

宾客签署Guest signature：＿＿＿＿＿＿＿＿＿＿＿＿ 日期Date：＿＿＿＿＿＿＿＿＿＿

一式三联：白联：存根/ 红联：财务/ 绿联：客人

表格05：住店客人开门通知单

住店客人开门通知单
Enter the Room Notice

房号
Room No.：________________

客人姓名（先生/小姐）
Guest Name：Mr./Ms.：________________

日期 Date：________________　　时间 Time：________________

接待员
Receptionist：________________

我们非常乐意为您提供服务，如有任何需要，请致电前台，分机：×
It's our pleasure to help. If any information, please call Front Desk, extension number "×"

表格06：宾客留言单

宾客留言单
Message Card

客人姓名 Guest Name：________________　　房号 Room No.：________________

留言人 Linkman：________________　　联系电话 Tel Number：________________

日期 Date：________________　　时间 Time：________________

内容
Message：________________

____

我们非常乐意为您提供服务，如有任何需要，请致电前台，分机：×
It's our pleasure to help. If any information, please call Front Desk, extension number "×"

记录人 Taken By：________________　　处理时间 Time：________________

备注
Remark：

表格07：行李存寄本

行李存寄本

寄存卡号	宾客姓名	房号	数量	易碎品/贵重物品数量	寄存		取出		备注
					日期	经手人	日期	经手人	

表格08：访客登记单

访客登记单

<table>
<tr><td>来访人姓名</td><td colspan="2"></td><td>性别</td><td colspan="2"></td><td>年龄</td><td colspan="2"></td><td>男
女　人</td></tr>
<tr><td>来访日期</td><td colspan="5">年　月　日</td><td>上午
下午</td><td colspan="3">时　分</td></tr>
<tr><td>证件名称</td><td colspan="5"></td><td>编号</td><td colspan="3"></td></tr>
<tr><td>单位地址
或住址</td><td colspan="5"></td><td>来访
事由</td><td colspan="3"></td></tr>
<tr><td>被访人姓名</td><td></td><td>性别</td><td></td><td>年龄</td><td></td><td>房号</td><td></td><td>床号</td><td></td></tr>
<tr><td>出门时间</td><td colspan="5">上午
下午　时　分</td><td colspan="4">服务员签名：</td></tr>
</table>

表格09：叫醒记录本

叫醒记录本

年　月　日

房号	客人姓名	叫醒日期	叫醒时间	录入系统人	值班经理	人工叫醒	备注

表格10：遗留物品标贴

遗留物品标贴

宾客姓名：	房号：	遗失地点：
日期：	时间：	证件号码：
有关遗失物品叙述		
拾物人：	移交人：	经办人：

第二章　客房事务专项管理

客房服务员应按照客房服务的各项制度、要求做好客房的管理工作，如铺床、清扫等，确保为客人提供良好的住宿环境。客房事务专项管理主要包括客房事务专项制度管理、客房事务专项表格管理。

第一节　客房事务专项制度管理

酒店客房部可以通过制定各种制度规范员工的行为，明确奖罚要求，使客房的管理趋于规范化和标准化。客房部常用的制度主要包括：客房部迎客服务规范、客房部送客服务规范、客房部清扫卫生标准、客房部布草交接制度、客房部防盗管理制度等。

制度01：客房部迎客服务规范

文件名称	客房部迎客服务规范	编号	
		版本	A／0

一、目的

为规范客房部迎客服务工作，特制定本规范。

二、使用范围

适用于客房部全体员工。

三、内容

1．迎客要求

（1）当接到前台通知楼层开房时，服务员应站立在电梯门口迎接，两手自然下垂站立。

（2）电梯到达楼层开门时，服务员应用手按住电梯感应处，示意客人出电梯并微笑对客人讲：“×先生/小姐，您好！欢迎光临。”要笑脸相迎。

（续表）

<table>
<tr><td colspan="6">（3）问清房号（接过住宿单），如有需要应帮客人提行李，行动不便的客人应主动搀扶。
（4）带客：礼貌地用客人姓氏称呼："×先生/小姐，这边请"，让客人随着自己走。服务员为客人引路时，要走在客人的左前方，距客人2～5步远，行走要轻松，不迟滞，不过快，遇转弯处停住脚步，向所行方向伸手示意，再向前引路。要注意用客人的姓氏称呼。
2．迎领客人进房
迎领客人进房时，一般程序如下：
（1）在客人左前方或右前方1.5米左右引领客人，途中可与客人适当交流，介绍酒店服务情况和回答客人的提问。
（2）到房门口后，放下行李，用客人的钥匙按程序将门打开。
（3）打开房门后，退到房门边，请客人先进，但是如发现客房有不妥之处，应请客人稍等，立即通知前台，以做调整。
（4）按客人要求将行李放在合适的位置。
（5）向客人简单介绍房内设施、设备及使用方法。
（6）告诉客人服务台的电话号码，如有需要可打电话通知。
（7）祝客人住得愉快，面向客人轻轻关上房门。
（8）回到服务台做好记录。
四、附则
（1）本规范由客房部主持制定，其修改、解释权归客房部。
（2）本规范经总经理批准后，自颁布之日起实施。</td></tr>
<tr><td>编制</td><td></td><td>审核</td><td></td><td>批准</td><td></td></tr>
</table>

制度02：客房部送客服务规范

<table>
<tr><td rowspan="2">文件名称</td><td rowspan="2">客房部送客服务规范</td><td>编号</td><td></td></tr>
<tr><td>版本</td><td>A／0</td></tr>
<tr><td colspan="4">一、目的
为规范客房部送客服务工作，特制定本规范。
二、使用范围
适用于客房部全体员工。</td></tr>
</table>

（续表）

三、内容 1．送客服务程序 （1）当客人通知退房，应询问是否需要帮忙提行李，并提醒客人不要遗留物品。 （2）按下电梯的按钮，站在电梯的一侧。 （3）电梯开门后，应按住电梯门感应处，请客人进入并礼貌地向客人告辞：“×先生/小姐，请慢走，欢迎您再次光临。”当步入电梯时，应用手扶住电梯门。 2．查房工作 客人走后的检查工作，查房时需注意事项： （1）检查是否有遗留物品，发现立即通知前台，尽快交给客人；来不及归还的，要做好记录，交到服务中心，并通知前台。 （2）服务员查房时发现床单或地毯有烟洞或其他设备物品有损坏或遗失，索赔后服务员进行清理和修复。 （3）发现异常情况，要保护现场，立即报告主管。 （4）安排清洁工作，做好记录。 （5）客人离店后，在住宿登记表上写上离店时间。 四、附则 （1）本规范由客房部主持制定，其修改、解释权归客房部。 （2）本规范经总经理批准后，自颁布之日起实施。					
编制		审核		批准	

制度03：客房部清扫卫生标准

文件名称	客房部清扫卫生标准	编号	
		版本	A/0
一、目的 为规范客房卫生清扫工作，特制定本标准。 二、适用范围 适用于酒店客房部清洁人员。 三、内容 1．客房清扫顺序			

（续表）

（1）从上到下。
（2）从里到外。
（3）先铺后抹：房间清扫应先铺床，后抹家具物品。
（4）环形清理：清扫房间时，也应按顺时针的方向进行环形清扫。
（5）干湿分开：在抹拭家具物品时，干布和湿布的交替使用要注意区分，如：电器设备、镜、灯罩、卫生间的金属电镀器具只能用干布擦拭。
（6）先卧室后卫生间：先整理房间，后清洁卫生间。

2．客房卫生标准

（1）眼看到的地方无污迹。
（2）房间优雅安静无异声。
（3）手摸的地方无灰尘。
（4）浴室空气清新无异味。

3．客房卫生“十无”

（1）天花墙角无蜘蛛网。
（2）地面干净无杂物。
（3）楼面整洁无害虫（老鼠、蚊子、苍蝇、蟑螂、臭虫、蚂蚁）。
（4）玻璃、灯具消毒无积尘。
（5）布草洁白无破烂。
（6）茶具、杯具消毒无痕迹。
（7）铜器、银器光亮无锈污。
（8）家具设备整洁无残缺。
（9）墙面干净无污迹。
（10）清洁无异味。

4．清扫次序

服务员要查看并掌握房间的状况，遵照下列顺序进行清洁：

（1）VIP房。
（2）挂“请即打扫牌”的房间。
（3）客人口头提出要求清理的房间。
（4）走客房。
（5）普通住客房。
（6）长住房。

（续表）

（7）空房。 注意：不要进入挂着“请勿打扰”牌子的房间，但如超过下午15：00房间仍挂此牌，需要向有关领导汇报，请示处理意见。 **四、附则** （1）本标准由客房部主持制定，其修改、解释权归客房部。 （2）本标准经总经理批准后，自颁布之日起实施。					
编制		审核		批准	

制度04：客房部布草交接制度

文件名称	客房部布草交接制度	编号	
		版本	A／0
一、目的 为规范客房部布草的管理工作，特制定本制度。 **二、使用范围** 适用于客房部全体员工。 **三、内容** 为了保证部门布草的正常运行及班次布草数量的交接明细，部门特制定布草交接本，现将有关制度及要求做以下概述： （1）制定规范的各区域布草交接明细本。 （2）每月底主管将盘存实数（减去报损的数）填在布草交接本上，主管负责和财务部核实。 （3）每日早、中、晚三班次领班负责交接布草并认真填写交接本，主管并核实签字，如发现问题，要及时给予解决。 （4）各班次清洁班负责各区工作车的日常整理，按规定数量配备布草，做好与下一班人员的交接工作。 （5）每日撤出的脏布草必须按规定放在指定的布草车内。 （6）工作间的周转布草要保持整洁、整齐。 （7）如在工作中发现有破损严重的布草，及时拣出并交予领班进行记录。			

（续表）

（8）针对报损的布草，领班做好交接记录。 （9）针对破损布草能修复的，部门主管与洗衣房协调进行修整。 （10）对于客人损坏的布草，在退房后报到前台，在客人赔付的情况下经大堂副理签字，由部门负责人从财务部仓库领取。 （11）全体人员严格遵守部门的布草交接及管理制度。 **四、附则** （1）本制度由客房部主持制定，其修改、解释权归客房部。 （2）本制度经总经理批准后，自颁布之日起实施。

编制		审核		批准	

制度05：客房服务员人身安全管理制度

文件名称	客房服务员人身安全管理制度	编号	
		版本	A／0

一、目的

为规范客房部服务员人身安全管理工作，特制定本制度。

二、使用范围

适用于客房部全体员工。

三、内容

（1）双手推车，防闪腰。

（2）利用梯架打扫高处的积尘。

（3）工作地带保持干爽，以防滑倒。

（4）不用已损坏的清洁工具，不擅自修理，以免发生危险。

（5）举重物品时（如抬家具）切勿用腰力，须用脚力（先蹲下，平直上身，然后举起）。

（6）公共场所灯光照明不良时，应马上报告，尽快修理，以免发生事故。

（7）工作车等用具应尽量靠边放，注意电线绊脚。

（8）发现家具或地面如有尖钉等物，须马上拔去。

（续表）

（9）所有玻璃物品、器具（窗、镜等）如发现破损，立即报告，及时更换，未及时更换的，应用强力胶纸贴上，以防划伤人。 （10）发现桌椅松动，须尽快修理。 （11）不可赤手伸进垃圾桶，须戴手套，并小心操作，以防玻璃碎片、刀片等刺伤。 （12）客房服务员大部分是女性，在工作中要有自我防护意识，对客人既要彬彬有礼、热情主动，又要保持一定的距离。客人召唤入房时，不可关上房门，要将房门大开，对客人关门要求要坚持拒绝，客人邀请时不要坐下，更不要坐在床上，也不宜在客房逗留时间过长，尽量谢绝客人邀请外出，不要轻信和陶醉在客人的花言巧语中，下班后不可以到客人房间串门。 **四、附则** （1）本制度由客房部主持制定，其修改、解释权归客房部。 （2）本制度经总经理批准后，自颁布之日起实施。

编制		审核		批准	

制度06：客房部防盗管理制度

文件名称	客房部防盗管理制度	编号	
		版本	A／0

一、目的

为规范客房部防盗管理工作，特制定本制度。

二、使用范围

适用于客房部全体员工。

三、内容

（1）各岗位工作人员要坚守岗位，掌握客人出入情况，熟记客人的特征、性别，非住宿人员不能任其无故进入楼层，发现可疑人员要立即向领班、主管报告。

（2）严格会客制度，未经住房客人同意，不允许来访者进入房间。

（3）清理房间时，房门要始终打开着，将工作车挡在房门口，清洁房间完毕，要马上锁好房门。清洁过程中要随时察、看、倾听门外动静，发现可疑情况立即报告。

（4）跟房检查或清理房间途中，如有急事离开，要锁好门，不得将门虚掩。

（续表）

（5）发现客人丢失钥匙，应立即向上级报告，迅速采取防范措施，并通知维修人员，24小时内将丢失钥匙的房间门锁更换好。 （6）服务员不得穿便装进入客房工作。 （7）客人离店后，及时检查房间，发现遗留物品，要做好登记，并交给上级按规定办理。 （8）客人报失物品时，服务员要立即上报主管处理，由领班级以上人员负责了解报失情况，要询问报失人遗失物品的经过、时间、地点等情况，做好处理工作。 **四、附则** （1）本制度由客房部主持制定，其修改、解释权归客房部。 （2）本制度经总经理批准后，自颁布之日起实施。					
编制		审核		批准	

制度07：客房消防管理制度

文件名称	客房消防管理制度	编号	
		版本	A／0
一、目的 为规范客房部消防管理工作，特制定本制度。 **二、使用范围** 适用于客房部全体员工。 **三、内容** （1）建立各级防火组织。组织成员和全体员工均应熟知防火规定和本岗位职责，掌握使用各种灭火器材的技能。客房内（门后或明显处）挂有紧急疏散图和防火标志，告知客人发生火灾时行走的路线。 （2）客人离开房间后，服务员整理房间时，要注意查找房内不安全的隐患。 （3）加强对住客房间电器设备、通讯设备的检查，告诫客人不要超负荷用电，严禁使用电炉、电饭锅及私自拉电线。 （4）客人在房间内使用电吹风等发热设备时，应放在专门的隔热防燃物品上，禁止			

（续表）

放在床上或台椅上。 （5）禁止在卫生间、阳台处焚烧字纸、文件，要让客人在酒店指定的地点处理字纸、文件。 （6）客房内一般不能搞明火作业，如确需动工时，作业单位要报保安部门签发“动火证”，客房部、工程部要取来相应的防火设备配合工作，方能动工。 （7）汽油、煤油、酒精、硫酸等易燃品不得随意存放，应指定地点专人保管，随用随取，用完封存。 （8）加强住客房间的阳台管理，禁止堆放易燃易爆物品，禁止在房内燃放鞭炮。 （9）确保走廊等公共场所保持足够的照明亮度，安全出口部位24小时有绿色指示灯，安全门、太平梯要保持畅通无阻，楼道内要有安全防火灯及疏散指示。不准在楼梯口、走道、配电柜等处存放物品。 （10）垃圾要每天按时清理，在房间内清运垃圾时，要特别注意垃圾内有无未燃尽的烟头，发现后要立即熄灭。 （11）严禁服务员在工作区域内吸烟、禁止乱丢乱扔烟头。 （12）所有电器发现不能正常运转、使用或有漏电情况时，要马上停止使用，立即报修。 （13）值班员（尤其是夜班）值班时间要勤巡视，闻到糊、焦气味时，要查踪追源，确定房间后要唤醒客人，及时向领导报告采取应急措施。 **四、附则** （1）本制度由客房部主持制定，其修改、解释权归客房部。 （2）本制度经总经理批准后，自颁布之日起实施。

编制		审核		批准	

制度08：客房部停电处理制度

文件名称	客房部停电处理制度	编号	
		版本	A／0
一、目的 为规范客房部停电的处理工作，特制定本制度。			

（续表）

二、使用范围

适用于客房部全体员工。

三、内容

1．事先得知要停电处理

（1）如事先得知将要停电应在客房内放入告示并尽可能通知所有宾客。

（2）在发生停电的时间内，服务员应使用应急灯在过道上巡视，做好安全防范工作，并向宾客做好解释工作。

（3）提醒宾客勿在停电期间乘坐电梯。

（4）注意检查楼层的应急照明是否有效；准备好备用手电筒。

（5）楼层上严禁使用明火照明。

（6）恢复供电后检查各区域是否有异常情况。

2．突然停电

（1）如果是突然停电，首先现场人员马上通知工程人员，电话××××，或对讲机××频道。

（2）工程人员接到通知后，立即到达现场，落实电梯内是否有被困人员，并稳定客人情绪，落实原因展开营救。

（3）查看停电原因，检查配电箱是否有跳闸现象，查明原因后把电源合上，原因不明之前禁止使用。

（4）如果是大范围停电，联系供电局询问停电原因及来电时间。

（5）工程部负责人请示领导是否发电。

四、附则

（1）本制度由客房部主持制定，其修改、解释权归客房部。

（2）本制度经总经理批准后，自颁布之日起实施。

编制		审核		批准	

制度09：客人受伤/死亡处理制度

文件名称	客人受伤/死亡处理制度	编号	
		版本	A／0

一、目的

为规范客人受伤/死亡的处理工作，特制定本制度。

二、使用范围

适用于客房部全体员工。

三、内容

（1）接到客人受伤的信息后马上到房间查看。

（2）如客人伤势不重，要向客人表示慰问并询问客人是否到医院就诊。

（3）若客人伤势较重要立即向上级汇报，协助做好相关工作。

（4）如客人已经死亡，切记保持镇静，立即向上级汇报并保护好现场，由保安部经理、客房部经理、大堂副理一起进房间查看。

（5）检查后由管理人员将情况报告总经理，通知前台封锁房间，注意房号保密。

（6）迅速通知死者家属或工作单位、接待单位、同行人员，如是境外客人，须及时通知公安局入境管理部门、政府外事部门，如客人有投保，还需通知投保的保险公司。

（7）征得死者家属或单位同意后，报公安机关，并接受法医验尸。

（8）尽快将死者转移出酒店，转移时注意避开住客，可选择夜深人静之时，从员工通道出店。

（9）死者的遗留物品应及时整理、清点和记录，并妥为保存，待死者家属或指定委托人认领并做好领取的签收手续。

（10）客房部经理根据调查的结果写出客人在店期间死亡及处理经过的报告，经总经理审阅通过后，一份留酒店备案，其余的交给死者家属及有关单位和人员。死者的死因不做随意的猜测和解释，统一由酒店指定的权威人士解答。

（11）尸体转移后，对客房进行严格消毒，客人用过的物品与卧具焚毁处理。

四、附则

（1）本制度由客房部主持制定，其修改、解释权归客房部。

（2）本制度经总经理批准后，自颁布之日起实施。

编制		审核		批准	

第二节　客房事务专项表格管理

酒店客房部管理中的各类表格主要用于记录各项工作的实施状况和结果，是保证客房部服务品质的客观依据。为了确保表格具有可溯性，必须正确填写表格。客房部常用的表格包括客房动态表、楼层工作检查表、布草盘点表等。

表格01：客房动态表

客房房态表

年　月　日　　　　　　　　　　　　　　主管/领班签名：

房号	房态	房号	房态	房号	房态	……	

房态	代号
空房	VC
走客房	VD
住客房	OC
预退	ED
坏房	OOO
无行李	NB
少行李	LB
没过夜	SO
请勿打扰	DND
不需要服务	NNS

注：此表由客房主管/领班填写；每天两次交此表给前台值班经理，核对后，发现差异及时核查；此表需存档，以备查询。

表格02：楼层工作检查表

楼层工作检查表

主管/领班：＿＿＿＿＿＿　　　　　　　　日期：＿＿＿＿＿＿

楼层/房号	初始房态	最终房态	查房时间	情况记录	备注/服务员

注：此表领班/主管每天检查房间时使用；结束工作后，需与服务员报表一起装订存档，以备查询；未解决的问题在交接本上反映。

表格03：钥匙与对讲机领用登记表

钥匙与对讲机领用登记表

日期	编号	领用人签名	领用时间	归还人签名	归还时间	备注

注：1．客房服务员领用钥匙与对讲机登记时使用。

2．此表由客房主管保管。

表格04：客房例会记录表

客房例会记录表

客房主管：＿＿＿＿＿＿　　　　日期：＿＿＿＿＿＿

工作安排内容：
岗前培训内容：
例会内容记录：
员工签名：

注：1．客房主管早上开晨会的记录，每天让服务员签名。

2．休息的服务员第一天来上班，先看例会记录。

3．由主管保管。

表格05：布草盘点表

布草盘点表

填表人：　　　　　　　　　　核查人：　　　　　　　　　　日期：

布草名称	工作间	工作车	房间特别情况	脏布件	送洗布件	合计

注：月底盘点时使用。

表格06：大清洁、计划卫生记录表

大清洁、计划卫生记录表

月份：

房号	大清洁	计划卫生							
		1	2	3	4	5	6	7	……

注：每天大清洁、计划卫生结束记录在此表上。

表格07：客人通知单

客人通知单

亲爱的先生/小姐： 　　现在我们无法联系到您，暂时未能向您提供以下服务： 　　□整理房间 　　□负责维修 　　□____________ 　　我们非常愿意及时为您提供服务，请与前台联系，分机：×。 　　祝您住宿愉快！ 服务员敬 年　月　日　时　分

表格08：遗留物品登记表

遗留物品登记表

拾遗地点：		拾遗时间：
拾遗者姓名：		经办人：
拾遗物品名称及数量		
备注：		

表格09：楼层服务当班记录

楼层服务当班记录

日期：	班号：
出勤人员：	

（续表）

开房情况：
特殊情况：
当班工作评估：
当班记录明细：

当班楼层领班签字：	接班楼层领班签字：

表格10：客人遗留物品登记表

客人遗留物品登记表

日期			编号	
捡拾人姓名			上交时间	
物品名称	件数	单价	捡拾地点	备注
领班意见				
主管意见				
部门经理意见				

表格11：客房夜床服务报告单

客房夜床服务报告单

楼层：　　　　　　　　　客房服务员：　　　　　　　　　　　　　　日期：

房号	房态	人数	清扫时间	备注	房号	房态	人数	清扫时间	备注
01					10				
02					11				
03					12				
04					13				
05					14				
06					15				
07					16				
08					17				
09					18				
房态：V—空房　O—走客房　I—住客房　X—维修房　R—预抵房　LONG—长住房 H—保留房　DND—请勿打扰　VIP—贵宾　G/I—客人在房间　EXBD—加床									

表格12：客房中心交接班本

客房中心交接班本

日期		姓名		班　次	
工作事项：					
交接内容：					
备注：					
交班人			接班人		

第三章　餐饮事务专项管理

酒店餐饮部的日常管理中，可以实行专项管理，以保证管理的可执行性。餐饮事务专项管理主要包括餐饮事务专项制度管理、餐饮事务专项表格管理。

第一节　餐饮事务专项制度管理

酒店餐饮部可以通过制定各种制度规范员工的行为，明确奖罚要求，使餐饮的管理趋于规范化和标准化。餐饮部常用的制度，主要包括贵重餐具管理制度、餐厅食品留样制度、餐饮共组人员个人卫生管理制度等。

制度01：餐饮部例会管理制度

<table>
<tr><td rowspan="2">文件名称</td><td rowspan="2">餐饮部例会管理制度</td><td>编号</td><td></td></tr>
<tr><td>版本</td><td>A／0</td></tr>
<tr><td colspan="4">

一、目的

为加强对餐饮部例会的管理，特制定本制度。

二、适用范围

适用于对餐饮部的例会管理。

三、内容

餐饮部例会由餐饮部经理主持。部门例会参加人员：中餐厅经理、××园经理、西餐厅经理、管事部领班、西点房厨师长。

例会内容：

（1）各部门负责人汇报工作落实情况，发言要求简明扼要，突出重点；每周一要汇报本周工作计划，并汇报上周工作落实情况。

</td></tr>
</table>

（续表）

（2）餐饮部经理每周一对上周经营管理状况、客源市场问题、人员组合问题、服务质量、成本费用问题、部门布置的各项工作完成情况进行分析评估，提出表扬及批评，布置下周部门工作计划，规定落实的具体时间和要求。 （3）布置重大宴会和会议接待计划，提出要求及具体责任人。 （4）下达酒店总经理对部门的工作指令。 （5）会议要有专人记录，各参会人员必须有自己的会议记录，以便在部门班前会传达。 **四、附则** （1）本制度由餐饮部主持制定，其修改、解释权归餐饮部。 （2）本制度经总经理批准后，自颁布之日起实施。					
编制		审核		批准	

制度02：餐饮部治安、消防管理制度

文件名称	餐饮部治安、消防管理制度	编号	
		版本	A／0
一、目的 为加强对餐饮部内部治安、消防管理，特制定本制度。 **二、适用范围** 适用于对餐饮部治安、消防事务的日常管理。 **三、内容** 按照酒店安全管理的要求，餐饮部要建立相应的治安消防网络，坚持“安全第一，预防为主”的方针和“谁主管，谁负责”的责任制。 1．餐厅、酒吧、咖啡厅 （1）如有重要宴请或大型宴会和会议应及时通知保安部，协助维持治安秩序。 （2）营业前，餐厅主管对安全消防设施、通道进行细致检查，发现问题及时纠正。 （3）发现可疑物品或不明物品，应及时通知保安部妥善处理。 （4）营业中随时注意宾客随身带来的贵重物品，防止遗失；如在餐厅发现宾客遗留物品，应按宾客遗留物品处理规定进行处理。			

（续表）

（5）营业结束后，应把所有火种隐患（烟头和燃剩的蜡烛、固体酒精等）熄灭，集中倒在有盖的铁桶内，存放在安全的地方。关闭所有电器开关、门窗，倾倒干净所有垃圾，做好安全检查，确保安全。 （6）如发生宾客醉酒闹事，影响治安，应迅速报告保安部，并劝导、制止和隔离；如发现有不轨行为的人和事，应严密监视和控制，并迅速报告保安部。 2．厨房 （1）厨房内严禁吸烟，严禁存放易燃易爆和有毒物品。液化气瓶和固体酒精要专人存放安全地点，随用随拿。 （2）开油锅时，注意控制油温，厨师不得随意离开，以防油锅着火。 （3）使用各种电器设备、厨房炊用机械，须严格执行厨房设备机械安全操作规范，防止电器设备触电和机械设施伤人；发现异声、异味和不安全因素，要立即查明原因，迅速报告工程部和保安部。 （4）经常检查厨房的各种电器设备，发现漏电、短路和超负荷情况，应及时通知工程部进行检修。 （5）禁止无关人员进入厨房。下班前必须认真检查水、电、煤气、蒸汽、各种电器设备、炊用机械和刀具的使用情况，关紧开关，保证安全。 （6）餐厅、厨房配置充足的消防设备和器械。所有员工都必须参加防火和安全培训，懂得正确使用各种消防器械，确保财产和人身的安全。 **四、附则** （1）本制度由餐饮部主持制定，其修改、解释权归餐饮部。 （2）本制度经总经理批准后，自颁布之日起实施。

编制		审核		批准	

制度03：餐饮部服务工作质量管理规定

<table>
<tr><td rowspan="2">文件名称</td><td rowspan="2">餐饮部服务工作质量管理规定</td><td>编号</td><td></td></tr>
<tr><td>版本</td><td>A／0</td></tr>
<tr><td colspan="4">一、目的
为加强餐饮部服务工作质量管理，特制定本规定。</td></tr>
</table>

（续表）

二、适用范围

适用于餐饮部所有服务人员。

三、内容

（1）餐饮部服务工作质量必须根据国家旅游局评星级标准及评分原则，结合模式规定的管理制度、服务工作规程及质量标准等进行质量监督检查，坚持“让客人完全满意”的服务宗旨，加强部门的质量管理工作。

（2）餐饮部质量管理按垂直领导体制，严格实施逐级向上负责，逐级向下考核的质量管理责任制。

（3）部门应划分质量监督范围，建立质量监督检查网络，作为部门的一个管理子系统，以保证质量管理的连续性和稳定性。

（4）各级管理人员加强现场管理和督导，并做好逐日考核记录，作为奖罚的依据，并将质量管理情况和改进措施在每周例会上汇报讨论。

（5）为了确保质量管理工作的严肃性，做到有案可查，餐饮部应建立员工工作质量档案和各级管理人员工作质量档案。

（6）各营业点应设立宾客意见征求表，及时处理宾客投诉，并做好统计反馈工作，各管区主管或领班应经常征求订餐宾客和接待单位意见，后台部门应征求前台部门意见，了解宾客反映。

（7）菜点质量应按食品卫生和厨房工作规范严格操作生产，严格把关，凡质量不合格的菜点绝不出厨房。

（8）质量监督、检查应采取每日例行检查与突击检查相结合，专项检查与全面检查相结合，明查与暗查相结合的方法，对各管区的质量及时分析评估作出报告，并定期开展交流和评比活动。

四、附则

（1）本规定由餐饮部主持制定，其修改、解释权归餐饮部。

（2）本规定经总经理批准后，自颁布之日起实施。

编制		审核		批准	

制度04：贵重餐具管理制度

文件名称	贵重餐具管理制度	编号	
		版本	A／0

一、目的

为加强对贵重餐具的管理，特制定本制度。

二、适用范围

适用于酒店所有贵重餐具的管理。

三、内容

（1）库房必须建立贵重餐具类专用账册。

（2）贵重餐具必须根据其特性，按使用说明进行清洁保养。

（3）贵重餐具的保管、清洗必须有专人负责。

（4）清洁保养贵重餐具的清洁剂在使用前必须严格检查。

（5）领用贵重餐具必须由领用人签字以便回收时验收。

（6）经常使用的贵重餐具每月须清洗磨光一次。

（7）不常使用的贵重餐具必须包装好，分类存放在固定的餐具架上。

（8）因人为因素造成高档餐具损坏或损失，其责任人必须赔偿。

四、附则

（1）本制度由餐饮部主持制定，其修改、解释权归餐饮部。

（2）本制度经总经理批准后，自颁布之日起实施。

编制		审核		批准	

制度05：餐厅食品留样制度

文件名称	餐厅食品留样制度	编号	
		版本	A／0

一、目的

为实现对食品留样的规范化管理，特制定本制度。

二、适用范围

适用于酒店内所有需留样的食品。

（续表）

<table>
<tr><td colspan="6">三、内容
（1）大型宴会、重要接待，厨房每样食品都必须由专人负责留样。
（2）每餐、每样食品必须按要求留足200克，分别盛放在已消毒的餐具中。
（3）留样食品取样后，必须立即放入完好的食品罩内，以免被污染。
（4）留样食品冷却后，必须用保鲜膜密封好（或加盖）立即存入专用留样冰箱内，并在外面标明留样日期、品名、餐次、留样人。
（5）留样食品必须保留48小时，时间到后方可倒掉。
（6）留样冰箱为专用设备，留样冰箱内严禁存放与留样食品无关的其他食品。
四、附则
（1）本制度由餐饮部主持制定，其修改、解释权归餐饮部。
（2）本制度经总经理批准后，自颁布之日起实施。</td></tr>
<tr><td>编制</td><td></td><td>审核</td><td></td><td>批准</td><td></td></tr>
</table>

制度06：餐饮部工作人员健康检查制度

<table>
<tr><td rowspan="2">文件名称</td><td rowspan="2">餐饮部工作人员健康检查制度</td><td>编号</td><td></td></tr>
<tr><td>版本</td><td>A／0</td></tr>
<tr><td colspan="4">一、目的
为加强对餐饮工作人员健康检查的管理，特制定本制度。
二、适用范围
适用于酒店所有餐饮工作人员。
三、内容
（1）餐饮工作人员每年必须进行健康检查。新参加工作和临时参加工作的餐饮工作人员必须进行健康检查，取得健康证明后方可参加工作。
（2）餐饮工作人员持有效健康合格证明从事餐饮工作活动。
（3）凡患有痢疾、伤寒、病毒性肝炎等消化道传染病（包括病原携带者），活动性肺结核，化脓性或者渗出性皮肤病及其他有碍食品卫生的疾病，不得从事接触直接入口食品的工作。</td></tr>
</table>

（续表）

（4）凡检出患有以上“五病”者，要立即将其调离原岗位，禁忌症患者及时调离率100%。 （5）凡餐饮工作人员手部有开放性、感染性伤口，必须调离工作岗位。 **四、附则** （1）本制度由餐饮部主持制定，其修改、解释权归餐饮部。 （2）本制度经总经理批准后，自颁布之日起实施。

编制		审核		批准	

制度07：餐饮工作人员个人卫生管理制度

文件名称	餐饮工作人员个人卫生管理制度	编号	
		版本	A／0

一、目的 为加强对餐饮工作人员个人卫生的管理，特制定本制度。 **二、适用范围** 适用于楼面和厨房所有餐饮工作人员。 **三、内容** （1）餐饮工作人员必须进行健康检查和食品安全知识培训，合格后方可上岗。 （2）餐饮工作人员必须认真学习有关法律法规和食品安全知识，掌握本岗位的卫生技术要求，养成良好的卫生习惯，严格卫生操作。 （3）严格地洗手：操作前、便后以及与食品无关的其他活动后应洗手，先用消毒液消毒，后用流动水冲洗。 （4）餐饮工作人员不得留过长指甲、涂指甲油、戴戒指；不得在食品加工场所或销售场所内吸烟、吃东西、随地吐痰；不得穿工作服入厕。 （5）餐饮工作人员不得面对食品打喷嚏、咳嗽及其他有碍食品卫生的行为，不得用手直接抓取入口食品、用勺直接尝味，使用后的操作工具不得随处乱放。 （6）餐饮工作人员要注意个人卫生形象，养成良好的卫生习惯，穿戴整洁的工作衣帽，头发梳理整齐置于帽后。 （7）餐饮工作人员必须认真执行各项食品安全管理制度。

（续表）

四、附则 （1）本制度由餐饮部主持制定，其修改、解释权归餐饮部。 （2）本制度经总经理批准后，自颁布之日起实施。

编制		审核		批准	

制度08：餐（用）具洗涤、消毒管理制度

文件名称	餐（用）具洗涤、消毒管理制度	编号	
		版本	A／0

一、目的

为了加强对餐具洗涤、消毒的日常管理，特制定本制度。

二、适用范围

适用于酒店所有餐（用）具洗涤、消毒管理。

三、内容

（1）设立独立的餐饮具洗刷消毒室或专用区域，消毒间内配备消毒、洗刷保洁设备。

（2）洗刷消毒员必须熟练掌握洗刷消毒程序和消毒方法，严格按照“除残渣→碱水洗→清水冲→热力消→保洁”的顺序操作。药物消毒增加一道清水冲程序。

（3）每餐收回的餐饮具、用具，立即进行清洗消毒，不隔餐隔夜。

（4）清洗餐饮具、用具用的洗涤剂、消毒剂必须符合国家有关卫生标准和要求。餐具消毒前必须清洗干净，消毒后的餐饮具表面光洁、无油渍、无水渍、无异味、无泡沫、无不溶性附着物，及时放入保洁柜密闭保存备用。

（5）盛放消毒餐具的保洁柜要有明显标记，要经常擦洗消毒，已消毒和未消毒的餐饮具要分开存放。

（6）洗刷餐饮具的水池专用，不得在洗餐饮具池内清洗食品原料，不得在洗餐饮具池内冲洗拖布。

（7）洗刷消毒结束，清理地面、水池卫生，及时清理泔水桶，做到地面、水池清洁卫生，无油渍残渍，泔水桶内外清洁。

（8）定期清扫室内环境、设备卫生，不留卫生死角，保持清洁。

（续表）

四、附则 （1）本制度由餐饮部主持制定，其修改、解释权归餐饮部。 （2）本制度经总经理批准后，自颁布之日起实施。					
编制		审核		批准	

制度09：预防食品中毒管理制度

文件名称	预防食品中毒管理制度	编号	
		版本	A／0

一、目的

为严格预防食品中毒情况的产生，特制定本制度。

二、适用范围

适用于所有容易引起食品中毒的作业或食品。

三、内容

（1）豆浆、四季豆等生食有毒菜果，必须煮熟煮烂方能销售。

（2）马铃薯（土豆）发芽时，因芽内含有龙葵素，必须将芽彻底挖掉，才可进行烹调食用。

（3）未煮熟透的海产品，不得食用，熟透的海虾、海蟹应一次或当天食用，如有剩余，放凉后立即妥善冷藏，再次食用前要加热煮透。

（4）夏秋季多发细菌性食物中毒，要注意食物加工消毒及炊具、餐具消毒。

（5）严防发生投毒事件。外部人员不得随意进入食品加工出售间，注意炊事人员的思想建设，及时化解矛盾，以免发生过激行为。

（6）食品仓库、加工间不得存放任何有毒、有害物质。

（7）餐厅内不得有员工住宿、午休房间。

（8）如怀疑有食物中毒发生时，应迅速上报食品药品监督管理部门、卫生行政部门和上级主管部门，采取及时有效措施进行救治。

四、附则

（1）本制度由餐饮部主持制定，其修改、解释权归餐饮部。

（2）本制度经总经理批准后，自颁布之日起实施。

编制		审核		批准	

制度10：食品卫生综合检查制度

文件名称	食品卫生综合检查制度	编号	
		版本	A／0

一、目的

为了强化对食品卫生的安全管理，特制定本制度。

二、适用范围

适用于餐饮部所有类型的食品卫生检查工作。

三、内容

（1）制订定期或不定期卫生检查计划，全面检查与抽查、自查相结合，主要检查各项制度的贯彻落实情况。

（2）各餐饮部的卫生管理组织负责本部的各项卫生检查制度的落实，每天在操作加工时段至少检查一次卫生，检查各岗位是否有违反制度的情况，发现问题，及时告知改进，并做好卫生检查记录备查。

（3）厨师及各岗位负责人、主管人员要跟随检查、指导，严格从业人员卫生操作程序，逐步养成良好的个人卫生习惯和卫生操作习惯。

（4）酒店质检管理人员及卫生管理员每周1～2次对各餐饮部位进行全面现场检查，同时检查各部的自查记录，发现问题及时反馈，并提出限期改进意见，做好检查记录。

（5）检查中发现的同一类问题经二次提出仍未改进的，报告上级部门按有关规定处理，严重的移交食品药品监督管理部门按有关法律法规处理。

四、附则

（1）本制度由餐饮部主持制定，其修改、解释权归餐饮部。

（2）本制度经总经理批准后，自颁布之日起实施。

编制		审核		批准	

制度11：烹调加工管理制度

文件名称	烹调加工管理制度	编号	
		版本	A／0

一、目的

为加强对烹调加工作业的管理，特制定本制度。

（续表）

<table>
<tr><td colspan="6">二、适用范围
适用于餐饮部厨房所有烹调加工作业。
三、内容
（1）加工前检查食品原料质量，变质食品不下锅、不蒸煮、不烘烤。
（2）熟制加工的食品要烧熟煮透，其中心温度不低于70℃。油炸食品要防止外焦里生，加工后的直接入口熟食要盛放在已经消过毒的容器或餐具内。不得使用未经消毒的餐具和容器。
（3）烹调后至食用前需要较长时间（超过2小时）存放的食品应当在高于60℃，或低于10℃的条件下存放，需要冷藏的熟制品应在放凉后再冷藏。
（4）隔餐隔夜熟制品必须经充分再加热后方可食用。
（5）灶台、抹布随时清洗，保持清洁。不用抹布揩擦碗盘，滴在盘边的汤汁用消毒抹布揩擦。
（6）严格按照《食品生产经营单位废弃食用油脂管理规定》要求，收集处理废弃油脂，及时清洗抽油烟机罩。
（7）剩余食品及原料按照熟食、半成品、生食的卫生要求存放，不可混放和交叉叠放。
（8）工作结束后，调料加盖，工具、用具洗刷干净，定位存放；灶上、灶下、地面清洗冲刷干净，不留残渣、油污，不留卫生死角，及时清除垃圾。
四、附则
（1）本制度由餐饮部主持制定，其修改、解释权归餐饮部。
（2）本制度经总经理批准后，自颁布之日起实施。</td></tr>
<tr><td>编制</td><td></td><td>审核</td><td></td><td>批准</td><td></td></tr>
</table>

制度12：食品添加剂管理制度

<table>
<tr><td rowspan="2">文件名称</td><td rowspan="2">食品添加剂管理制度</td><td>编号</td><td></td></tr>
<tr><td>版本</td><td>A／0</td></tr>
<tr><td colspan="4">一、目的
为规范对食品添加剂的管理，特制定本制度。</td></tr>
</table>

（续表）

二、适用范围

适用于酒店厨房所有食品添加剂的管理工作。

三、内容

食品添加剂必须由酒店统一采购，所购的产品包装及说明书上必须有“食品添加剂”字样标示，其包装或说明书上应按规定标出品名、产地、厂名、生产日期、保质期限、批号、主要成分、使用范围、用量或使用方法等。

食品添加剂种类繁多，主要分成天然与合成两大类。现将本酒店允许使用的食品添加剂，具体规定如下：

（1）常用食品添加剂。如食用盐、食用碱、酵母、味精、鸡精、天然调料等，这类食品添加剂只要按经验或口味食用都是安全的。

（2）专用食品添加剂。如葡萄糖内酯、拉面剂、蛋糕油、嫩肉粉、泡打粉等，这些食品添加剂，只要按说明书正确使用，也是安全的。

（3）控制使用的食品添加剂。以下食品添加剂允许使用，但使用单位首先要报请卫生监督部门批准，在使用时严格按照说明书或国家规定的剂量、办法使用，在食品添加剂的外包装上必须有明显标记，要做到单独存放并有专人负责保管和控制使用剂量。

①防腐剂。允许使用山梨酸及其钾盐，仅限糕点制作时使用。

②甜味剂。允许使用甜叶菊苷，可用于任何食品制作，其甜度约为蔗糖的300倍。

③食用色素。可以使用国家规定允许使用的食用天然色素和食用合成色素，允许在加工糕点时使用，不提倡在加工凉菜、酱制品中使用。

④食用香精。可以使用国家规定允许使用的人工食用香精，允许在加工糕点时使用，不提倡在其他方面使用。

⑤亚硝酸盐（硝酸钠）。亚硝酸盐是一种发色剂，加入肉制品中，可使肉色鲜红。我国规定亚硝酸盐（硝酸钠）可用于肉类制品，其最大使用量为0.5克/千克，残留量以亚硝酸钠计，肉制品不得超过0.03克/千克。为严防残留量超标，腌制后的肉类要充分浸泡和漂洗。

严禁使用甲醛（福尔马林）、硼酸、硼砂、吊白块等国家明令禁止使用的添加剂。

四、附则

（1）本制度由餐饮部主持制定，其修改、解释权归餐饮部。

（2）本制度经总经理批准后，自颁布之日起实施。

编制		审核		批准	

制度13：废弃食用油脂管理制度

<table>
<tr><td rowspan="2">文件名称</td><td rowspan="2">废弃食用油脂管理制度</td><td>编号</td><td></td></tr>
<tr><td>版本</td><td>A／0</td></tr>
<tr><td colspan="4">
一、目的
为加强对废弃食用油脂的管理，特制定本制度。
二、适用范围
适用于酒店楼面和厨房废弃的食用油脂的管理。
三、内容
（1）废弃油脂必须按国家《食品生产经营单位废弃食用油脂管理的规定》进行管理。
（2）废弃油脂应设专人负责管理。
（3）废弃油脂应有专门标有“废弃油脂”字样的密闭容器存放，集中处理。
（4）废弃油脂只能处理给城市废弃物管理中心，不得销售给其他单位和个人。
（5）处理废弃油脂要建立档案，详细记录销售时间、种类、数量、收购单位、用途、联系人姓名、电话、地址、收货人签字等，并长期保存。
（6）不得随便处理废弃食用油脂。
四、附则
（1）本制度由餐饮部主持制定，其修改、解释权归餐饮部。
（2）本制度经总经理批准后，自颁布之日起实施。
</td></tr>
</table>

编制		审核		批准	

制度14：醉酒客人处理规定

<table>
<tr><td rowspan="2">文件名称</td><td rowspan="2">醉酒客人处理规定</td><td>编号</td><td></td></tr>
<tr><td>版本</td><td>A／0</td></tr>
<tr><td colspan="4">
一、目的
为了加强对醉酒客人的处理，特制定本规定。
二、适用范围
适用于对酒店醉酒客人的处理工作。
</td></tr>
</table>

（续表）

三、内容 （1）客人喝醉酒闹事，服务员应及时通知部门经理、保安部及大堂副理等相关部门。 （2）在保安员及大堂副理未到之前，尽可能将醉酒客人对餐厅其他客人的影响降到最低，迅速将客人因暴力被破坏的物品转移并留存。 （3）如当醉酒客人有同伴时，尽量争取到同行人员的帮助。通过同伴向醉酒客人进行劝阻，协助本部员工对其暴力行为进行制止。 （4）由专人将损坏物品留存，并按原有价格开出赔偿清单。 （5）如客人因醉酒闹事而未结账，则要及时将账单打好，如有赔偿物品连同赔偿清单保管好，交予餐厅经理。 （6）上述情况，如客人有同伴的，可向同伴客人询问结账一事，但要注意语言的运用，并将对开出的赔偿单耐心向客人解释原因。 （7）如醉酒客人已神志不清，在无其他同伴而又未结账时，可协助餐厅经理、保安人员共同将客人安置于休息处，由专人照顾，待客人醒酒后再与客人沟通。 （8）当醉酒客人无其他同伴，但能将自己的住址告知服务人员时，酒店要安排车将客人送回。 （9）在醉酒客人长时间未清醒，且反应不正常时，又不能联系到此客人朋友的情况下，须请示领导是否有必要将客人送医院救治，诊断是否为酒精中毒。 （10）如涉及严重事件需报110处理。 四、附则 （1）本规定由餐饮部主持制定，其修改、解释权归餐饮部。 （2）本规定经总经理批准后，自颁布之日起实施。

编制		审核		批准	

第二节　餐饮事务专项表格管理

酒店餐饮部管理中的各类表格主要用于记录各项工作的实施状况和结果，是保证餐饮部服务品质的客观依据。为了确保表格具有可溯性，必须正确填写表格。餐饮部常用的表格包括团队订餐单、餐具器皿盘存表、厨房间物品转账单等。

表格01：团队订餐单

团队订餐单

订餐人员姓名	订餐单位	订餐人数	餐类	每人标准	订餐费用报账单位	订餐根据	工号	填单日期	备注

审核： 制表人：

表格02：餐费表

餐费表

早　餐		午　餐		晚　餐	
品种	价格	品种	价格	品种	价格
中式		套式中餐		套式中餐	
西式		套式西餐		套式西餐	
美式					
欧式					
自助餐					

表格03：食品留样登记表

食品留样登记表

日期	餐次	数量	品种名称	执行人签名

要求：须保留每个供餐品种200克以上，用消毒过的餐具单独密封盛放， 放置在专用冰箱、冷藏48小时以上，重大活动供餐保留72小时。

表格04：餐具器皿盘存表

餐具器皿盘存表

部门：　　　　　　单位：　　　　　　盘点日期：　　年　　月　　日　　　　　页次：

编号	品名	单位	上月库存量	请领日期与数量				应有存量	实际盘点量	破损	遗失	总数	总金额	备注

表格05：菜单成本分析表

菜单成本分析表

餐厅名称：　　　　　　代号：　　　　　　节庆名称：

菜名	材料及单位	成本
售价：	总成本：	成本比率：

服务说明：	图片

表格06：厨房间物品转账单

厨房间物品转账单

转出处：　　　　　　　　　　转入处：

用途：　　　　　　　　　　　日期：

数量	名称/内容	重量	单价	总价	
申请部门主管：					

表格07：厨房领料单

厨房领料单

领料部门：　　　　　　　　年　月　日　　　　编号：

食品原料及商品名称	计量单位	需用量	实发量			领货人
			数量	单价	金额	

核准人：　　　　　　　　领料人：　　　　　　　　发料人：

表格08：饮料领料单

饮料领料单

班次：　　　　　　　　　　日期：

酒吧：　　　　　　　　　　付货员：

饮料名称	瓶数	每瓶容量	单价	小计

总瓶数：　　总成本：　　审批人：　　发料人：　　领料人：

表格09：餐厅账单

餐厅账单

时间：　　　　　　　　　　收款员：

营业点：

序号	项 目	规格	单价	数量	合计

尺寸：根据酒店电脑收银打印系统要求

表格10：宴会预订单（工作人员用）

宴会预订单（工作人员用）

年　　月　　日　　　　　　　　　　　　　　星期　　　　（午）　　　　　（晚）

楼层	厅房	主办单位或主办人	人数和桌数	开宴时间	宴会管理
制表人			审定人		
分送部门					

第四章　营销事务专项管理

酒店营销部的日常管理中，可以实行专项管理，以保证管理的可执行性。营销事务专项管理主要包括营销事务专项制度管理、营销事务专项表格管理。

第一节　营销事务专项制度管理

酒店营销部可以通过制定各种制度规范员工的行为，明确奖罚要求，使营销的管理趋于规范化和标准化。营销部常用的制度主要包括：营销部资料管理制度、营销工作汇报制度、美工室管理制度、营销部员工守则等。

制度01：营销部办公室环境管理制度

文件名称	营销部办公室环境管理制度	编号	
		版本	A/0

一、目的

为加强营销部办公室环境管理，特制定本制度。

二、适用范围

适用于营销部办公室所有员工。

三、内容

（1）营销部是酒店的形象窗口，接待来自各行各业的客人，办公布置要合理、整齐、美观，令人感到这里工作井井有条，讲求效率，从而产生信任感。

（2）营销经理应有能放置沙发和椅子的办公室，这样可以接待来访客人。

（3）营销代表的办公室应隔成若干个小空间，每个营销代表均有自己的空间，可以按营销任务划分区域。

（续表）

（4）营销部办公室的墙上悬挂部门组织结构图、酒店的经营宗旨、本年度和季度的营业指标、收入曲线表。 （5）营销部人员要保持办公室清洁卫生。每人的办公用品应摆放整齐，文件资料应按类归档。 **四、附则** （1）本制度由营销部主持制定，其修改、解释权归营销部。 （2）本制度经总经理批准后，自颁布之日起实施。

编制		审核		批准	

制度02：营销部资料管理制度

文件名称	营销部资料管理制度	编号	
		版本	A／0

一、目的

为加强对营销部的资料管理，特制定本制度。

二、适用范围

适用于对营销部各类资料的管理。

三、内容

1．管理内容

营销部在日常业务活动中需要使用和接触的资料很多，主要包括酒店基本情况介绍、宣传小册子、宴会和会议宣传册、餐饮促销资料、房价表、明信片、营销手册、来往电函、传真、信件、协议书、合同副本、客户档案、各类报表、记事本、营销报告等，为了提高工作效率，适应市场竞争，应搞好资料管理工作。

2．资料分类

可分为：宣传资料类，经营表格类，协议合同类，业务通讯类，内部通启、工作请示类，文件类，客户档案类，重点客户档案类，团队客人类，会议客人类，散客类，长包房客人类等其他类别。

3．建立资料档案

营销部应有专门的资料档案柜，应选用抽屉式档案柜，经常查用的档案以字母顺序

（续表）

或其他索引方法排列。 客户档案内容包括：抵离店日期、房间种类、所住房号、生日、实收房价、特殊爱好、禁忌、投诉、宴请次数、规格等。潜在客户档案内容包括公司名称、地址、背景、法人姓名、生日、个人爱好、拜访次数、拜访结果需求和要求等。 4．资料的保管和使用 公用资料，不涉及商业机密的资料，如宣传册、内部报表等，由销售代表领取保管和使用；合同书、协议书等文件由秘书保管。本部门人员查阅在当天必须归还，不得带出办公室；外部门人员查阅有关资料，须本部门经理认可并办理借阅手续，重要资料必须当日归还。 **四、附则** （1）本制度由营销部主持制定，其修改、解释权归营销部。 （2）本制度经总经理批准后，自颁布之日起实施。

编制		审核		批准	

制度03：营销工作汇报制度

<table>
<tr><td rowspan="2">文件名称</td><td rowspan="2">营销工作汇报制度</td><td>编号</td><td></td></tr>
<tr><td>版本</td><td>A／0</td></tr>
<tr><td colspan="4">一、目的
为了加强对营销工作汇报的管理，特制定本制度。
二、适用范围
适用于对营销工作的汇报管理。
三、内容
（1）重视工作汇报。营销部的工作特点是每个人独立外出，“单兵作战”，所以除对每位营销代表的酒店产品知识、文化程度、工作经验、语言表达能力、公关能力、沟通技巧等方面有很高的要求外，还必须严格遵守纪律，定期汇报工作。
（2）每年年底，营销代表要写出年度工作总结报告和下一年度工作计划，上交部门经理。</td></tr>
</table>

（续表）

<table>
<tr><td colspan="6">（3）周五下午要上交本周工作小结和下周工作计划，部门经理批阅指示后退还营销代表。
（4）营销代表每次外出营销都必须填写《营销报告表》。
四、附则
（1）本制度由营销部主持制定，其修改、解释权归营销部。
（2）本制度经总经理批准后，自颁布之日起实施。</td></tr>
<tr><td>编制</td><td></td><td>审核</td><td></td><td>批准</td><td></td></tr>
</table>

制度04：美工室管理制度

<table>
<tr><td rowspan="2">文件名称</td><td rowspan="2" colspan="3">美工室管理制度</td><td>编号</td><td></td></tr>
<tr><td>版本</td><td>A／0</td></tr>
<tr><td colspan="6">一、目的
为加强对营销部美工室的管理，特制定本制度。
二、适用范围
适用于对营销部美工室的管理。
三、内容
（1）自觉遵守酒店各项规章制度。
（2）美工室为美工人员的专门工作场所，无关人员谢绝入内。
（3）各部门要求设计、制作广告，须在《美工服务申请表》上写明设计内容、材料要求、时间等，美工进行成本核算，由部门经理审批后，实施制作。
（4）对外业务联系，须事先向部门经理汇报，征得同意后方可实施。
（5）保管好酒店内广告架，节约美工费用开支。
四、附则
（1）本制度由营销部主持制定，其修改、解释权归营销部。
（2）本制度经总经理批准后，自颁布之日起实施。</td></tr>
<tr><td>编制</td><td></td><td>审核</td><td></td><td>批准</td><td></td></tr>
</table>

制度05：营销部员工守则

<table>
<tr><td rowspan="2">文件名称</td><td rowspan="2">营销部员工守则</td><td>编号</td><td></td></tr>
<tr><td>版本</td><td>A／0</td></tr>
<tr><td colspan="4">一．目的
为加强对营销部员工的日常管理，特制定本守则。
二、适用范围
适用于营销部所有员工。
三、内容
（1）严格按照《员工手册》履行职责。
（2）思想端正，责任心强，视酒店利益为第一位。
（3）礼貌待人，诚心待客，维护酒店形象。
（4）提高警惕，严格保守酒店机密，杜绝外泄。
（5）加强学习，不断创新，富有理想。
（6）爱护公物，维护酒店财物及安全。
（7）尊重领导，服从酒店的内部安排。
（8）遵守考勤制度，工作时间内严禁办理私事。
（9）主动与相关部门加强沟通，发现问题，协商解决。
（10）未经领导同意，严禁私自宴请，否则费用自理。
四、附则
（1）本守则由营销部主持制定，其修改、解释权归营销部。
（2）本守则经总经理批准后，自颁布之日起实施。</td></tr>
</table>

编制		审核		批准	

制度06：营销接待规定

<table>
<tr><td rowspan="2">文件名称</td><td rowspan="2">营销接待规定</td><td>编号</td><td></td></tr>
<tr><td>版本</td><td>A／0</td></tr>
<tr><td colspan="4">一、目的
为了规范公关客人的接待范围、分工及程序、接待标准，使之有章可循，特制定本规定。</td></tr>
</table>

（续表）

<table>
<tr><td colspan="6">

二、适用范围

适用于公关客人的接待工作管。

三、接待规定

1．公关客人的范围

（1）来店视察、指导工作的中央、省、市领导人。

（2）上级旅游主管部门及世界旅游组织的负责人和知名人士。

（3）与酒店有合作关系或能为酒店带来效益及良好声誉的客人。

（4）曾为酒店作过贡献的知名画家、书法家、艺术家。

（5）酒店邀请的客人。

（6）为酒店带来客源的旅行社及有关客户等。

2．接待分工及程序

（1）上述范围公关客人原则上由营销部安排接待。

（2）总经理室的客人由总经理安排或由行政办公室将公关客人详细情况、接待要求通知营销部，营销部负责接待。

（3）各部门的公关客人需在酒店食宿的，必须事先填写《公关接待单》，报总经理批准。

（4）需参观酒店的各部门公关客人，由该部门经理签字，注明公关单位人数，由营销部签发参观单，由该部门自行负责派人接待。

（5）公关客人参观酒店一律凭营销部签发的接待单，否则各部门不予接待。

（6）如有特殊情况，报总经理审批。

3．公关开支的原则和结算

（1）公关费开支，以厉行节约、讲究实效为原则。

（2）接待公关客人必须按先报批后消费的程序办理。

（3）所有餐饮、客房、用车等公关费用一律由提供服务的部门开出收费单据并转财务部结算。

4．接待标准

（略）

四、附则

（1）本规定由营销部主持制定，其修改、解释权归营销部。

（2）本规定经总经理批准后，自颁布之日起实施。

</td></tr>
<tr><td>编制</td><td></td><td>审核</td><td></td><td>批准</td><td></td></tr>
</table>

制度07：酒店食物中毒危机公关管理制度

文件名称	酒店食物中毒危机公关管理制度	编号	
		版本	A／0

一、目的

为加强本酒店的危机公关管理，规范化处理食物中毒事件，树立并维持酒店的良好形象，特制定本制度。

二、适用范围

适用于酒店食物中毒事件的危机公关管理。

三、内容

1．危机处理的准备阶段

（1）成立专门的危机应对小组，包括对公关公司、客户方面要有专职人员24小时对危机发生和蔓延进行监控，同时每一阶段的处理结果都要形成决议，以便向外公布。

（2）全酒店上下都要明确处理危机公关的5S原则，即：

①承担责任原则（SHOULDERING THE MATTER）：无论谁是谁非，都不要企图推卸责任。

②真诚沟通原则（SINCERITY）：企业应把自己所做、所想的，积极、坦诚地与公众沟通。

③速度第一原则（SPEED）：危机发生后，能否首先控制住事态，使其不扩大、不升级、不蔓延，是处理危机的关键。

④系统运行原则（SYSTEM）：在逃避一种危险时，不要忽视另一种危险。在进行危机管理时必须系统运作，绝不可顾此失彼。

⑤权威证实原则（STANDARD）：企业应尽力争取政府主管部门、独立的专家或机构、权威的媒体及消费者代表的支持，而不是自己去徒劳地解释或自吹自擂。

（3）酒店上下在对外发言时要统一口径，由酒店的权威机构直接或委派一个专门的发言人对外公布相关事宜。切忌酒店的领导或员工随意对外发布不一致的信息。

2．制定好危机应对方案

（1）对公众主动承认自己的过错，勇担责任，给公众树立一个敢于承担责任的企业形象。

（2）请政府食品安全检察部门来酒店检查，并向公众公布检查结果，以表明酒店的食品安全卫生情况是合格的。

（续表）

（3）与媒体合作，向公众说明事情的原委和真相。要引导公众的思想，不要让其他不良报道误导消费者。 （4）到医院去探望中毒的顾客，向顾客道歉，做好对顾客的理赔工作，希望得到顾客的谅解。 （5）针对本次的事件向顾客做一次问卷调查，了解消费者对本酒店此次事件的了解程度、具体看法，对本酒店的信任度以及其他消费需求等。 3．危机的处理阶段 展开在准备期制定的方针、政策，有步骤地实施危机处理策略。实施时要灵活机动，时时回馈，根据具体情况适当变更。同时每一阶段的处理结果都要形成决议，以便向外公布。 4．危机的恢复阶段 展开一系列的促销活动，尽快摆脱危机事件带来的销售低迷现象。 具体促销方案： （略） 5．危机事件结束后的总结 处理完危机后，酒店要立即召开中高层管理者的紧急会议，总结此次危机事件，包括造成危机的原因，处理的经过，成效如何等。 **四、附则** （1）本制度由营销部主持制定，其修改、解释权归营销部。 （2）本制度经总经理批准后，自颁布之日起实施。

编制		审核		批准	

制度08：酒店微博管理制度

文件名称	酒店微博管理制度	编号	
		版本	A／0
一、目的 为规范和加强酒店微博的管理，扩大酒店的影响力，特制定本制度。			

（续表）

二、适用范围

适用于酒店官方微博和酒店各级人员的私人微博。

三、内容

1．微博开通宗旨

（1）以实名制开通的酒店官方微博必须及时发布酒店最新动态，展示酒店发展成就，彰显酒店发展特色，凝聚微博粉丝力量，努力让广大车友和社会各界了解酒店。

（2）管理员微博发布信息时必须严格遵守国家有关法律、法规规定，不得发布违反法律、法规及各类规范性文件有关规定的信息，避免因触犯法律法规出现被关闭微博的现象。

（3）酒店各人员的微博应严格遵守国家信息发布的相关法律规定，不得在微博上发布、传播任何违反法律、法规等规范性文件规定的信息。

2．微博发布的相关规定

（1）以实名制开通的酒店微博必须及时更新有关信息，重点包括：各活动信息、照片及视频。

（2）关注时事，发表微博粉丝感兴趣的博文，对粉丝的提问与评论、转发予以重视并进行相关解说。

（3）发表的博文需健康积极，不含污言秽语；不得随便转发不良信息的博文。

（4）以实名制开通的酒店微博管理员不可以用个人名义发表相关文本及评论，不可以发布赤裸裸的促销信息。

（5）以个人名义开通的私人微博也需遵守此条例规定，在此基础上发表各自博文，互相支持，充分发挥微博集体力量。

（6）以实名制开通的酒店微博内容：必须保持原创，可以与酒店活动动态信息有关。转发时应转发有益的博文；也可以是同品牌其他酒店的活动宣传；或是厂家官方微博乃至网络社会上的宣传性、公益性或者励志性微博。

（7）微博运营时间、频率及人员激励机制：有规律地进行更新，尽量能一天更新两条（原创），转发三条，一小时内不要连发两条。尽量选择在上午10—12点，下午3点—6点这些高峰时间发微博。对于连续一个月能坚持严格按照以上时间发布微博的人员，予以100元奖励。

（8）酒店微博管理人员不得在微博上散布有害于酒店品牌的谣言，若经发现，情节严重者，将给予其相应处分或追究其法律责任。

（续表）

四、附则 （1）本制度由营销部主持制定，其修改、解释权归营销部。 （2）本制度经总经理批准后，自颁布之日起实施。					
编制		审核		批准	

第三节　营销事务专项表格管理

酒店营销部管理中的各类表格主要用于记录各项工作的实施状况和结果，是保证营销部服务品质的客观依据。为了确保表格具有可溯性，相关人员必须正确填写表格。营销部常用的表格包括散客价与团队房价表、每日销售报告、重要客人预报表等。

表格01：公关活动情况统计报表

公关活动情况统计报表

年　月

日期	公关媒介	宣传内容	活动形式	费用	次数	备注

表格02：散客价与团队房价表

散客价与团队房价表

房价表单位：元/间

期间	规格	饭店对总社房价	饭店对外公布价	备注
年　月　日至　年　月　日	双人间			
	单人间			
年　月　日至　年　月　日	双人间			
	单人间			
年　月　日至　年　月　日	双人间			
	单人间			
年　月　日至　年　月　日	双人间			
	单人间			
年　月　日至　年　月　日	双人间			
	单人间			

表格03：每周销售公关拜访计划表

每周销售公关拜访计划表

销售员：　　　　　　　　　　　　　　　　日期：

星期	日期	客户情况				拜访目的	准备材料	备注
		公司名称	地址	姓名	职务			

表格04：每日销售报告表

每日销售报告表

编号：

单位名称		联系部门	
地址			
联系电话		联系传真	
联系人及职务	1. 2.		
现状			
趋势			
客户具体要求			
合作意向程度			
价格	□团体　□散客　□门市价　□折扣价		
备注			

营销代表日期：

表格05：销售情况统计月报表

销售情况统计月报表

________月份

日期	房间总数	出售总数	空房数	出售率	外宾人数	华侨人数	团体人数	会议人数	散客人数	WALK-IN 人数	平均房价	日营业收入	累计营业收入
1													
2													
3													
…													
31													
合计													
平均出售率					财务计划营业收入								

表格06：旅行社团队预订卡

旅行社团队预定卡

□预订团队代号：________

□更改预订日期：________

□取消预订日期：________

抵达日期：________　　离店日期：________

客房种类：________　　房间数：________　　人数：________

房价：________　　接受预订人：________

抵达时间：________　　航班号：________　1：00pm□

________　6：00pm□

保证预订□

团队名称：________

公司名称：________　　地址：________

旅行社名称：________　　联系人：________

地址：________

信用卡号码：________　　提前开房要求：________

备注：________

表格07：重要客人预报表

重要客人预报表

年　　月　　日

姓名或团名		国籍	
身份		人数	
来店日期		班次	
离店日期		班次	
接待单位			
具体要求：			
备注： 经手人：________			

表格08：每日预期离店客人名单

每日预期离店客人名单

年　月　日

预定号	序号	客人姓名	房间号	预期离店日期	预期离店时间	预期离店预测时间	备注

审核：　　　　　　　　　　制表：

表格09：VIP接待通知单

VIP接待通知单

No.

姓名（团体）身份		国籍		
人数	男：　女：	房号		
来馆日期		班次		
离馆日期		班次		
拟住天数		接待标准		
客人要求				
接待单位		陪同人数身份	男：	女：
特殊要求				
审核人		经手人		
备注： 年　月　日				

第五章　康乐事务专项管理

酒店康乐部的日常管理中，可以实行专项管理，以保证管理的可执行性。康乐事务专项管理主要包括康乐事务专项制度管理、康乐事务专项表格管理。

第一节　康乐事务专项制度管理

酒店康乐部可以通过制定各种制度规范员工的行为，明确奖罚要求，使康乐的管理趋于规范化和标准化。康乐部常用的制度主要包括：康乐部员工岗位服务准则、环境卫生检查、营业后整理规范、服务质量管理制度等。

制度01：康乐部员工岗位服务准则

文件名称	康乐部员工岗位服务准则	编号	
		版本	A／0

一、目的

为加强对康乐部各服务场所员工岗位服务的管理，特制定本准则。

二、适用范围

适用于康乐部各服务场所的管理。

三、内容

（1）微笑迎宾，态度和蔼、热情，讲究礼节。

（2）使用文明服务用语，以优质服务满足客人要求。

（3）尊重客人风俗习惯，不讥笑、议论客人生理缺陷。

（4）上班前不饮酒，不吃带有刺激性异味的食品。

（5）在岗时不吃零食，不聊天、串岗，保持正常的工作状态。

（续表）

（6）耐心回答客人提出的各种问题，指导客人正确使用酒店设备，避免客人受伤和酒店设备受损。 （7）对客人的不文明行为要礼貌劝阻，对各种违规行为要及时予以制止。 （8）对客人提出的合理要求要尽量予以满足，不推诿、拖延，提供一次性到位服务。 （9）发现客人遗失物品要及时上交，并按规定及时准确予以记录。 （10）洁身自爱，对客人提出的不合理要求，要礼貌地予以拒绝。 （11）对客人已使用完的各类用品，服务员要及时予以清洁整理。 **四、附则** （1）本准则由康乐部主持制定，其修改、解释权归康乐部。 （2）本准则经总经理批准后，自颁布之日起实施。

编制		审核		批准	

制度02：环境卫生检查细则

文件名称	环境卫生检查细则	编号	
		版本	A／0

一、目的 为加强对环境卫生的检查工作，特制定本细则。 **二、适用范围** 适用于康乐部各服务场所。 **三、内容** （1）服务场所整洁干净，物品摆放整齐，无垃圾、无污迹、无破损。 （2）地毯、墙面、天花板无污迹、无剥落、无蜘蛛网。 （3）空调出风口无积尘，各种灯具完好有效，明亮无尘。 （4）各种绿植、墙面艺术挂件摆放整齐，干净无尘，花卉无病变、无黄叶。 （5）服务台用品、宣传品摆放整齐，台面整洁美观，无污渍、水迹、破损。 （6）各类酒吧用具干净、明亮，无污垢、无水迹、无破损；各类容器干净，无异味。

（续表）

<table>
<tr><td colspan="6">（7）各类客用品干净整洁，摆放有序。
（8）随时保持营业场所正常通风，保证营业场所的空气清新、无异味。
（9）做好灭蝇、灭蚊、灭鼠、灭蟑螂工作，定期喷洒药物。
（10）食品要分类存放，对即将过期的食品、饮品，要按规定做好退库工作。
（11）客人娱乐时，在尽可能不打扰客人的情况下随时清理场内卫生，保证客人始终拥有一个干净、舒适的环境。
（12）严格按照酒店有关规定对客用品进行消毒，保证做到客用品的“一客一换”。
（13）随时打扫客用更衣室，保证更衣室的干净整洁。
四、附则
（1）本细则由康乐部主持制定，其修改、解释权归康乐部。
（2）本细则经总经理批准后，自颁布之日起实施。</td></tr>
<tr><td>编制</td><td></td><td>审核</td><td></td><td>批准</td><td></td></tr>
</table>

制度03：营业后整理工作规范

<table>
<tr><td rowspan="2">文件名称</td><td rowspan="2">营业后整理工作规范</td><td>编号</td><td></td></tr>
<tr><td>版本</td><td>A／0</td></tr>
<tr><td colspan="4">一、目的
为了加强对营业后康乐部的整理工作，特制定本规范。
二、适用范围
适用于对营业结束后康乐部的整理工作。
三、内容
1．康乐部工作记录
将当班期间所须注意或交代事项记录在“康乐部工作记录簿”内，以利于明日早班人员准备及注意。
2．整理各项文件及账务
晚班人员填写各项服务记录表，并计算金额。
3．关闭设备
（1）依“每日工作检查表”上所列项目，逐项检查便于设备的维护。</td></tr>
</table>

（续表）

（2）如有特污或大量的垃圾时（如客人吃剩物品），要先清理干净不可隔夜，以避免滋生蟑螂、蚊蝇及老鼠等物。 （3）关闭所有电源及温度调节器、超音波浴池开关、SPA室内的各项开关及水源。 （4）将门锁好。 （5）将门钥匙交至安全室或值班经理室，便于明日早班人员取用。 **四、附则** （1）本规范由康乐部主持制定，其修改、解释权归康乐部。 （2）本规范经总经理批准后，自颁布之日起实施。

编制		审核		批准	

制度04：服务质量管理制度

文件名称	服务质量管理制度	编号	
		版本	A／0

一、目的

为了加强对康乐部的服务质量管理工作，特制定本制度。

二、适用范围

适用于对康乐部的质量管理工作。

三、内容

（1）康乐部质量管理工作实行“逐级向上负责，逐级向下考核”的质量管理责任制。各部门的负责人是部门质量工作的主要负责人。

（2）严格执行康乐部服务工作规范和质量标准，既是以客人为主体开展优质服务工作的保证，也是质量管理考核的主要依据。

（3）质量管理工作最活跃最重要的要素是员工。各级管理人员必须切实做好员工的工作，既要加强对员工岗位业务的培训，提高业务工作技能，同时也要关心员工的思想和生活，积极沟通与员工的感情，搞好员工福利，帮助员工解决困难，从而使员工情有所依，心有所属，劲有所使，真正焕发出工作的热情。有了一流的员工，一流的服务工作质量才有了保证。

（续表）

各级管理人员应认真履行职责，从严管理，把好质量关。要坚持服务工作现场的管理，按照工作规范和质量标准，加强服务前的检查，服务中的督导及服务后的反馈和提高，以规范作业来保证质量，以工作质量来控制操作，使各项服务工作达到规范要求和质量标准。 （4）各个部门的领班应做到上班在现场。除参加会议和有其他工作任务外，应坚持在服务工作现场巡视、检查和督导，并将巡查情况、发现的问题以及采取的措施和处理意见，记录在每天的工作日志中，报部门经理审阅，每月汇总分析整理，形成书面报告。部门经理每天至少应抽出三个小时，深入至各管区部门进行巡视和督导，每月应将部门的质量管理情况向总经理汇报。 （5）经常征询客人的意见，重视客人的投诉。客人的意见是取得质量信息的重要渠道和改善管理的重要资料。全体员工要结合各自的工作，广泛听取和征求客人的意见，并及时向上级反映和报告，各级管理人员要认真研究，积极采纳。对客人的投诉要逐级上报，并采取积极的态度，妥善处理。客人投诉必须做到件件有交代，事事有记录。 （6）康乐部质量管理工作应列入本部门和各部门日常工作议事日程，列入部门工作例会的议事内容，列入对员工和各级管理人员的考核范围。 （7）部门的管理质量要主动接受酒店质检人员的监督、检查和指导，积极参加酒店召开的质量工作会议，按照酒店的工作部署，认真做好工作。 **四、附则** （1）本制度由康乐部主持制定，其修改、解释权归康乐部。 （2）本制度经总经理批准后，自颁布之日起实施。

编制		审核		批准	

制度05：安全管理制度

文件名称	安全管理制度	编号	
		版本	A／0
一、目的 为了加强对康乐部的安全管理工作，特制定本制度。			

（续表）

二、适用范围

适用于对康乐部的安全管理工作。

三、内容

1．部门安全组织制度

按照酒店群众性治安、消防组织的设置要求，在各部门和管区建立相应的安全组织及兼职的治安员和基干义务消防队员，形成安全保卫网络，坚持“安全第一，预防为主”的工作方针，落实“谁主管，谁负责”的安全责任制，确保一方平安。

2．员工的安全管理

（1）员工必须自觉遵守《员工手册》中明确规定的安全管理制度，自觉接受酒店和部门组织的“四防”（防火、防盗、防破坏、防治安灾害事故）宣传教育及保安业务培训和演练工作。

（2）员工应掌握各自使用的各类设备和用具的性能，在做好日常维护保养工作的同时，严格按照使用说明正确操作，以保障自身和设备的安全。

（3）员工应熟悉岗位环境、安全出口的方位和责任区内的消防、治安设备装置及使用方法。

（4）员工应熟悉《保安管理》中制定的“火灾应急预案”和“处理各类刑案和治安事件的工作流程”，遇有突发事件，应保持镇静，并按应急预案和工作流程妥善处理。

3．康乐场所安全管理

（1）康乐场所必须做到消防设备齐全有效，有两个以上的出入通道，并保持畅通。

（2）严格按照治安主管部门发布的《娱乐场所治安管理条例》经营，发生影响治安秩序的人和事，应立即采取措施制止和隔离，并向保安部报告。营业结束时，应做好安全检查工作。

四、附则

（1）本制度由康乐部主持制定，其修改、解释权归康乐部。

（2）本制度经总经理批准后，自颁布之日起实施。

编制		审核		批准	

制度06：康乐部客用更衣柜管理制度

<table>
<tr><td rowspan="2">文件名称</td><td rowspan="2">康乐部客用更衣柜管理制度</td><td>编号</td><td></td></tr>
<tr><td>版本</td><td>A／0</td></tr>
<tr><td colspan="4">
一、目的
为了加强对康乐部客用更衣柜的管理，特制定本制度。
二、适用范围
适用于对客用更衣柜的管理。
三、内容
（1）客用更衣柜和更衣柜钥匙须有专人负责保管，并保持清洁完好和有效。
（2）客用更衣柜是客人专用服务设施，应做到专柜专用，不得存放其他物品。
（3）在办理更衣柜租用手续时，应向宾客明示，请勿存放贵重财物。遗失概不负责。
（4）为保证客用更衣箱的正常使用，宾客活动结束后立即将钥匙收回，如需长期租用，应办理长期租用手续。
四、附则
（1）本制度由康乐部主持制定，其修改、解释权归康乐部。
（2）本制度经总经理批准后，自颁布之日起实施。
</td></tr>
</table>

编制		审核		批准	

制度07：康乐部球类运动陪练制度

<table>
<tr><td rowspan="2">文件名称</td><td rowspan="2">康乐部球类运动陪练制度</td><td>编号</td><td></td></tr>
<tr><td>版本</td><td>A／0</td></tr>
<tr><td colspan="4">
一、目的
为了加强对康乐部球类运动陪练的工作，特制定本制度。
二、适用范围
适用于对球类运动陪练的管理。
三、内容
（1）熟悉和遵守运动场所有关规定和运动规则，爱护场地设施设备和器材，陪练时
</td></tr>
</table>

（续表）

应穿着运动服和白色运动鞋。 （2）接受陪练任务时对客热情、礼貌、谦虚，细心观察客人体质和球艺状况，时刻牢记以客为主。 （3）陪练服务过程中，应精力集中，精神饱满，不得随意中途退场。听从领班和部门经理安排，不得自行联系客人，不得自作主张收取陪练费用。 **四、附则** （1）本制度由康乐部主持制定，其修改、解释权归康乐部。 （2）本制度经总经理批准后，自颁布之日起实施。

编制		审核		批准	

制度08：健身房管理制度

文件名称	健身房管理制度	编号	
		版本	A／0

一、目的 为了促进科学健身，防止造成人员意外伤害，保障设备和器材完好率，提高设备和器材的使用率，特制定本制度。 **二、适用范围** 适用于酒店健身房的管理。 **三、内容** （1）在健身房健身的人员必须遵守有关规章制度，服从管理人员的管理。 （2）本健身房仅对会员开放，非会员不得随意进入。 （3）进入健身房应注意着装，以运动服、运动鞋、旅游鞋、软底鞋为主。 （4）活动前请做热身运动，活动中请勿与他人交谈，以免影响锻炼效果或受伤。 （5）爱护室内健身活动设施，按说明正确使用健身器械，不得违规操作，不得随意玩弄器材，以免造成伤害。因使用不当造成自伤的，后果自负。故意造成的器材损坏，照原价赔偿。

（续表）

（6）如有技术问题或发现器材故障请及时通知管理人员，切勿自行操作，以免运动伤害。 （7）患有严重高血压、心脏病的老年同志请勿进入健身房，擅自参加活动者，如发生事故，后果自负。 （8）15周岁以下儿童及不具备独立操作能力的人，在锻炼时应有成年人监护，以免伤害。严禁在器械上做危害他人安全的动作，若给他人造成伤害，由其承担相应民事责任。 （9）未经允许，禁止将健身器材拿（推）到室外或任意挪动，以免损坏或丢失器材。 （10）健身房内禁止吸烟，不得随地吐痰、乱丢杂物垃圾，保持室内卫生。严禁酒后进入健身房进行锻炼。 （11）请遵守健身房秩序，互爱互让，相互关照，争做文明运动者，营造健身房和谐友好的氛围。 （12）如违反以上管理制度自行进行锻炼者，造成不良后果，责任自负。 **四、附则** （1）本制度由康乐部主持制定，其修改、解释权归康乐部。 （2）本制度经总经理批准后，自颁布之日起实施。

编制		审核		批准	

制度09：游泳池管理制度

文件名称	游泳池管理制度	编号	
		版本	A／0

一、目的 为确保游泳池的清洁卫生并保证所有泳客的安全，特制定本制度。 **二、适用范围** 适用于对本酒店游泳池的管理。 **三、内容** （1）所有泳客需听从救生员劝导。

（续表）

（2）患有皮肤癣、重沙眼、急性结膜炎、艾滋病等其他传染病患者，心脏病、精神病、酗酒者及过饥过饱者，杜绝在游泳池游泳。 （3）客人需淋浴后方可允许进入游泳池。 （4）不得穿鞋进入游泳池。 （5）不得在游泳池跳水、潜水及在泳池范围内追逐或做妨碍他人的游戏活动。 （6）1.4米以下的儿童，必须有家长（成年人）陪同并携带救生圈（设备）方可入池。 （7）不得自带食物和饮料到泳池享用。 （8）爱护使用泳池所有设备，凡损坏者须按价赔偿。 （9）泳池不负责贵重物品的保管。 （10）泳池范围内不得照相或录像。 （11）客人离开时需将更衣柜钥匙交还服务台。 **四、附则** （1）本制度由康乐部主持制定，其修改、解释权归康乐部。 （2）本制度经总经理批准后，自颁布之日起实施。					
编制		审核		批准	

制度10：台球室管理制度

文件名称	台球室管理制度	编号	
		版本	A/0
一、目的 为丰富客人业余生活，加强台球室管理，确保安全、防火，保持环境卫生，有效利用现有资源，根据工作实际，特制定本制度。 **二、适用范围** 适用于本酒店台球室的管理。 **三、内容** （1）台球室的开放时间为：24小时开放。活动人员必须遵守开放时间，不得随意要			

（续表）

求提前或延长，特殊情况另行安排。 （2）台球器材较为昂贵，请大家正确使用，自觉爱护。 （3）在活动前、后都应检查核实器材确实无损，数量齐全后方可活动或退场。球具分类：A．普通球具（适用于非正式场合）、B．高档球具（适用于正式及比赛场合）。 （4）台球娱乐时不准打“跳球”、“扎枪”或其他有损器材设备的举动，严禁对台球桌磕碰，保持台球桌、台球杆、台球、台泥的完好无损，球具在使用过程中应注意保护，凡损坏者照价赔偿。 （5）严禁吸烟，对室内电器设备不准私自乱调整，防止使用不当损坏或引起火灾。 （6）保持室内安静，不得大声喧哗，不影响别人活动。 （7）保持室内整洁卫生，不乱丢废弃物，不随地吐痰。 （8）请自觉遵守以上规定，服从工作人员的管理。 **四、附则** （1）本制度由康乐部主持制定，其修改、解释权归康乐部。 （2）本制度经总经理批准后，自颁布之日起实施。

编制		审核		批准	

制度11：棋牌室管理制度

文件名称	棋牌室管理制度	编号	
		版本	A／0

一、目的 为了丰富客人的文化生活，加强对棋牌室的日常管理，特制定本制度。 **二、适用范围** 适用于对棋牌室的管理。 **三、内容** （1）严禁打假牌、偷牌及二人合伙打对牌，如违反规定，造成双方争吵、打架及任何事故都于本室无关，在此作郑重声明。 （2）当某方出现老是输等不正常现象时，任何一方都有权要求调换所坐的位置或另

（续表）

换到其他的桌场。 （3）自觉爱护棋牌室的设备，不要把水杯、重物、烟头等放在麻将机桌面上，因水进入机器里很容易出现漏电触电等不安全现象。 （4）通宵打棋牌时，要保持安静。 （5）本棋牌室只供娱乐，严禁出现赌博违法等现象。 **四、附则** （1）本制度由康乐部主持制定，其修改、解释权归康乐部。 （2）本制度经总经理批准后，自颁布之日起实施。

编制		审核		批准	

第二节　康乐事务专项表格管理

酒店康乐部管理中的各类表格主要用于记录各项工作的实施状况和结果，是保证康乐部服务品质的客观依据。为了确保表格具有可溯性，相关人员必须正确填写表格。康乐部常用的表格包括康乐部预订表、康乐部营业日报表、团队包场预订委托单等。

表格01：康乐部预订表

康乐部预订表

日期：______________________　星期：______________________

时间：______________________　人数：______________________

活动名称：__________________　活动地点：__________________

联系人姓名：________________　联系电话：__________________

活动内容及要求：

（续表）

备注：

填表人：

表格02：康乐部贵宾娱乐记录表

康乐部贵宾娱乐记录表

内容 贵宾姓名	卡号	身份证号码	日期	项目	人数	时间		持卡人签名	经办人	备注
						起	止			

表格03：VIP免费康乐预订委托单

VIP免费康乐预订委托单

客人姓名		身份	
房号/公司		免费活动人数	
免费活动要求		免费活动时间	
免费服务要求：			
接待部门		批准者	
联系人		联系电话	

（续表）

变更／取消记录：	预订销售处批准	
	服务场所签收	
	预订员	
备注：	预订日期	
	输入日期	

经办人：已确认（　　）　　未确认（　　）

表格04：康乐部营业日报表

康乐部营业日报表

班组名称	接待人数		本日发生数				本日累计数
	预订客人	未预订客人	现金	信用卡	转账	支票	
保龄球室							
网球场							
壁球室							
乒乓球室							
高尔夫球室							
台球室（美）							
台球室（英）							
游泳池							
健身房							
保健室							
多功能厅							
钓鱼中心							
婴幼儿活动室							
其他							
合计							
备注							

日期：　　　　　　　　　　　　制表人：

表格05：康乐部团队包场预订委托单

康乐部团队包场预订委托单

No：

单位			
预订日期			
联系人		联系电话	
活动时间		参加人数	
活动项目		安排场所	
结算方法		服务要求	
直接付费		茶水饮料	
转账		教练指导	
其他		其他	
收费标准		优惠折扣	
预付定金		批准者	
变更／取消记录 经办人：　　　　日期：			服务场所签收 预订员 预订日期 输入日期

经办人：已确人（　　）　　未确人（　　）

表格06：康乐部客用更衣柜长期租用登记表

康乐部客用更衣柜长期租用登记表

No：

客人姓名		会员（房号）卡号码	
联系地址		联系电话	
活动场地		租用时间	
更衣箱号码		备注：	
批准者			

（续表）

发放钥匙数量		经办人	
收取押金数额		日期	

表格07：客人租用物品记录表

客人租用物品记录表

日期	房号	退房日期	经办人	借出物品	借出时间	借用客人签名	收回时间	责任人	备注

表格08：康乐部报修记录表

康乐部报修记录表

年　　月　　日

部位	报修时间	报修人	报修内容	工程部接报人	修理到位时间	修完时间	修理结果	验收人

表格09：康乐部租用麻将押金单

康乐部租用麻将押金单

No.

宾客姓名：	证件号码：
使用场地：	房号：
租用物品名称/数量：	租用时间： 起：______日______时 至：______日______时
备注：	收取押金数额：
	客人签字：
	日期：
经办服务员签名：	工号：
租用麻将规定： 为满足客人娱乐需求，本酒店康乐部提供出租麻将服务： 1．出租麻将（带桌）价格为××元/小时。 2．出租麻将桌为××元/小时。 3．客人需交押金××元整，方可出租并开始计时。 4．客人娱乐完毕请立即打电话（请拨××××）通知服务员收回，计时即时结束。	

表格10：康乐部教练、陪练服务通知单

康乐部教练、陪练服务通知单

No：

服务场所		宾客姓名	
联系电话		性　别	
联系地址、房号			
服务时间			
服务要求			
备　注			

教练、陪练员签收：　　　　　　　　　　经办人：

日期：

第六章　安全事务专项管理

酒店安全部的日常管理中，可以实行专项管理，以保证管理的可执行性。安全事务专项管理主要包括安全事务专项制度管理、安全事务专项表格管理。

第一节　安全事务专项制度管理

酒店保安部可以通过制定各种制度规范员工的行为，明确奖罚要求，使安全的管理趋于规范化和标准化。保安部常用的制度主要包括：保安员守则、会客登记制度、值班巡查制度、车辆安全管理制度等。

制度01：保安员守则

文件名称	保安员守则	编号	
		版本	A／0

一、目的

为了加强对保安员的管理，特制定本守则。

二、适用范围

适用于酒店所有保安人员。

三、内容

（1）具备良好的敬业精神，热爱本职、爱护财产，自觉遵守员工守则和各项规章制度。

（2）有严明的组织纪律观念，服从领导，团结同事，维护酒店的集体荣誉，文明执勤，礼貌待人。

（3）遇有突发事件时，保安人员应迅速赶赴现场，积极参与并果断处理，不得躲避、推诿。

（续表）

（4）深入开展防火、防盗、防事故、防破坏、防自然灾害活动。 （5）认真贯彻“预防为主，防消结合”的消防工作方针，熟练操作各种消防器材和设备。 （6）自觉学法、用法、守法，钻研本职知识，不断提高自己依法执勤的能力和业务水平。 （7）一切行动听指挥，下级服从上级。 （8）熟悉和遵守酒店及保安部的各项规章制度和规定。 （9）上班不迟到、早退，上班时间未经许可不擅自外出。 （10）不得随意请假、调班，如确有重要事情，需提前一天向保安部经理书面申请并办理请假手续。紧急、特殊事情可以电话通知但事后须提供相关证明及补办请假手续。 （11）上班时间不得吃零食、饮酒，不得听音乐或玩游戏，不得与人争吵，不得串岗，不得打瞌睡及睡觉。 （12）严禁泄露客户资料和酒店内的一切资料。 （13）不准私自向客人承揽任何业务。 （14）不得将客人丢弃的任何物品占为己有或转送他人。 **四、附则** （1）本守则由保安部主持制定，其修改、解释权归保安部。 （2）本守则经总经理批准后，自颁布之日起实施。					
编制		审核		批准	

制度02：会客登记制度

文件名称	会客登记制度	编号	
		版本	A／0
一、目的 为了维护酒店治安秩序，保护客人安全，有效控制违法犯罪分子，对酒店来访登记，特制定本制度。 **二、适用范围** 适用于对客人来访的登记工作。			

（续表）

<table>
<tr><td colspan="6">

三、内容

（1）设立来访登记处，由前台负责办理来访手续。

（2）来访人员需进房会客一律凭身份证办理来访登记手续，并征得住客同意后方可进客房会客。

（3）来访人员离访时，必须在来访人员登记表上离访时间栏内准确填写离访时间。

（4）来访客人必须于晚上23时前离开客房。

（5）办理来访登记手续，要文明礼貌，热情宣传来访须知和酒店的管理制度。

（6）认真做好来访人员证件查验工作，并督促来访人员按时离房，发现公安机关通缉人员或有现行违法人员应立即报告，并交公安机关处理。

（7）严禁来访人员利用来访之机，在酒店从事卖淫嫖娼、聚众赌博、吸毒贩毒等违法犯罪活动。

四、附则

（1）本制度由保安部主持制定，其修改、解释权归保安部。

（2）本制度经总经理批准后，自颁布之日起实施。

</td></tr>
<tr><td>编制</td><td></td><td>审核</td><td></td><td>批准</td><td></td></tr>
</table>

制度03：值班巡查制度

<table>
<tr><td rowspan="2">文件名称</td><td rowspan="2">值班巡查制度</td><td>编号</td><td></td></tr>
<tr><td>版本</td><td>A／0</td></tr>
<tr><td colspan="4">

一、目的

为加强对酒店值班管理，特制定本制度。

二、适用范围

适用于保安部值班巡查工作。

三、内容

保安人员主要负责酒店的巡查工作，维护酒店内部治安秩序。酒店的安全巡查工作，同酒店的命运息息相关，为了保障酒店所有客人及员工的财产和人身安全，保安人员要做到：

（1）巡逻人员在岗巡查期间，必须严格执行酒店各项规章制度。

</td></tr>
</table>

（续表）

（2）夜值巡逻人员必须认真负责，不许打瞌睡。 （3）巡逻人员在巡查期间应与各岗位保持联系。每次巡查时，应严格认真地对酒店各部位进行检查，确保安全，对巡逻期间发现的情况应及时妥善处理，并报当班领班。 （4）巡逻人员应服从当值领班的统筹安排，无特殊情况，不得更改巡逻路线和次数，改变巡逻路线时应做详细记录。 四、附则 （1）本制度由保安部主持制定，其修改、解释权归保安部。 （2）本制度经总经理批准后，自颁布之日起实施。

编制		审核		批准	

制度04：内部案件处理规程

<table>
<tr><td rowspan="2">文件名称</td><td rowspan="2">内部案件处理规程</td><td>编号</td><td></td></tr>
<tr><td>版本</td><td>A／0</td></tr>
<tr><td colspan="4">一、目的
为加强对酒店内部案件的处理工作，特制定本规程。
二、适用范围
适用于酒店内部案件的处理工作。
三、内容
（1）酒店内部发生案件指发生在酒店范围内的酒店财物和员工个人的财物被盗、被骗以及赌博、打架等刑事案件和治安案件。
（2）本店员工发现酒店的财务和员工个人财物在酒店被盗、被骗以及其他犯罪行为时，应保护好现场，及时向上级领导报告，并同时报告保安部，对正在犯罪的不法分子或嫌疑人应立即扭送保安部，但应防止行凶、逃跑和毁灭罪证等。
（3）各级领导接到报案后，应立即到现场组织维护秩序，保护现场，积极发动员工向保安部和公安机关提供情况和线索。
（4）保安部接到报案后，应向报告（反映）人问明发现和发生案件的时间、地点、被盗（骗）财物名称、数量及其他情况，认真记录，并及时向总值班经理、总经理报告。
（5）保安部应视现场情况及被盗（骗）价值，如需报告公安机关处理的，要先报告</td></tr>
</table>

（续表）

总经理批准。 （6）在公安人员到达现场前，要组织人员保护现场，并向有关人员了解情况，各级单位和人员要配合公安机关调查。 （7）属于保安部查处的案件，由保安组织人员，认真勘查现场，向有关人员调查、取证，做好详细记录。 （8）根据案情需要找嫌疑人谈话，应经总值班经理或其部门领导同意，并研究谈话内容和方法。 （9）将调查结果上报总经理批准后执行。 （10）确定为案件后，保安部应把发案情况和处理结果，填写案件登记簿，形成材料，应整理存档备查。 **四、附则** （1）本规程由保安部主持制定，其修改、解释权归保安部。 （2）本规程经总经理批准后，自颁布之日起实施。

编制		审核		批准	

制度05：车辆安全管理制度

文件名称	车辆安全管理制度	编号	
		版本	A/0

一、目的

为做好车辆安全管理工作，特制定本制度。

二、适用范围

适用于酒店客人的车辆安全管理。

三、内容

1．泊车管理

（1）车辆安全管理为保安部职责，当值外场人员须维护好广场秩序，及时了解当日客情，适当留好车位。

（2）合理安排进店车辆停放在适当的位置，做到停车整齐，并时刻保持车道的畅通，车道上严禁停放任何车辆。

（续表）

（3）当值时要站在车场较明显的位置，指挥动作要标准、正确，明确指明停放车位。指挥倒车时要注意过往车辆、行人，确保安全。如广场无车位，则请客人将车停放至附近车场，并指明路线。 （4）来车时要将车辆指挥到位，排列整齐。发现违章停放车辆，要及时劝阻。对进店车辆安全进行仔细检查，发现问题，及时上报。检查要点：车辆有无损坏、车门有无上锁。 2．调解车辆纠纷 调解一般车辆纠纷先要寻找当事人及知情者了解情况，查明引起纠纷的原因。说服双方要各自认清自己的责任，以求达到协商调解目的。调解一旦达成协议，请双方互留地址以便进一步解决。受理人员要详细记录事发经过、双方地址、车牌号等。 3．处理店内一般交通事故 处理店内一般交通事故首先要查看有无人员受伤，如有人员受伤，视情况请医务人员到场或安排车辆送医院。要有保护现场的意识，可将肇事车辆留置原地不动。必要时拍照，留下现场资料。及时通知部门领导，值班经理留下现场资料。处理时要客观公正。轻微事故，对当事人进行调解，尽量让双方协商解决；较重事故，报公安机关处理。 4．夜间巡查 对夜间进出车辆进行巡查时要记录下进出车辆牌号和时间，认真查看车门、车窗有无被撬痕迹，如有疑问，要及时核查清楚。 **四、附则** （1）本制度由保安部主持制定，其修改、解释权归保安部。 （2）本制度经总经理批准后，自颁布之日起实施。

编制		审核		批准	

制度06：诈骗犯罪问题的处理规程

文件名称	诈骗犯罪问题的处理规程	编号	
		版本	A／0

一、目的 为做好诈骗犯罪问题的处理工作，特制定本规程。 **二、适用范围** 适用于酒店客人的诈骗犯罪问题。

（续表）

<table>
<tr><td colspan="6">

三、内容

（1）凡是住店人员入店时，必须填写住房登记卡，预交住房押金，前台服务人员要严格执行公安局关于住宿客人必须持有效证件（护照、身份证）办理住房登记手续的规定，本人需与护照、身份照片相符，不符者不予登记，并及时报告保安部和前厅经理。

（2）对使用支票结账的国内客人，要与支票发出单位核实，发现问题要机智地将持支票人留住，速报保安部，待安全员赶到后一起进行处理。

（3）如住店客人在酒店消费超过预付押金，可要求其追加押金或直接结算，防止其使用信用卡或假币进行诈骗。

（4）酒店各岗位收款员要保持高度警惕，熟悉银行通报终止付款的“黑名单”，坚持检查复核制度，堵塞漏洞。

（5）注意检查货币的真伪，特别是大面值的货币，发现假钞要速报保安部，由保安部和财务部出面处理。

（6）发现持有止付的信用卡、假信用卡、假币者，应采取以下措施：

同发卡银行联系，确定信用卡的真伪，一经确认是假信用卡或假币，立即将其信用卡、假币、护照、证件扣留；及时通知保安到场，控制持假卡币者，防止其逃离或做出危害安全的行为；打电话先后报告值班经理、财务部和保安部；经保安部初步审理，视情况报告公安机关。

四、附则

（1）本规程由保安部主持制定，其修改、解释权归保安部。

（2）本规程经总经理批准后，自颁布之日起实施。

</td></tr>
<tr><td>编制</td><td></td><td>审核</td><td></td><td>批准</td><td></td></tr>
</table>

制度07：打架斗殴、流氓滋扰的防范及处理规程

<table>
<tr><td rowspan="2">文件名称</td><td rowspan="2">打架斗殴、流氓滋扰的防范及处理规程</td><td>编号</td><td></td></tr>
<tr><td>版本</td><td>A／0</td></tr>
<tr><td colspan="4">

一、目的

为做好打架斗殴、流氓滋扰的防范及处理工作，特制定本规程。

二、适用范围

适用于酒店客人的安全管理。

</td></tr>
</table>

（续表）

三、内容 1．防范 （1）注意观察成群结队来店的青年（言谈举止、有无酗酒），同时，注意发现可疑迹象和闹事苗头。 （2）保安部巡视人员在巡视过程中，注意观察有无饮酒过量的客人，发现后要及时劝阻，并通知大堂副理将客人劝离。 2．发生打架斗殴、流氓滋扰事件的处理程序 （1）报警：一旦发现打架斗殴、流氓滋扰事件，在场服务员要及时报保安部。报案人要讲明发案地点、人数、国籍、闹事人员是否携带凶器，并报告自己的姓名。 （2）保安员接到命令后立即赶到出事现场，将斗殴双方或肇事者分开，把肇事者带到办公室处理。 （3）保安部人员到现场检查发现遗留物，查清酒店是否遭受损坏，损坏程度、数量。 （4）如事态严重，有伤害事故发生，保安部应及时与当地派出所或公安机关联系。 （5）在将殴斗人带往保安部途中，要提高警惕，以防其逃跑。 （6）夜间值班经理：接到报告后，立即到达现场，发出控制事态发展的指令，负责弄清双方当事人的身份、国籍、居住地点，并进行必要的处理。 （7）事后填写紧急情况记录单，并发送给关联部门。 四、附则 （1）本规程由保安部主持制定，其修改、解释权归保安部。 （2）本规程经总经理批准后，自颁布之日起实施。					
编制		审核		批准	

制度08：爆炸及可疑爆炸物品的紧急处理规程

文件名称	爆炸及可疑爆炸物品的紧急处理规程	编号	
		版本	A／0
一、目的 为加强爆炸及可疑爆炸物品的紧急处理工作，特制定本规程。 二、适用范围 适用于酒店可疑爆炸物品的紧急处理。			

（续表）

三、内容

为了确保住店客人及员工的人身财物不受侵害，确保酒店财产的安全，对可能发生或已发生的爆炸事件必须采取切实可行的应急措施，积极防范，迅速消除隐患。做到发生意外爆炸事故时，能及时扑救，使损失减少到最低程度。

1．报警程序

（1）迅速用电话拨“0”通知酒店总机，讲明发现爆炸或爆炸物的时间、地点和情况，同时将自己的姓名和身份讲清。不要轻易动爆炸物，尽可能保护、控制现场。

（2）总机值班员接到报警后，详细记录报警人的姓名、部门、时间、地点和发现爆炸或爆炸物的情况，并立即呼叫下列人员到现场：

保安部经理、总工程师、大堂经理；总经理、驻店经理、值班经理；发生爆炸部门的总监、经理、医务室、司机班有关人员。

呼叫时要简明扼要地将发生的情况、时间、地点讲清。呼叫时使用暗语，不可以直说发现爆炸物。暗语需要统一制定。有关人员必须熟悉暗语的意思。

2．各部门人员到场后的职责

（1）保安部立即组织人力，划定以爆炸或爆炸物为中心的警戒线，控制现场，楼层客房区可关闭防火门；同时报告上级公安部门，公安人员到场后，听从公安人员指挥，配合公安人员做好工作；随时将现场情况报告酒店有关领导。

（2）工程部立即关闭附近由于爆炸可能引起恶性事故的设备，撤走现场附近可以移动的贵重物品。

（3）总经理、驻店经理立即组织临时指挥部，根据各部门汇报的情况，组织、指挥、协调各项工作，统一下达指令，采取有力措施，进行补救，布置有关部门做好善后工作。

（4）值班经理、大堂经理传达指挥部的指示，协调各部门工作，详细记录现场处理经过，向客人解释发生的情况并安定客人情绪。

（5）发生爆炸部门的总监、经理负责组织疏散事故发生区域的客人及行李物品。

（6）医务室做好抢救伤员的准备，及时与急救中心联系。

（7）司机班做好抢救伤员所用车辆的准备。

四、附则

（1）本规程由保安部主持制定，其修改、解释权归保安部。

（2）本规程经总经理批准后，自颁布之日起实施。

编制		审核		批准	

制度09：客人突然死亡事故的处理规程

文件名称	客人突然死亡事故的处理规程	编号	
		版本	A／0

一、目的

为加强客人突然死亡事故的处理工作，特制定本规程。

二、适用范围

适用于酒店客人突然死亡事故的处理。

三、内容

对突然死亡事故，应按以下程序处理：

1．保护现场，及时报告

（1）保护现场，然后报告保安部、大堂经理、酒店领导。

（2）通知客房总监、医务室、保安部前往现场，并同时请医院医务人员查验死亡原因，待搞清死亡原因后，由有关人员做好善后工作。

（3）若客人系外籍人士，必须通知当地外事办和外事警察部门。

（4）对自杀死亡人员，首先保护现场，劝阻无关人员不要靠近，待公安、保卫人员到达后，寻找死者有无遗言等证据材料。

（5）对他杀死亡人员，首先保护现场，观察周围有无可疑人员，不许无关人员靠近，待公安人员到达后，汇报有关线索和情况。

2．做好善后工作

当公安、安全人员查清死者的死亡原因后，由大堂经理通知就近医院，将死者的尸体拉到医院，做好善后工作，再作处理。外籍人士，需要通知当地的外办等外事机构。

四、附则

（1）本规程由保安部主持制定，其修改、解释权归保安部。

（2）本规程经总经理批准后，自颁布之日起实施。

编制		审核		批准	

制度10：发生断电和其他自然灾害（地震）的应急预案

<table>
<tr><td rowspan="2">文件名称</td><td rowspan="2">发生断电和其他自然灾害（地震）的应急预案</td><td>编号</td><td></td></tr>
<tr><td>版本</td><td>A／0</td></tr>
<tr><td colspan="4">

一、目的

为加强断电和其他自然灾害（地震）的处理工作，特制定本应急预案。

二、适用范围

适用于酒店断电和其他自然灾害（地震）的处理。

三、内容

（1）酒店发生断电和其他自然灾害，保安员和其他岗位员工应立即打开所配备的应急灯和安全疏散门，立即疏散至室外安全地点。

（2）各部总监、经理、管理人员应立即到所管辖的区域和公共场所，稳定秩序，有序疏散，防止人员伤亡，防止丢失贵重物品。

（3）保安员应服从上级命令，迅速到酒店重点要害部位担任警戒。

（4）组织客人从最安全、最近的路线撤离危险区域，如发生地震时，应立即引导人员按地震求生方法躲藏在“安全三角区”，待震后立即撤离至室外安全地带。

（5）电话总机负责通知保安部、工程部、大堂经理、值班经理、总经理，便于协调。

（6）后勤医护人员应做救护工作。

四、附则

（1）本应急预案由保安部主持制定，其修改、解释权归保安部。

（2）本应急预案经总经理批准后，自颁布之日起实施。

</td></tr>
</table>

编制		审核		批准	

制度11：绑架人质案件应急处理规程

<table>
<tr><td rowspan="2">文件名称</td><td rowspan="2">绑架人质案件应急处理规程</td><td>编号</td><td></td></tr>
<tr><td>版本</td><td>A／0</td></tr>
<tr><td colspan="4">

一、目的

为加强绑架人质案件的处理工作，特制定本规程。

</td></tr>
</table>

（续表）

二、适用范围 适用于酒店对绑架人质案件的处理。 **三、内容** （1）当酒店客房发生人质绑架案件时，服务人员应立即向部门经理、总值班员和保安部报告。 （2）接报后应急处理小组可在事发楼层设立指挥部，并在第一时间报警。 （3）在警方到达之前应封锁消息，严禁向无关人员透露现场情况，以免引起客人惊慌和群众围观，导致劫匪铤而走险，危害人质安全。 （4）尽量满足劫匪的一些合理要求，如送水、送食物，以稳定劫匪的情绪。 （5）保发人员及工程人员在附近待命，以便配合公安人员的行动，并划出警戒范围，同时疏散劫匪所在房间上下、左右房的客人，以防劫匪带有爆炸危险物品。 （6）及时收集、准备好客房的登记入住、监控录像、工程图纸等资料，提供给警方。 **四、附则** （1）本规程由保安部主持制定，其修改、解释权归保安部。 （2）本规程经总经理批准后，自颁布之日起实施。

编制		审核		批准	

制度12：重大接待安全保卫管理规定

文件名称	重大接待安全保卫管理规定	编号	
		版本	A/0

一、目的 为加强重大接待安全保卫的管理工作，特制定本规定。 **二、适用范围** 适用于酒店重大接待安全保卫工作的管理。 **三、内容** 1．外围安全及车辆管理 （1）在客人抵达前12小时开始进行对专用停车场清场，做好车位预留工作，确保

（续表）

重要来宾的车辆停放，由保安部人员对停车场的车辆进行联系方式登记。在VIP停车场增设一岗，负责保卫所有客人的车辆安全，阻止闲杂人员靠近；正门口做好车辆引导工作，除特殊车辆外，礼貌谢绝其他车辆停放，发现车辆或其他异常情况立即报告上级。

（2）出入道闸钥匙存放前台备用，根据接待保卫需要大门岗随时按指令开启道闸，并做好人员、车辆引导工作。所有安全员注意仪容仪表，做好礼节礼貌，保持高星级酒店形象。

（3）各岗位密切关注本职岗位及附近区域安全状况，保持警惕性和信息沟通，严防可疑或闹事人员，特别加强进出口管理，做好人员物品进出登记，发现异常情况立即报告并阻止。

（4）保安部取消任何休假、补假，每个班组安排人值班，确保人员调度，直至接待保卫结束。

2．内部保卫及安排

（1）提前对酒店各区域消防系统、疏散通道、灭火器材、消防设施设备检查测试，保持完好有效。督促、指导各部门严格按照安全要求布置和操作，发现安全隐患立即通知相关部门整改。

（2）消防监控中心岗确保消、监控设备设施正常运作，密切关注酒店各区域的监控，重点关注人员及车辆进出及会议期间各区域的安全监控和消防报警设备，一旦发现异常，立即报告上级处理，并对保卫期间全酒店24小时的监控录像进行备份留档。

（3）保持对酒店各区域24小时不间断巡逻，重点检查各区域有无可疑人员或可疑物品及其他异常情况，及时将发现的异常情况报告上级，严格按相关程序处理。

（4）活动期间如发生消防事件、治安事件，立即启动相关预案，并做好救援抢险、组织疏散等安全措施，确保人员安全，尽最大能力在最短时间内控制事态，减少损失及负面影响。

（5）保安部经理负责与公安警卫组接洽，做好各部门服务人员政审、核发警卫识别标志工作，协调有关重要客人入住期间的安全保卫工作，保持信息沟通，着重做好治安、消防、交通安全，协助公安做好突发事件处理。

四、附则

（1）本规定由保安部主持制定，其修改、解释权归保安部。

（2）本规定经总经理批准后，自颁布之日起实施。

编制		审核		批准	

制度13：酒店消防管理制度

<table>
<tr><td rowspan="2">文件名称</td><td rowspan="2">酒店消防管理制度</td><td>编号</td><td></td></tr>
<tr><td>版本</td><td>A／0</td></tr>
<tr><td colspan="4">

一、目的

酒店的消防工作应以预防为主，为了做好应付各种突发事件的准备，根据酒店的现实情况，特制定本制度。

二、适用范围

适用于酒店消防事务管理。

三、内容

（1）员工必须严格遵守防火安全制度，参加消防活动。

（2）熟悉自己岗位的工作环境，操作的设备及物品情况，知道安全出口的位置和消防器材的摆放位置，懂得消防设备的使用方法，必须知道消防器材的保养措施。

（3）消防中心电话号码“119”，救火时必须无条件听从消防中心和现场指挥员的指挥。严禁员工将货物堆放在消火栓、灭火器的周围。

（4）严禁在疏散通道上堆放货物，确保疏散通道的畅通和灭火器材的正常使用。

（5）如发现异常，须及时报告上级有关领导，并采取相应措施进行处理。

（6）当发生火灾火警时，迅速查明情况并向消防中心报告。报告时要讲明地点、燃烧物质、火势情况，利用附近的灭火器，进行初期火灾扑救，关闭电源。

四、附则

（1）本制度由保安部主持制定，其修改、解释权归保安部。

（2）本制度经总经理批准后，自颁布之日起实施。

</td></tr>
</table>

编制		审核		批准	

制度14：三级消防检查制度

<table>
<tr><td rowspan="2">文件名称</td><td rowspan="2">三级消防检查制度</td><td>编号</td><td></td></tr>
<tr><td>版本</td><td>A／0</td></tr>
<tr><td colspan="4">

一、目的

为了加强对消防安全检查的管理，强化检查工作要求，特制定本制度。

</td></tr>
</table>

（续表）

二、适用范围

适用于所有需要检查的消防工作。

三、内容

1．一级检查由各部门主管实施

（1）员工必须每日自检本岗位的消防安全情况，排除隐患，不能解决的隐患要及时上报，若发现问题又不及时解决，由此而引发火灾事故时，由各部门主管及员工本人负责。

（2）各部门主管要将每日自检的结果做好记录。

（3）负责维护、保养本部门辖区内灭火器材及其他消防设施，不得有损坏、短缺的现象发生。

2．二级检查由各部门经理实施

（1）各部门经理每周应组织对本责任区域内的设备、物品，特别是易燃易爆物品进行严格检查，发现问题妥善处理。

（2）检查本部门一级消防安全工作的落实情况。

（3）组织处理本部门的火灾隐患，做到及时整改，定期给本部门员工进行消防安全教育。

3．三级检查由总经理领导组织实施

（1）每月由总经理或委托安全部经理对各部门进行重点检查或抽查，检查前不予以通知。

（2）检查的主要内容应是各部门贯彻、落实消防安全工作的执行情况，重点部门的防火管理制度的执行情况。

四、附则

（1）本制度由保安部主持制定，其修改、解释权归保安部。

（2）本制度经总经理批准后，自颁布之日起实施。

编制		审核		批准	

制度15：义务消防队的组织管理制度

文件名称	义务消防队的组织管理制度	编号	
		版本	A／0

一、目的

为了规范酒店的消防安全管理，特制定本制度。

二、适用范围

适用于酒店所有员工。

三、内容

（1）按照《消防法》、《机关、团体、企业、事业单位消防安全管理规定》要求，消防安全责任人建立义务消防组织，消防安全管理人组织管理义务消防组织。

（2）酒店全体员工均为义务消防队员，消防安全管理人为义务消防组织负责人。

（3）按照消防安全教育、培训制度规定对义务消防队员进行相关的培训。

（4）义务消防队员的培训工作由消防安全管理人组织，消防主管具体负责实施。

（5）义务消防队员训练内容包括：报警、灭火、自救、疏散程序以及灭火器材的使用与维护、保养方法。

（6）每年进行两次以报警、灭火、疏散为演练内容的大型实战演练，根据演练反映问题调整义务消防队的训练内容。

四、附则

（1）本制度由保安部主持制定，其修改、解释权归保安部。

（2）本制度经总经理批准后，自颁布之日起实施。

编制		审核		批准	

第二节　安全事务专项表格管理

酒店保安部管理中的各类表格主要用于记录各项工作的实施状况和结果，是保证保安部工作质量的客观依据。为了确保表格具有可溯性，相关人员必须正确填写表格。保安部常用的表格包括安保交接记录表、员工携物出入酒店登记表、危险物品管理登记表等。

表格01：保安员当值安排表

保安员当值安排表

日期：　　年　月　日

岗位	A：姓名（8:00~16:00）	B：姓名（16:00~24:00）	C：姓名（24:00~8:00）
休息人员			
备注		主管姓名	

表格02：安保交接记录表

安保交接记录表

班次		时间		人数	
工作情况					
器械情况					
交班人		接班人			
备 注					

表格03：来访登记表

来访登记表

来访		来访人姓名	性别	被访人房号	被访人姓名	来访人单位或地址	来访事由	备注
日期	时间							

表格04：员工携物出入酒店登记表

员工携物出入酒店登记表

年　月　日

离开时间	部门	姓名	出入事由及所携物品	回归时间

表格05：备用钥匙使用单

备用钥匙使用单

使用人		批准人	
使用时间			
使用地点			
使用理由			
结果			
持用人签字		陪同人签字	
收回时间		经手人签字	
备注			

表格06：酒店各部门门锁钥匙一览表

酒店各部门门锁钥匙一览表

序号	钥匙编号	数量	使用部位	每日使用时间	管理人员姓名	部门经理
要求	1．各部门在自查钥匙过程中，要切实做到疏而不漏。 2．对表格要认真填写，不得有任何出入。 3．必须在每月26日前报至保安部。 4．此表格经各部门经理核实后签名为证。					

表格07：门锁钥匙增配单

门锁钥匙增配单

部门		姓名	
门锁位置		增配数量	
增配理由			
本部门意见			
安全部意见			
总经理意见			
工程部处理结果			
备 注			

表格08：危险物品管理登记表

危险物品管理登记表

物品名称		数量	
携物人姓名		部门	
包装形式		使用方式	
使用地点		存储地点	
化学特性			
防护措施		影响范围	
滞留时间	自　年　月　日至　年　月　日	使用时间	
负责人意见		安全部意见	

制表人：

表格09：长住客人登记表

长住客人登记表

姓名	性别	年龄	国籍	护照号	身份证	单位名称	职务	接待单位	房间号	住店时间

注：长住客人，是指与酒店的租房合同期限有三个月以上的客人。

表格10：客人财物被窃情况表

客人财物被窃情况表

<table>
<tr><td>姓名</td><td colspan="2"></td><td>房号</td><td></td><td>报案时间</td><td></td></tr>
<tr><td colspan="2">发现财物被窃时间</td><td colspan="2"></td><td colspan="2">最后一次见到财物的时间</td><td></td></tr>
<tr><td colspan="7">被窃财物描述：</td></tr>
<tr><td colspan="7">您认为可能的情况：</td></tr>
<tr><td colspan="4">客人签字：</td><td colspan="3">安全部经手人签字：</td></tr>
</table>

表格11：紧急联系电话一览表

紧急联系电话一览表

部门：

序号	部　门	电话号码	主要负责人	备　注

审核：　　　　日期：　　　　拟制：　　　　日期：

表格12：重点安全防火部位登记表

重点安全防火部位登记表

部门：

<table>
<tr><th>序号</th><th>安全防火位置</th><th>所属单位</th><th>单位负责人联系电话</th><th>重点防火原因</th><th>备注</th></tr>
<tr><td></td><td></td><td></td><td></td><td></td><td></td></tr>
<tr><td></td><td></td><td></td><td></td><td></td><td></td></tr>
<tr><td></td><td></td><td></td><td></td><td></td><td></td></tr>
<tr><td>说明</td><td colspan="5">本表根据部门实际情况，及时调整物业的重点防火部位。</td></tr>
</table>

审核：　　　　日期：　　　　拟制：　　　　日期：

表格13：消防教育培训记录

消防教育培训记录

培训时间	培训部门	培训形式	培训内容	参加人数	备注

表格14：临时动火作业申请表

临时动火作业申请表

年　　月　　日

<table>
<tr><td>施工单位</td><td></td><td>地址</td><td colspan="2"></td></tr>
<tr><td>动火负责人</td><td></td><td colspan="2">动火作业起止时间</td><td></td></tr>
<tr><td>动火部位</td><td colspan="4"></td></tr>
<tr><td colspan="5">安全措施：</td></tr>
<tr><td colspan="5">施工单位负责人意见：</td></tr>
<tr><td colspan="5">酒店主管部门意见：</td></tr>
<tr><td colspan="5">酒店保安部意见：</td></tr>
<tr><td colspan="5">酒店领导和上级主管部门负责人意见：</td></tr>
</table>

联系人：

第七章 工程事务专项管理

在酒店工程部的日常管理中，可以实行专项管理，以保证管理的可执行性。工程事务专项管理主要包括工程事务专项制度管理、工程事务专项表格管理。

第一节 工程事务专项制度管理

酒店工程部可以通过制定各种制度规范员工的行为，明确奖罚要求，使安全的管理趋于规范化和标准化。工程部常用的制度主要包括：工程部奖惩条例、设备使用管理制度、工程部维修服务规范等。

制度01：工程部奖惩条例

文件名称	工程部奖惩条例	编号	
		版本	A／0

一、目的

为了加强对工程部人员的奖惩管理，特制定本条例。

二、适用范围

适用于工程部所有员工。

三、内容

1．奖励条例

（1）对酒店改革提出合理化建议，被采纳实施并取得显著成效者，酌情奖励20～30分。

（2）对酒店设备增新改造有突出贡献者奖10～30分。

（3）发现事故苗头，及时采取措施，防止重大事故发生者奖30分以上。

（续表）

（4）努力钻研业务，进步显著，为酒店或部门争得荣誉者奖20～50分。

（5）工作认真负责，积极主动，多次受到酒店和部门的表扬者酌情奖励10分以上。

（6）其他事项按《员工守则》及酒店有关规定处理。

2．处罚条例

（1）不准迟到早退，违者按酒店有关规定执行。

（2）维修不及时或故意拖延时间者，利用维修机会在客房看电视、吸烟，影响客房卫生的发现一次扣5分。

（3）因缺少配件或其他原因不能及时完成维修时，不按规定及时向当班负责人及部门经理汇报，未在交接班本上做好记录的，一次扣10分。

（4）维修工作需要时可以乘坐电梯或走客用通道，无故使用客用设施的发现一次扣10分。

（5）维修任务时不得离岗、串岗，外出维修应向当班负责人报告去向，违者扣5分。

（6）所有机房如发现未经部门经理批准的外来人员进入，一次扣当值人员5分。

（7）因维修质量低劣或态度恶劣受到客人或其他部门投诉者，需做出书面检讨并扣除当事人30分。

（8）违反操作规程，对酒店造成经济损失者视情节轻重予以扣20分以上至除名处理。

（9）对未严格执行交接班制度，未填写交接班记录或记录不清，未认真记录设备运转情况，未对当值机房或设备做好清洁卫生者一次扣10分。

（10）当班人员麻痹大意造成事故或对事故隐瞒不报，对酒店造成经济损失的视情节轻重予以扣20分以上至除名处理。

（11）其他事项按《员工守则》及酒店有关规定处理。

四、附则

（1）本条例由工程部主持制定，其解释权归工程部。

（2）本条例经总经理批准后，自颁布之日起实施。

编制		审核		批准	

制度02：设备使用管理制度

文件名称	设备使用管理制度	编号	
		版本	A／0

一、目的

为了加强对设备的使用管理，确保设备得到正常使用，特制定本制度。

二、适用范围

适用于工程部所有员工。

三、内容

设备操作人员均应按操作规程进行操作。锅炉工、空调工、电工均应持有专业操作证并定期年审。其他设备的操作人员应接受工程部操作培训。各部门的设备、设施因损坏而修理，应向工程部报修，严禁非专业人员私自维修。

各工种设备定期巡查内容：

（1）水电（含弱电）空调系统（末端）巡查内容及周期：变配电房、主楼低配房、楼层水电管井、机房的定期巡查，责任区域为：A为维修一班，C为维修二班。检查周期为每周一次，外场灯光为维修班中班每晚检查一次，冷库及屋顶水箱为维修夜值每夜检查一次，发现问题及时处理，并如实记录检查与处理情况。重大问题及时向主管或经理汇报。

（2）空调主机房：当班人员须对酒店前台区域的空调及热水使用情况作跟踪检查，以便及时了解并掌握对主机和温控的适度操作与调节，使其始终处于最佳状态。每班还需对冷水机组、泵系统、热交换器、地下泵房及屋顶冷却塔系统按时履行巡查，实时如实填写运行日志，发现问题及时解决。难度大的向主管或经理汇报协调处理。

（3）锅炉房：当班运行人员负责检查本区域设备状况，保持使用设备清洁、完好检查所有加压部位，并及时循环处理。发现情况及时向领班汇报。工程部根据具体情况每年安排一次大修，锅炉班对设备每三个月小修一次。每月进行一次锅炉附件、附件设备大检查，发现问题及时修理，确定解决不了的问题应及时汇报。

四、附则

（1）本制度由工程部主持制定，其解释权归工程部。

（2）本制度经总经理批准后，自颁布之日起实施。

编制		审核		批准	

制度03：工程部维修服务规范

<table>
<tr><td rowspan="2">文件名称</td><td rowspan="2">工程部维修服务规范</td><td>编号</td><td></td></tr>
<tr><td>版本</td><td>A／0</td></tr>
<tr><td colspan="4">

一、目的

为了加强对工程部维修服务的规范化管理，特制定本规范。

二、适用范围

适用于工程部所有维修人员。

三、内容

（1）接听报修电话或报修单时应礼貌用语，并仔细听取和记录维修地点及内容等情况。

（2）维修人员应在最短时间内赶到现场；如客房已经出售，应由客房服务员陪同，在征得客人同意或不打扰客人的情况下迅速抢修，维修完成后维修人员和服务员共同检查验收签字，并向客人致歉。

（3）如遇到设备损坏较严重，应向客人解释，并告知服务员，由服务员征得客人同意后为客人换一新房间。

（4）如客人挂出“请勿打扰”的警告牌，而在当班时间内无法维修时应在交接班记录本上注明，并叮嘱服务员当客人同意维修后及时通知再次维修。

（5）未出售的客房如需停电停水维修或一时无法修复，应立即通知前台服务员暂停此房出售。

（6）餐饮部的包房或大厅需要维修时，原则上避开早中晚营业高峰，在无人用餐的情况下进行维修，特殊情况应征得客人同意后迅速抢修，修复后立即通知服务人员做好清理善后工作，并向客人致歉。

（7）认真执行酒店制定的其他相关规范。

四、附则

（1）本规范由工程部主持制定，其解释权归工程部。

（2）本规范经总经理批准后，自颁布之日起实施。

</td></tr>
</table>

编制		审核		批准	

制度04：设备保养制度

<table>
<tr><td rowspan="2">文件名称</td><td rowspan="2">设备保养制度</td><td>编号</td><td></td></tr>
<tr><td>版本</td><td>A／0</td></tr>
<tr><td colspan="4">

一、目的

为了提高设备的正常使用，必须加强对设备的日常保养管理，特制定本制度。

二、适用范围

适用于所有实施设备保养的管理。

三、内容

1．一级保养

（1）保养前要做好日常的保养安排，进行部分零件的拆卸清洗。

（2）对设备的部分配合间隙进行调整。

（3）除去设备表面的油渍、污垢。

（4）检查调整润滑油路，保持畅通不漏。

（5）清扫电器箱、电动机、电器装置、安全防护罩等，使其整洁固定。

（6）清洗附件冷却装置。

2．二级保养

（1）根据设备使用情况进行部分解体检查或清洗。

（2）对各传动箱、液压箱、冷却箱清洗换油。

（3）修复或更换易损件。

（4）检查电器箱，修整线路，清洁电动机。

（5）检修、调整精度，校正水平。

四、附则

（1）本制度由工程部主持制定，其解释权归工程部。

（2）本制度经总经理批准后，自颁布之日起实施。

</td></tr>
</table>

编制		审核		批准	

制度05：设备改、移装管理制度

文件名称	设备改、移装管理制度	编号	
		版本	A／0

一、目的

为了加强对设备的改、移装管理，特制定本制度。

二、适用范围

适用于酒店所有需改、移装的设备。

三、内容

（1）酒店设备需改、移装时，应由使用部门提出书面申请。

（2）工程部根据施工技术要求及动力提供等其他技术因素论证后进行计划安排。

（3）对改装工程较大，技术复杂性和价格较高或需对原结构、装潢做较大面积破坏的，由使用部门经理提出申请，拟订方案，报请总经理批准后，方可施工。

（4）设备改装的材料及审批文件应由工程部存档。隐蔽工程设施的改装、移装资料及设备改动原因除存档外，应对相应的施工图纸做改动或标注有关说明备案。

（5）部门移装、改装时，应按设备转让制度处理，并办理有关撤销、登记手续。

（6）凡未经酒店许可，私自移动、改装拆除设备或破坏建筑结构、装潢效果者，将追究有关部门责任。

四、附则

（1）本制度由工程部主持制定，其解释权归工程部。

（2）本制度经总经理批准后，自颁布之日起实施。

编制		审核		批准	

制度06：设备报废管理制度

文件名称	设备报废管理制度	编号	
		版本	A／0

一、目的

为了加强对设备报废的管理，特制定本制度。

（续表）

二、适用范围 适用于所有需要报废的设备。 **三、内容** 1．属下列情况之一的，方可办理报废手续。 （1）国家指定淘汰产品。 （2）已超过使用期限，损坏严重，修理费用昂贵。 （3）因受自然灾害或事故损坏，修理费接近或超过原设备价值的设备。 （4）虽能运转，但有严重隐患，修理费昂贵的设备。 （5）无法修复的设备。 2．设备的报废，应由部门申请，工程部组织技术鉴定确认，报请总经理批准后，方可办理报废手续。报废的设备，应由财务部估计残值。 **四、附则** （1）本制度由工程部主持制定，其解释权归工程部。 （2）本制度经总经理批准后，自颁布之日起实施。

编制		审核		批准	

制度07：能源管理制度

文件名称	能源管理制度	编号	
		版本	A／0

一、目的 酒店的能耗主要是指燃油、电等的消耗量，其中大部分的耗费为电能的耗费，为了加强对酒店能源的管理，特制定本制度。 **二、适用范围** 适用于酒店所有类型的能源。 **三、内容** （1）对无功率进行补偿以提高功率因数，功率因数应控制在0.9以上。 （2）对供电网络进行电流平衡调节，低压网络的电流不平衡度应小于20%。

（续表）

（3）空调制冷系统应根据现场环境温度开停部分机组及控制冷却水温和水质，以提高制冷系统的运行效率。对于宴会厅等非24小时营业场所可采取提前送风，营业结束前半小时减少送风量以节能。 （4）照明节电要求光源灯具高效节能，还应对照明场所进行合理照度设计和控制。 （5）对酒店各部门负责人员进行节能知识培训，加强酒店员工合理使用空调、照明灯具等以节约能源的节能意识。 **四、附则** （1）本制度由工程部主持制定，其解释权归工程部。 （2）本制度经总经理批准后，自颁布之日起实施。

编制		审核		批准	

第二节　工程事务专项表格管理

酒店工程部管理中的各类表格主要用于记录各项工作的实施状况和结果，是保证工程部工作质量的客观依据。为了确保表格具有可溯性，相关人员必须正确填写表格。工程部常用的表格包括设备区域巡视检查记录表、设备档案卡、客房维修保养记录表等。

表格01：设备区巡视检查记录表

设备区巡视检查记录表

位置：

签名	职务	日期/时间	检查情况（进入原因）
	□工程　□值班经理 □安保　□总经理（助理） □其他		
	□工程　□值班经理 □安保　□总经理（助理） □其他		

（续表）

	□工程 □值班经理 □安保 □总经理（助理） □其他		

注：用于电梯机房、锅炉房、配电间、泵房（给排水配设备间）、弱电房。

表格02：设备档案卡

设备档案卡

制表日期：

设备名称：＿＿＿＿＿＿＿＿＿＿（按设备铭牌填写）
设备编号：＿＿＿＿＿＿＿＿＿＿ 固定资产编号：＿＿＿＿＿＿＿＿
管理类别：＿＿＿＿＿＿＿＿＿＿＿＿＿＿＿＿＿＿＿＿
相关设备编号：＿＿＿＿＿＿＿＿
规格型号：＿＿＿＿＿＿＿＿
总电功率：＿＿＿＿＿＿＿＿
制造单位：＿＿＿＿＿＿＿＿
出厂日期：＿＿年＿＿月＿＿日 出厂编号：＿＿＿＿＿ 启用日期：＿＿年＿＿月＿＿日
保养维修电话：＿＿＿＿＿ 免费保修至：＿＿年＿＿月＿＿日 联系人：＿＿＿＿＿
安装地点：＿＿＿＿＿＿ 设备现状：□在用 □封存 □闲置 □报废
设备原值：＿＿＿＿＿＿ 预计残值：＿＿＿＿＿＿ 使用年限：＿＿＿＿＿＿
备注：＿＿＿＿＿＿＿＿＿＿＿＿＿＿＿＿＿＿＿＿＿＿＿＿

工程制表人： 分管值班经理： 财务： 总经理（助理）：

表格03：客房维修保养记录表

客房维修保养记录表

检修房号： 维修日期： 维修人员：

项目	检修内容	良好	需修理	需更换	处理结果

表格04：锅炉巡查记录表

锅炉巡查记录表

酒店名：

日期	时间	锅炉温度	水泵		客房系统		煤气抄表	煤气实耗
			热水供水压力	冷水供水压力	供水温度	回水温度		
	8：00							
	14：00							
	20：00							
	8：00							
	14：00							
	20：00							
	8：00							
	14：00							
	20：00							

（实耗：以上午8：00与前一天上午8：00为计算单位）

表格05：电梯巡查记录表

电梯巡查记录表

酒店名：

日期	时间	机房温度	包闸系统	减速器油位	机组有无异常响声	机房有无异味	轿厢照明	备注
	8：00							
	14：00							
	20：00							
	8：00							
	14：00							
	20：00							

（续表）

日期	时间	机房温度	包闸系统	减速器油位	机组有无异常响声	机房有无异味	轿厢照明	备注
	8：00							
	14：00							
	20：00							

表格06：酒店工程维修记录表

酒店工程维修记录表

酒店名：

时间	维修地点	维修内容	维修结果	材料消耗	维修人

表格07：酒店工程物料消耗统计表

酒店工程物料消耗统计表

酒店名：

序号	名称	规格	数量	备注

表格08：酒店工程单位请修单登记表

酒店工程单位请修单登记表

年　　月　　日　　　　　　　　　　　　　　　　　　　　　　　　　星期：

编号	请修部门	收件时间	请修内容	承修人	工时	材料费	完工日期
合计							

参考书目

[1] 杨小鹏．白天鹅宾馆管理实务．广州．广东旅游出版社，1998.

[2] 匡仲潇．星级酒店管理必备制度与表格．北京：化学工业出版社，2012.

[3] 薛永刚．酒店服务业精细化管控全方案．广州：广东经济出版社，2011.

[4] 华书-美通(HAM)国际管理研究室主编．现代酒店管理制度．乌鲁木齐：新疆科技卫生出版社，2000.

[5] 郑向敏．现代饭店经营管理．北京：清华大学出版社，2007.

[6] 戴斌，束菊萍等．经济型饭店．北京：旅游教育出版社，2007.

[7] 沈忠红．现代饭店前厅客房服务与管理．北京：人民邮电出版社，2006.

[8] 邓峻枫．国际饭店集团管理．广州：广东旅游出版社，2006.

[9] 钮先钺．酒店营运管理与实务．广州：南方日报出版社，2002.

[10] 田玉堂等．温泉酒店文化与管理实务．北京：中国旅游出版社，2006.

[11] 温晓婷．现代酒店知识与管理．北京：中国商业出版社，2000.